景德镇——世界瓷业中心的城市与遗产

◎ 贺鼎 著

空间文化释义论丛

丛书主编 张杰 张大玉

清华大学出版社

空间文化释义论丛

景德镇——世界瓷业中心的城市与遗产

贺鼎 著

国家自然科学基金项目『作为城市历史景观的历史街区保护与可持续发展研究』（51378280）和『中国传统瓷业聚落空间形态、演变机制与保护利用研究——以景德镇为例』（51808022）资助

清华大学出版社
北京

版权所有，侵权必究。举报：010-62782989，beiqinquan@tup.tsinghua.edu.cn。

图书在版编目（CIP）数据

景德镇：世界瓷业中心的城市与遗产 / 贺鼎著. —北京：清华大学出版社，2020.8
（空间文化释义论丛）
ISBN 978-7-302-56091-3

Ⅰ.①景… Ⅱ.①贺… Ⅲ.①景德镇—概况 Ⅳ.①K925.63

中国版本图书馆CIP数据核字（2020）第136998号

责任编辑：刘一琳　王　华
封面设计：陈国熙
责任校对：刘玉霞
责任印制：丛怀宇

出版发行：清华大学出版社
　　　　　网　　址：http://www.tup.com.cn, http://www.wqbook.com
　　　　　地　　址：北京清华大学学研大厦A座　邮　　编：100084
　　　　　社 总 机：010-62770175　　　　　　　邮　　购：010-62786544
　　　　　投稿与读者服务：010-62776969, c-service@tup.tsinghua.edu.cn
　　　　　质量反馈：010-62772015, zhiliang@tup.tsinghua.edu.cn
印 装 者：三河市国英印务有限公司
经　　销：全国新华书店
开　　本：170mm×240mm　　印　　张：14.25　　字　　数：221千字
版　　次：2020年8月第1版　　　　　　　　　　印　　次：2020年8月第1次印刷
定　　价：78.00元

产品编号：088763-01

丛书序

清华大学建筑学院和北京建筑大学建筑与城市规划学院长期致力于中国建筑、城市、村落、园林的研究,在中国建成环境方面的研究有着深厚的积累和学术传承。两个学校的建筑学院在博士培养过程中,形成了一系列高质量的博士论文。依托北京建筑大学高精尖中心的资助和清华大学出版社的悉心编辑,清华大学建筑学院和北京建筑大学建筑与城市规划学院联合将博士论文研究成果以丛书的方式进行出版,以期推进我国在城市规划、建筑设计与风景园林领域的研究。本丛书以"空间文化释义论丛"为名,内容涉及传统城市与聚落空间、现代城市与区域发展等内容。希望这些成果的出版能够为普通读者及专业人士提供前沿的理论视角和最新的学术信息。

张 杰 张大玉

序言

文化自信已成为我们这个时代的关键词，建立这种自信的基础是对我们自己文化的全面、深入的认识。作为文化基本的一部分，城市与建筑在一个民族的文化中举足轻重，它既是历史与传统，又孕育着一个民族文化的未来。

近代以来，中西文化的碰撞为中国人和西方人审视中国文化提供了前所未有的机会。中国近代的启蒙主义者严复看到了落后的清王朝体制，通过介绍西方的新思想，倡导变法维新，他对《天演论》表达的进化论的推崇，表达了那时中国知识分子和进步人士对传统文化的糟粕的否定，五四运动的口号"打倒孔家店"就是对这一潮流的概括。

与此同时，还有一批学者在思考着自己的文化。在哲学界，冯友兰对中国哲学的研究代表了这种努力。在建筑界，以梁思成为代表的前辈做了很多认识中国建筑文化的基础性工作。但不可否认的是，在那个大时代背景下，这种研究很多都浸透着西方现代的思维方法。这难免造成认识上的盲点。

李约瑟是对中国科学技术哲学与文化有较系统观察的汉学家，他敏锐地观察到风水术在中国建成环境被普遍应用，这为中国传统建筑与城市的研究指出了一个方向。今天我们对这一问题的思考有了更开阔的理论视角。

人类学研究表明，文化是一个群体或民族通过日常的习俗与实践形成的，是一个价值和符号系统。在文化体系中，每个个体的行为与每个事物都含有基于群体共识的意义。对文化的理解需要"整体观"，它涉及文化传承与实践的社会法则。礼制可以视为中国古代最综合的法则，它贯穿于古代中国的方方面面，它的产生与发展是与我们民族长期赖以生存的环境分不开的。中华文明与黄河、长江关系密切，长期的大河治理促进了古人超大空间的实践与认知，形成了大一统的思维方式。复杂多变的环境与气候、地方习俗使我们的先民很早就意识到"因地制宜"的重要性，并将其融入礼制体系。《礼记正义》曰："礼从宜"。"宜"即指特定地方所具有的自然和社会特征。

如何从"礼"文化角度、历史地认识中国古代的建成环境及其背后的规律与含义，已成为今天致力于中国传统空间文化研究的学者关注的重要议题。一方面，礼文化为我们提供了一种长时段的视角以观察中国古代建成环境中相对稳定的东西；而历史的角度则使我们解读不同历史时期建成空间的具体形式与变化过程成为可能。

自20世纪90年代初始，我和研究生们就一直对中国古代的城市、村落、园林、陵墓、建筑群中的一些规律性的现象进行观察与归纳。随着研究的深入以及整个文化遗产领域的蓬勃发展，这种研究开始向更加综合和广阔的领域进军。

近30年来，尤其是近十几年来，我和我的研究生开始从文化人类学、历史地理学、考古学、城市与建筑类型学等多角度，系统研究中国不同类型的历史城市，探索其内在规律和文化含义。2012年，经过5年多的写作，我出版了《中国古代空间文化溯源》，其中一些基本结论以及相关分析方法等已在相关领域产生广泛影响，如城邑与聚落的山川定位等。

近年来，城市历史景观成为文化遗产领域的一个重要概念。在长期关注中国历史城市与聚落，并探索其遗产保护理论与实践的过程中，我越来越清晰地意识到中国城市历史景观与西方的文化差别，不仅表现在物质构成和一般意义上的非物质文化遗产方面，更体现在物质形态背后深层次的文化观念上。比如，超大尺度的空间观念使中国古代城邑、聚落在功能、管理、设计等方面与区域建立起广泛的联系，这也成为我提出遗产网络概念的基础。2014年至2017年，我和团队先后通过国家自然基金项目，对作为城市历史景观的历史街区的保护与可持续利用开展了研究；其中一个要思考的理论问题，就是中国古代城市文化景观的生成机制问题。该课题选取济南泉城古城区、景德镇古城区、泉州古城区为研究案例，试图从生态、产业、礼俗信仰3个基本方面进行研究，寻找答案。一个基本结论是，纯粹从功能上不能完全解释这些文化景观类型，在这些案例背后都有一个共同的潜在内生动力，那就是以一贯之的古代空间文化与实践。

贺鼎跟我攻读博士学位期间全程参加了这个自然基金资助项目，主要负责景德镇案例的研究，同时他还参加了景德镇相关的一些遗产保护工作。景德镇作为驰名中外的瓷都，在陶瓷考古、历史文献等方面资料非常丰富，但对于它的城市与建筑历史的研究却显得非常薄弱。经过深入的实地调查和文献研究，课题对景德镇千年以来的瓷业发展时空脉络进行了梳理，第一次系统地挖掘了瓷业体系与古城结构、历史街巷、建筑类型、山水环境秩序与社会组织的内在关系等，为进一步认识景德镇这个世界上产业传承时间最长的城市之一的价值，提供了重要的支撑。在这一过程中，贺鼎博士对景德镇进行了多次深入调研，查阅了大量文献资料，博士论文取得了突出的成就，被清华大学评为2017年优秀博士论文。

今天，我非常高兴贺鼎博士的博士论文主要内容由清华大学出版社出版。这不仅是景德镇文化遗产研究的一个重要成果，而且也对我国历史城市遗产的价值挖掘，以及中国遗产学的学科建构有重要意义。我也希望能有更多年轻的学者从中国文化的深层视角去研究中国的历史城市与乡村，为一个民族、国家的文化自信做出自己的贡献。

张 杰

2020年夏末于荷清苑

前言

2011—2016年的6年里,笔者非常荣幸地参与了清华大学张杰教授主持的江西省重大课题"景德镇基于遗产资源的文化创意街区和城市休闲功能区建设研究"和国家自然科学基金项目"作为城市历史景观的历史街区保护与可持续发展研究",而且深度参与了一系列景德镇老城区保护和更新的规划设计实践。在此过程中,笔者多次赴景德镇进行田野调查,在那里断断续续生活了5年,这期间连续3年作为景德镇老城保护利用办公室的助理研究员开展研究设计工作。这些经历,以及与当地文化学者和老城区居民的共同生活体验,让笔者深感景德镇瓷业遗产的价值之深厚和现状之堪忧。目前,景德镇正在实施一系列瓷业遗产的保护和发展项目,并且正在进行世界文化遗产的申报准备工作。如何阐释瓷业文化遗产的重大价值,并保护好瓷业文化遗产,使之成为城市可持续发展的文化资本和城市经济社会转型的推动力量,是亟待解决的问题。因此,本书以历史城区的瓷业遗产体系为题,开展遗产内涵与保护策略的基础性研究,期待为景德镇文化遗产保护和城市发展提供参考。

瓷业遗产是中国文化遗产中的特殊类型,近年开展了一系列的相关研究,但是集中于陶瓷考古、对核心生产设备的保护及区域性瓷业遗产体系的构建,聚焦于历史城区的瓷业遗产系统性研究是目前较为缺乏的。景德镇有着世界知名的瓷业历史和极为丰富的文化遗产,是首批24个国家级历史文化名城中唯一以瓷业著称的城市。本书对景德镇历史城区范围内的瓷业相关遗产进行系统化的要素梳理和价值阐释,探索瓷业遗产的深层功能结构和文化模式,并提出了相应的保护对策。

　　本书采用了文化地理学、文化人类学、口述历史学等方法以及地理信息系统等技术手段，在收集古地图、志书、瓷业文献等历史资料的基础上，结合5年里陆续进行的田野踏勘和文献调查，深入阐释了景德镇瓷业遗产的系统性价值和单元形态结构。

　　笔者认为，可以从5个角度认识瓷业城市遗产的系统性。第一，从自然环境角度，瓷业聚落的选址、迁徙、空间布局和建筑朝向有特定模式。第二，从基础设施角度，由于瓷业废料对城市环境的重大影响，以及瓷业生产安全性与便利性的要求，会形成发达的排水防涝、军事防御、水陆交通等基础设施体系。第三，从土地利用角度，不同瓷业功能聚集于城市的不同区位，形成类型鲜明的土地利用和建筑组合模式。第四，在陶瓷产业链条视角下，细分行业的规模大小、空间分布和建筑类型，会呈现出一定的规律性特征。第五，在信仰礼俗视角下，陶瓷产业孕育出独特的产业崇拜习俗及其相关的会馆、公所、祠庙系统，其建筑特色鲜明，节庆活动呈现出特定的时空特征。

　　以瓷业系统性分析为基础，本书进一步讨论了三大类、八小类瓷业遗产单元的功能结构、空间形态与相应的保护对策。对御窑厂单元的研究侧重于历史格局演变的分析和建筑形制的复原研究。对生产型单元和商贸物流型单元，着重研究了单元内部的功能结构、用地模式和建筑类型。最后，在借鉴国内外保护展示理论、方法和案例的基础上，针对瓷业遗产的系统和单元划定了保护范围，讨论了相关保护对策。

致谢

衷心感谢我的导师张杰教授给予的指导、鞭策和支持。本书是在清华大学博士论文的基础上修改完成的。攻读博士学位期间，张老师对我在景德镇的研究思路和写作方式等方面提出诸多建设性意见。张老师的勤勉作风、严谨学风和谦逊品格让我获益良多，他是我一生的榜样。

衷心感谢在哈佛大学人类学系进行联合培养过程中，迈克尔·赫兹菲尔德（Michael Herzfeld）教授对我的关心和指导，在美期间他对学术的饱满热情和无私分享令我难忘。

感谢清华大学建筑学院毛其智教授、边兰春教授、贾珺教授、周文生教授、王贵祥教授，北京大学考古文博学院秦大树教授，在多次研究讨论中的意见与建议。

感谢陶瓷专家黄薇、黄清华、翁彦俊、丁雨、曹伟，感谢景德镇老城、文物和其他部门的刘子力、林景锋、白光华和王燕等专家以及景德镇的老城区居民，他们对景德镇的热爱深深地感染着我，他们对景德镇历史文献和瓷业知识的无私分享，给予本书的撰写和出版很大帮助。

感谢清华大学夏虞楠、安程、张小玢、陈欣、陈安琪、楼吉昊、常雨时、沈一琛、许哲源等诸位研究生同学在实地调研和图表制作中的热情帮助和支持。感谢清华同衡规划设计研究院的霍骁卫、张飚、刘岩、李婷、徐慧君、齐晓瑾、刘晓凤等专家在我对景德镇研究过程中的帮助。

感谢父母多年的养育和支持，感谢爱人在生活和事业中的帮助和理解，他们的陪伴让平静的科研工作充满快乐。

本书承蒙国家自然科学基金项目"作为城市历史景观的历史街区保护与可持续发展研究"（51378280）和"中国传统瓷业聚落空间形态、演变机制与保护利用研究——以景德镇为例"（51808022）资助，特此致谢。

目录

第一章　绪论　/ 1
　　一、未被解码的瓷业都市　/ 2
　　二、对传统聚落研究的意义　/ 4
　　三、作为遗产的景德镇　/ 8

第二章　瓷业发展和城市变迁　/ 11
　　一、景德镇地理区位　/ 12
　　二、景德镇瓷业的发展历程　/ 14
　　三、城市空间的演变过程　/ 15
　　四、空间演变的动力特征　/ 25

第三章　自然环境与聚落选址　/ 29
　　一、镇区形成前的瓷业聚落特征　/ 30
　　二、镇区地形地貌与自然地理单元　/ 36
　　三、瓷业单元与相地堪舆　/ 45

第四章　基础设施和用地模式　/ 56
　　一、瓷业废料的利用：城市排水系统　/ 57
　　二、城市安全的保障：军事防御系统　/ 63
　　三、陶瓷物流的血脉：交通基础设施　/ 71
　　四、瓷业经济的细胞：土地利用模式　/ 80

第五章　产业结构与建筑类型　/ 88

　　一、以瓷业为核心的产业结构　/ 89

　　二、产业空间分布和城市功能分区　/ 96

　　三、基于产业类别的建筑类型　/ 100

第六章　精神信仰和礼俗空间　/ 116

　　一、同乡会馆　/ 117

　　二、行业公所　/ 120

　　三、瓷业祖师庙和水神寺庙　/ 124

　　四、传统生产作息与社会节庆　/ 138

第七章　御窑厂空间复原　/ 147

　　一、御窑厂相关文献资料和历史变迁　/ 148

　　二、御器（窑）厂主体建筑格局复原研究　/ 154

　　三、重要建筑形制考证与复原　/ 164

第八章　瓷业街区单元　/ 167

　　一、细胞型生产单元：罗汉肚街区　/ 169

　　二、自由型生产单元：江家坞街区　/ 172

　　三、产业链型生产单元：御窑厂西街区　/ 178

　　四、陶瓷加工与包装业单元：瓷器街街区　/ 180

第九章　结论　/ 185

　　一、主要结论和工作　/ 185

　　二、对工业遗产研究的思考　/ 187

　　三、对遗产体系保护展示方法的认识　/ 195

参考文献　/ 201

　　一、古籍文献　/ 201

　　二、近代著述　/ 202

第一章 绪 论

1712年,旅居景德镇的法国传教士殷弘绪①在给中国和印度传教会巡阅使奥里神父的信中这样描述他在景德镇看到的景象:

> 景德镇拥有一万八千户人家,大部分是瓷业商人,他们的住宅占地很大,雇用的职工多得惊人。按一般的说法,此镇有一百万人口,每日消耗一万多担米和一千多头猪。景德镇沿美丽的河岸上,足有一古里多。街道笔直,按一定距离纵横交叉,无空地;房屋拥挤,街道狭窄,若走在街道上,如处于闹市中心,可以听见从四面八方传来的担夫呼喊让路的声音。这里还可以看到用大量金钱建造的偶像庙宇……从隘口进港时首先看到这样的景色:从各处袅袅上升的火焰和烟气构成了景德镇幅员辽阔的轮廓。到了夜晚,它好像是被火焰包围的一座巨城,像一座有许多烟囱的巨大火炉。

对于西方人而言,东方陶瓷的生产方式一直是一个巨大的谜团,它引发了殷弘绪这样的西方人来到中国、观察景德镇的好奇心。1000年来,中华文明通过景德镇的陶瓷产品深刻地影响着世界。通过陆上丝绸之路和海上丝绸之路,这个东方的瓷业生产城市与万里之外的西方陶瓷消费市场连接起来,景德镇瓷器成为欧洲贵族、中东宫廷和非洲部落热烈追捧的对象。直到近年,曾经盛极一时的海上陶瓷贸易中的不幸者——那些满载着景德镇瓷器的海底沉船和陆地上陶瓷的碎片遗迹,仍吸引着全世界的考古学家和财富猎手的注意。

---

① 殷弘绪,原名佩里·昂特雷科莱(Père d'Entrecolles,1664—1741),天主教耶稣会法国籍传教士。他的信中提及的"此镇有一百万人口"并不确切,实际数量应在10万人左右。

这种对景德镇的好奇心在一定意义上开启了西方工业革命的新时代。《万物：中国艺术中的模件化和规模化生产》的作者雷德侯①分析指出，殷弘绪神父的信件和描绘瓷器生产景象的各类图谱传往欧洲，其传播时间正是奥古斯特二世在欧洲建立首家瓷厂之时，且与法国建立国有工厂、英国发生工业革命的时间相衔接。他认为，景德镇陶瓷生产体系中专业化分工和劳动力管理的技巧，对西方现代大规模生产技术产生了"远超世人想象"的影响。

究竟是什么赋予了景德镇世界瓷业中心的地位？以上对工业秘密传入欧洲的历史分析，容易让我们将注意力转向瓷业配方、生产工艺和生产组织的细节之中。然而本书将关注一个更宽广的图景：景德镇的城市具有怎样的特征和品质，使其在世界瓷业生产史上占据独一无二的地位。借用殷弘绪的叙述，它拥有无数的巨大火炉和烟囱，但又有优美的河岸、山体和大量庙宇，这座被烟囱和火焰包围的工业城市是如何做到既便利生产又不失去其自然品质和文化特性的？其地方习俗中对山体水系的保护如何维持了工业资源的供给和人居环境的优良？对瓷业神祇的崇拜和庙宇建设如何维系当地社群网络的运转，在瓷业生产秩序的维护上发挥了怎样的作用？其纵横交错的街道和拥挤紧凑的建筑具有怎样的空间特征，从而为瓷业生产和日常生活提供了高效、便捷的场所？其城市的基础设施具有怎样的特征，使其足以维持"百万人口"的生计和"千猪万米"的供给？所有这些问题加起来，是景德镇这座城市的营建体现了怎样的传统智慧，又留给当代人怎样的宝贵遗产？

一、未被解码的瓷业都市

景德镇，原名新平镇，因为御供瓷器品质优良，宋真宗将年号"景德"赐予这个南方小镇。之后的 1000 年间，这里陶火绵延不断。在 1982 年，景德镇被国务院授予国家级历史文化名城称号，是首批 24 个国家级历史文化名城中唯一以瓷业著称的城市。正如王世懋在笔记中描述的那样，这座城市因瓷而生，城市的

---

① 雷德侯（Lothar Ledderose），德国海德堡大学东亚史系教授，研究中国艺术的著名汉学家，著有《万物：中国艺术中的模件化和规模化生产》。

血液中流淌着瓷窑的火焰,是中国文化遗产中的特例。

景德镇及其附近,很早就有与陶瓷相关的人类活动,景德镇先民依靠鄱阳湖流域充沛的粮食产量和当地丰富的陶瓷原料矿藏,从事陶瓷相关的手工业劳作,形成了在传统的中国农业社会中独树一帜的手工业城市和亚文化。到明清时期,随着御窑厂的建立,景德镇独步中国瓷业,当时景德镇有窑数百座,人口超过10万人,形成了完整的陶瓷原料、生产、交易、物流系统。时至今日,景德镇的瓷业传统和手工业技艺,仍滋养着这片土地,是当之无愧的中国乃至世界的手工制瓷中心。

目前关于景德镇的研究大多集中在陶瓷考古(秦大树,2001)、经济史(梁淼泰,1991)、社会史(刘朝晖,2010)和艺术人类学(方李莉,2000)等方面的研究,对于这座千年瓷都虽然有大量关于瓷业遗产研究的文献和规划文本[1],但对其城市空间和文化遗产进行系统性研究实属罕见。

以瓷业为核心的都市空间的系统性存在于两个层面。第一个层面是产业链条的系统性。陶瓷产业是一种有组织的、系统性的生产实践,包括3个圈层的生产实践。第一,生产实践的核心圈层,包括陶瓷成型、陶瓷烧成、陶瓷加工和修补等环节。第二,核心圈层的外围是为生产提供服务的瓷业辅助业,包括原料开采和物流、瓷业工具和技术服务、陶瓷商贸和物流等。第三,圈层的最外层是为瓷业和瓷业辅助业人口提供基础服务的城市服务业,如金融业、餐饮业等。以上3类生产实践的发展过程,留下了非常丰富的物质材料和人文遗存。因此,其产业遗产囊括了核心生产、瓷业辅助业和城市服务业3个主要类别的各类产业建筑与遗迹,包括通常被认定为瓷业遗产核心的瓷窑、作坊,也包括颜料店、瓷器店、粮店、钱庄等辅助业、服务业的文化遗产。第二个层面体现在陶瓷产业链条与其所在的自然环境、城市的基础设施、精神信仰与礼俗文化等内容构成了不可分割

---

[1] 景德镇最早体现瓷业遗产保护思路的规划方案源自1985年版《景德镇市总体规划》。但较为完善的历史城区保护规划,始于2002年由中国城市规划设计研究院、景德镇市城市规划局制定的《景德镇老城区保护整治和更新详细规划》,其为后续的其他保护规划工作奠定了坚实的基础。在此基础上,形成了《景德镇市历史文化名城保护规划2013—2030》《景德镇御窑厂国家考古遗址公园规划(2012—2020)》,以及陈家弄、彭家弄、葡萄架等街区保护规划和《景德镇瓷业文化遗产保护总体规划(2014)》等。

的整体。在景德镇瓷业文化主题之下，产业遗产系统、自然环境系统、基础设施和用地系统、信仰礼俗系统之间彼此交织，形成了丰富的意义网络。本书将对这些系统与陶瓷产业之间的内在关联进行探究，具体而言包括如下内容。

（1）一个以瓷业生产为主要功能的都市，并未把自然看作掠夺的对象，而是当作尊重和崇拜的主体。古代景德镇是如何将保护自然环境与促进瓷业生产结合起来，形成了独具特色的环境选址模式的？

（2）千年瓷都生产的海量瓷业垃圾，被用作墙垣、地基等建筑材料，用于垫高城市下垫面和建设排水系统，将令人头疼的垃圾处理问题和频繁的洪灾风险巧妙化解。这种物尽其用的传统聚落营建方式与其陶瓷生产有着怎样的关联？

（3）熙熙攘攘的10万陶民供养着7座不同的陶瓷祖师寺庙和6座不同的水神寺庙，这些"专业分工"的神祇体系庇佑着不同细分行业的手工业者和不同帮派的船夫商民。如何透过虔诚祷祝的香火和迎神赛会的队列，理解景德镇丰富的信仰礼俗体系与陶瓷文化的关系？

（4）景德镇的城市形态和建筑空间具有高效率的特征。无论是窑房、坯房还是瓷行、柴行，都是居住、生产、仓储、洽商高度混合的复合功能空间。"瓷业三十六行"的各类型建筑空间的高效利用方式，让我们得以一窥这座传统手工业城市的运转方式。

二、对传统聚落研究的意义

罗威廉在其名作《汉口：一个中国城市的冲突与社区》中明言，其通过汉口的个案研究，"试图与研究西方早期现代的城市化与社会的历史学家开展对话"。本书写作的目的之一，则是通过对景德镇个案的深入剖析，与其他研究中国传统聚落的学者进行交流。对景德镇瓷业城市的研究，可能延伸出3个层面的讨论。

第一，中国传统瓷业聚落具有哪些一般性特征，景德镇的个案研究可能开启哪些有意义的讨论？传统瓷业遗产是我国重要的产业遗产类型，在前七批全国重点文物保护单位中，陶瓷窑址有71处，在列入国家级文化保护单位的产业遗产项目中占 3/4①。中国瓷业聚落遗产作为"一带一路"和"传承中华优秀传统文化"的重要物质载体，对其价值内涵和保护利用展开系统研究具有重大现实意义。如何深入理解瓷业遗产的核心价值要素和深层结构，对于其功能结构、文化模式和形态类型等开展基础性研究，形成瓷业遗产保护的系统性认识，是十分紧迫的问题。

第二，景德镇空间形态是否揭示出中国现代早期（或前现代）手工业聚落的一些共性情况？我国有着辉煌的传统产业历史和丰富的产业遗存，对中国传统产业城市的空间结构展开探索有重要的现实意义。在中国世界遗产预备名录中的传统产业遗产有瓷窑、铜矿、汞矿、盐井盐田、茶园、酒坊等共计 7 个项目②。与近代工业遗产相比，传统产业中细分的产业环节和灵活的组织方式必然导致多样的景观类型和零散的要素分布，因而其保护方法与大规模、集中化的近代工业遗产有重大区别。对于这个有待被揭示的传统产业聚落类型，展开比较研究是十分必要的。

第三，位列中国"四大名镇"的景德镇在中国传统市镇的空间形态研究上，提供了怎样的价值？根据美国斯坦福大学的吉尔伯特·罗兹曼（Gilbert Rozman）（1973）估计，清代中国有 1700 个城郡和 5800 个 2000 人以上的市镇③，市镇在数量上占到了中国清末城市（人口数量 2000 人以上）总数约 3/4（表 1-1）。市镇是占据主体的聚落类别，而对于这一类对象的研究，恰恰是目前历史城市研究中比较欠缺的（赵冈，1995）。景德镇作为人口规模最大的镇之一，在中国传统市镇中具有独特的地位。清末景德镇人口 18 万人，其人口数量排在所有城市中的第 20 位（斯波义信，2013）。在市镇中人口规模排在第 3 位，仅次于汉口和佛山。因此景德镇是中国传统巨型市镇的典型案例，其城市形态的复杂性、景观的独特性和文化的特殊性在巨大的人口规模之下得以充分表现出来。

---

① 笔者根据前七批全国重点文物保护单位名录进行统计，其他的产业遗产还包括矿冶、盐业、制茶、制酒等内容。
② 列入中国世界文化遗产预备名单的传统产业遗产有浙江中国古瓷窑址、景德镇御窑瓷厂、江西铜岭和湖北铜绿山古铜矿遗址、万山汞矿遗址、芒康盐井古盐田、普洱景迈山古茶园、中国白酒老作坊等。
③ 中国古代城市分两类：一类为"城郡"，即通过国家规划形成的、以消费和居住为主要特征的、一定范围内行政区划的治所；另一类为"市镇"，即依靠经济活动自发形成的、以交易和生产为主要职能的城镇。

表 1-1　清末（19 世纪 90 年代）城郡和市镇的数量　　单位：个

编号	人口规模区间	城郡（县以上治所）	市镇（无县以上行政建制）	城郡 + 市镇
a	大于 10 000	289	少于 10	约 300
b	2000 ~ 10 000	约 1300	约 5800	约 7100
c	小于 2000	约 100	约 24 000	约 24 100
a+b	大于 2000	约 1600	约 5800	约 7400
a+b+c	所有规模	1700	约 30 000	大于 30 000

资料来源：

1. 赵冈. 中国城市发展史论文集 [M]. 台北：联经出版事业股份有限公司，2005.

2. ROZMAN G. Urban Networks in Ching China and Takugawa Japan[M]. Princeton: Princeton University Press, 1973.

3. CHAO K. Man and Land in Chinese history: An Economic Analysis[M]. Stanford: Stanford University Press, 1986.

在瓷业聚落、手工业聚落抑或是传统市镇这 3 类话题中，景德镇都是当之无愧的典型案例。遗憾的是，目前以景德镇为对象进行深入的城市空间研究尚属盲区。无论是董鉴泓的著作《中国城市建设史》还是阿尔弗雷德·申茨（2009）的《幻方——中国古代的城市》等以总体性视角、分类型讨论中国历史城市空间的著作，都将产业城市作为中国历史城市中独特而不可或缺的类型，但目前对这一城市类型的讨论是颇为粗疏的。

在如上 3 个层面的背景之下，让我们来仔细考察一下景德镇在中国瓷业聚落中的地位。想要明白景德镇在中国古代瓷业聚落中的独特性，需要将它与其他传统瓷业聚落进行比较，这里我们选择了 4 个著名瓷业聚落（表 1-2）。龙泉窑是全国著名的宋、元、明时期的青瓷产区之一，形成了典型的乡村型瓷业聚落，这个案例揭示了乡村型瓷业聚落通常呈现出沿着河谷小盆地的"葡萄串"形态特征，这与景德镇早期乡村瓷业阶段"亦农亦陶"模式时的聚落形态是一致的。建德窑的研究揭示了南方瓷业聚落选址的一些共同点。一方面，其选址附近分布高岭土矿；另一方面，聚落常常分布在"坪""坞"地貌上，这与景德镇、龙泉窑的情形是一致的（建德市第三次全国文物普查办公室，2012）。吉州窑位于江西吉安永和镇，在宋元时期是与景德镇窑地位相称的大窑（喻珊，2013），有"先有永和镇，后有景德镇"之说。吉州窑遗址有 20 多座窑包，面积达 8 万多平方米，其市镇空间中包含了一系列结构性要素，包括 3 个码头，平行和垂直于岸线的 6 条街巷，街巷边专业化分工的瓷业、配套业市场以及远离岸线的生产性窑场（张文江，2013）。耀州窑是宋代中国北方四大窑系之一，先后兴起四镇，但是其余三镇（黄堡、立地、上店）均已湮没，只留下耀州窑的明清继承者陈炉镇可供考察（袁西成，2006）。陈炉窑场创烧于金末元初，是元以后陕西最大的窑场，也是西北地区最重要的瓷业生产基地。明清时期，陈炉窑场形成了"社""行""户"的产业分工组织制度，形成按照地域、行业、器物种类进行产业分工的格局。

表 1-2　5 个瓷业聚落情况对比

瓷业聚落	类型	选址	规模	形态结构	社会组织	产业组织
龙泉窑	村落	溪谷中的垟	—	葡萄串	—	—
建德窑	村落	坞、塘	—	散点	—	—
吉州窑（永和镇）	市镇	江边到山岭之间	0.5 平方千米	三码头 三市、六街 20 多处窑包	—	—
耀州窑（陈炉镇）	市镇	—	约 2400 人	40 所窑	东三社、西八社 一处窑神庙	四户：瓷、窑、行、贩 三行：黑窑、瓮窑、碗窑
景德镇	市镇	昌江与山岭之间的坞、塘处	10 万人以上 2 平方千米	18 个码头渡口 108 条街弄 150 座窑	27 处会馆 7 处窑神庙	瓷业三十六行

注：根据袁西成（2006）《陈炉窑》，北京艺术博物馆（2013）《中国吉州窑》，浙江省文物考古研究所（2005）《龙泉东区窑址发掘报告》，建德市第三次全国文物普查办公室（2012）《建德古窑址：建德市第三次全国文物普查成果之二》整理形成。

通过比较分析，可以得出瓷业聚落选址与形态的一般性特征。第一，瓷业聚落选址通常在江河或小溪与山岭之间的地带，常在地形如坞、垟、塘的附近。第二，市镇型瓷业聚落的经济社会组织发达，形成以血缘、地缘、行业、信仰为纽带的各种经济、社会和精神团体。第三，市镇型瓷业聚落的形态由窑、市、街、码头等基本空间要素构成。经过比较，瓷业聚落的差异性也是极突出的：聚落规模差别极大，因而聚落的复杂性差别极大。景德镇的人口和用地规模远大于其他市镇①，瓷业专业化程度远胜于其他瓷业聚落，其巷弄、码头、窑、会馆、寺庙数量也远多于其他瓷业聚落，聚落空间具有不可比拟的复杂性。

景德镇巨大的城市规模，使得瓷业聚落特征以一种全谱式的、更加复杂的特殊形态表现出来，让景德镇成为瓷业聚落研究中一个典型而特殊的存在。概括来看，景德镇瓷业聚落有如下几个突出特征。第一，较大的人口规模和高密度的聚落形态。第二，高度的产业聚集和专业化分工。第三，产业移民带来的多元信仰和丰富礼俗。第四，高强度产业活动带来的人工环境与自然环境的紧密互动关系。第五，产业的溢出效应对周边区域的影响。第六，官民互动传统带来的礼制—民间双重城市特征。

三、作为遗产的景德镇

作为世界手工瓷业中心，景德镇给人类留下了巨大的物质财富和精神财富。就其物质财富而言，景德镇是首批 24 个国家级历史文化名城中唯一以瓷业著称的城市，2014 年被联合国教科文组织授予"手工艺与民间艺术之都"称号，2017 年景德镇御窑遗址被列入《中国世界文化遗产预备名单》。拥有千年瓷业史的景德镇留下了瓷窑、作坊、店铺、街巷、民居、码头等物质遗产和仍在活态传承的传统制瓷技艺，如何保护这些文化遗产，使文化遗产转化为城市发展的文化资源，成为景德镇留给当代人的重要题目。

现有对瓷业遗产的保护和展示普遍存在如下问题。第一，对陶瓷业遗产的价值挖掘限于窑址、矿洞、作坊等单体建筑的碎片化解读，缺乏对瓷业遗产及其自然与文化环节进行系统性的整体阐释。这里的系统包括自然环境系统、产业经济系统、信仰礼俗系统、用地和基础设施系统等层面。例如，对于瓷业活动所处的自然环境尚缺乏系统性认识。第二，割裂看待了瓷业物质遗产与非物质遗产的关系。任何非物质的信仰、生产技艺等都存在于一定的物质空间中，而任何物质空间都是因为其中的文化属性才形成了场所的精神与特色。现有的 53 种非物质文

---

① 根据斯波义信在《中国都市史》中的研究，在清末诸市镇中，景德镇人口规模仅次于汉口和佛山，排名第 3。其人口规模在清末所有城市（含府城）中位列第 20。

化遗产需要在特定的文化空间中进行保护和传承。近百处历史建筑、文化保护单位也需要以瓷业技艺、文化习俗等文化内涵为支撑才能凸显其遗产的价值内涵。在本书中，瓷业都市的方方面面被当作一个整体看待，自然环境与建成环境、生产性要素和精神性要素被联系起来，编织出陶瓷业生产的遗产网络。

另外，景德镇的传统聚落营建中体现了诸多可持续方法，其环境友好和资源节约的传统智慧是我们今天社会发展和城市规划的一笔巨大精神财富。具体来说，如何兼顾自然环境保护和城市扩张的需求，如何对生产垃圾进行循环利用、使其转变为城市营建的资源，如何在城市形态和建筑空间上形成紧凑、高效的利用模式，都是景德镇的案例所引发我们思考的问题。

景德镇瓷业遗产研究依赖于对历史、地理和瓷业生产的了解，本书的研究建立在大量历史文献的收集、整理基础之上，包括地图、古画等图版资料，地方志书、陶瓷生产类材料等文献，其中特别重要的是景德镇市档案馆、景德镇市图书馆的地方志书、馆藏地图和文献，以及笔者在哈佛大学地图图书馆（Harvard Map Collection）、哈佛大学燕京图书馆、北京首都博物馆和安徽博物院等地收集到的景德镇古代地图与画作。本书综合使用文化地理学、建筑学、人类学、历史学等研究方法，除了对景德镇城市空间进行城市形态学和建筑类型学分析之外，特别侧重于使用文化人类学视角和在景德镇收集的地方居民的口述史材料，从而对其空间进行在地的、文化的解释。其中特别值得指出的是，本书应用了张杰教授在《中国古代空间文化溯源》一书中"堪舆与空间设计"的相关分析方法，讨论了瓷业聚落选址、堪舆情况，以及由此形成的瓷业城市中自然环境与建成环境形成的特定空间模式。

本书的结构按照"系统—单元"的方式进行组织。第二章，介绍景德镇的地理区位，回顾不同历史时期的瓷业发展脉络和主要聚落特征，呈现重大政治经济事件对瓷业遗产系统的影响，为后文的系统分析提供背景。第三章至第六章，研究景德镇历史城区瓷业遗产的系统构成，主要包括自然地理环境、基础设施与土地利用、产业与建筑类型、信仰礼俗空间4个系统。本书第七、第八章，以不同瓷业遗产单元（通俗意义上可理解为"历史街区"）为对象，来研究景德镇历史城区瓷业遗产的微观结构形态。值得注意的是，在"系统"和"要素"之间置入"瓷业遗产单元"的分析性概念，是为了形成整合性的、尺度合宜又相对独立的研究分析对象。其中，第七章在梳理、比较御窑厂诸多历史文献基础上，对其空间形态演变过程进行了深入考证；第八章则对生产型单元、商贸物流型单元进行类型化分析。

在绪论的最后，需要明确讨论对象的时间和空间范围。本书的研究对象限定在景德镇传统瓷业时期，因此将研究范围限定在 1949 年以前。空间范围方面，本书聚焦于景德镇的城市区域①，其周边同样与瓷业密切相关的乡村聚落并未纳入本书的研究范围。笔者参考了历史文献中对明清镇区范围的文字描述，比较了清代和民国的一系列古地图，确认这一范围从宋代以来逐渐扩大，到明清时期形成了范围比较稳定的建成区，这一空间范围包括：西到昌江（包括昌江以西的三间庙街区），东到五龙山、马鞍山、杨家坞一带，北起观音阁，南达西瓜洲，即《浮梁县志》中所说的"陶阳十三里"的范围，总面积 2.07 平方千米（图 1-1）。

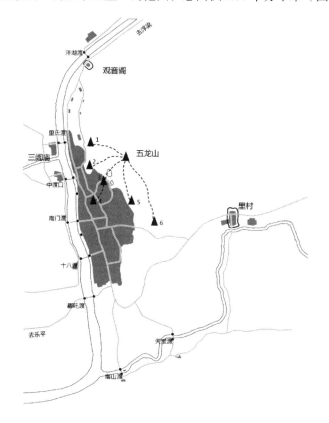

图 1-1　景德镇历史城区范围示意图

1—杨家山；2—雷峰山；3—饶家山岭；4—珠山；5—猪婆山岭；6—马鞍山

---

① 本书为表述方便，书中有时会使用"镇区""老城区""景德镇历史城区"来指代这一区域。

第二章 瓷业发展和城市变迁

明嘉靖年间，一位在江西任职的官员在他的笔记小说中记录了他眼中景德镇的奇异景象[①]：

> 江西饶州府浮梁县科第特盛，离县二十里许，为景德镇官窑设焉。天下窑器所聚，其民繁富甲于一省。余尝以分守督运至其地，万杵之声殷地，火光烛天，夜令人不能寝。戏目之曰：四时雷电镇。民既富，子弟多入学校，然为窑利所夺，绝无登第者。惟嘉靖间万年贼起，镇人逃匿，停火三月。是秋遂中吴宗吉一人，亦竟不成进士，后为吾郡倅，升黎平守而卒。宗吉前后终无一人举者。吁！亦异矣。乃知遐方异域多产奇宝，必乏人才，理当如是。又况击撼穿凿地脉，安得不损？此堪舆之说，所为不可废也。

对于这位热心功名且有所成的官员而言，明朝数百年间景德镇竟然极少有人中举，是一件非常令人遗憾而讶异的事情。日夜不停的熊熊窑火照亮这座城市，街头巷尾捶打制瓷材料的声音令脚下大地颤动，这是一座令这位官员头皮发麻、头晕目眩的"四时雷电镇"。这座城市被对陶瓷生产的热爱和陶瓷带来的丰厚获利所把持，是以耕读传家为正业的中国传统农业社会中的一朵奇葩。诸多历史文献表明，这座城市地处偏僻但繁荣、富有的程度几乎超过省会南昌；它对工业生产的热情好像一座20世纪的资本主义工业城市，只是被神奇的力量穿越到明朝了。

在景德镇城市演变的诸多线索中，陶瓷行业的发展无疑是其中主导性的因素。

---

① 王世懋（1536—1588），嘉靖进士，曾任江西参议，累官至太常少卿，是明代文学家、史学家王世贞之弟，著有《二酉委谭摘录》。

本章将回顾景德镇从宋代的早期工商市镇发展为清末巨型市镇的过程。梳理景德镇城市发展过程，有几个基本问题是无法回避的。是什么因素使景德镇成为中国乃至世界的瓷业中心？在这些因素作用下，景德镇城市空间发生了怎样的变化？城市空间的什么特征使其足以被称为中国乃至世界的瓷都？本章的写作是在伴随着以上这些问题的思考过程而逐渐展开的[①]。

一、景德镇地理区位

> 景德虽邑之一隅，东介新安，南通闽浙，江湖交汇，吴楚往来，帆樯泊集，人户填溢，实与省会埒。
> ——《江西通志》（卷一百三十五），艺文记十四

景德镇在清代属于饶州府浮梁县管辖，地处江西东北部，与安徽省祁门县、东至县和江西省婺源县、鄱阳县、万年县毗邻，为徽赣古道的重要交通节点。景德镇坐落于黄山、怀玉山与鄱阳湖的过渡地带，坐拥鄱阳湖水域充足的农业生产供应，又盛产瓷石、高岭土、煤、石灰石等工业原料，使得景德镇具备了良好的瓷业发展条件。《江西通志》载景德镇"实与省会埒"，就是说景德镇的人口和商业可与省会南昌相匹敌。

景德镇得以成为首屈一指的瓷业都会，首先得益于丰富的水陆交通将景德镇与世界市场连接起来。景德镇的母亲河昌江在景德镇市境内干流长约 117 千米，境内流域面积为 3274 平方千米（景德镇市志编纂委员会，1989）。昌江向东北方向经徽赣古道通往上游安徽祁门，连通自古商业繁荣富庶的徽州地区；向西南方向经鄱江注入鄱阳湖，与鄱阳湖畔重要的粮仓鄱阳、都昌、湖口等 7 县相联系，最终注入长江干流中。周边的汉口、鄂城、苏州、湖州等沿江城市在景德镇均设有会馆。其便利的水陆运输环境为景德镇瓷业原材料的运入、成品的外销、周边劳动力的供给提供了便利的交通条件。

[①] 本章部分内容曾发表于《建筑学报学术论文专刊》。详见：贺鼎，张杰，夏虞南. 古代景德镇城市空间变迁及其机制研究 [J]. 建筑学报，2015(s1):100-106.

其次，从区域性层面看，富饶的鄱阳湖平原（豫章平原）为景德镇提供了充足的劳动力来源和工商业网络。鄱阳湖、赣江、修水沿岸的南昌、都昌、湖口、建昌、新建、丰城、临江、瑞州、上高、奉新等地，为景德镇提供了源源不断的劳动力，这些府和县于明清之际在景德镇都设有会馆或移民会，可见鄱阳湖平原的劳动力市场和商业网络在明清时期已经高度整合。

最后，地方性的地质条件和自然环境为景德镇提供了丰富的瓷业原料和燃料供给（图 2-1）。昌江的若干主要支流东河、南河、西河、北河等从山岭地区发源，山高林密、山水相间的地貌孕育了数量巨大的窑柴燃料和丰富优质的制瓷原料，

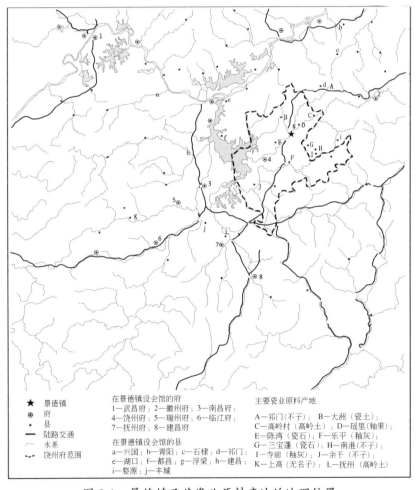

图 2-1　景德镇及其瓷业原料产地的地理位置

包括可塑性原料、瘠性原料、熔性原料达40余种。其中著名的有高岭村高岭土、瑶里釉果、祁门不子、大洲高岭土、三宝蓬瓷石、寺前釉灰等。由于昌江支流的平均坡度很大，落差所蕴藏的巨大水能为陶瓷的矿石开采、加工和境内的原料运输提供了极大的便利。不仅在河流沿线密布若干水碓，可将矿石舂碓为陶瓷原料，而且河流具有丰富的水能（周銮书，2004），使得"由东南西北四河汇聚而成的昌江，常年可通木筏、木船，景德镇主要依靠它们输入制瓷材料"。

二、景德镇瓷业的发展历程

清乾隆《浮梁县志》记载，"新平冶陶，始于汉世"，但目前考古资料表明其最早的瓷业遗存在晚唐五代时期。唐代文豪柳宗元为饶州刺史所作的《代人进瓷器状》中虽言及："右建瓷器，并艺精埏埴，制合规模。禀至德之陶蒸……"不难想见，在唐时景德镇的制瓷技术已经非同一般，达到了较高的水平，此时景德镇地区已经设置了相关的行政管辖机构和政府区划，并且极有可能是后世景德镇的设置雏形。但前人在《浮梁县志》中有关于景德镇唐代名窑"霍窑""陶窑"的记载，并称其"贡于朝"，至今没有发现相关的出土实物。

景德镇的得名，据可靠文献，当追溯到宋代。宋代作为景德镇的初创阶段尤为重要。据《宋会要辑稿》记载："江东东路饶州浮梁县景德镇，景德元年置"（徐松，1810），可见景德镇命名的由来与宋代景德年号息息相关，宋真宗在景德元年（1004）赐昌南镇名为景德镇，从侧面反映了宋代景德镇制瓷业的发达和技术的成熟，以及其对社会经济的贡献和政府的充分重视。明清以后的史料，特别是地方志书等文献中更是以此为确说，如"宋景德中，始置镇，因名。置监镇一员，以奉御董造""宋真宗遣派官制瓷，贡于京。即应宫府之需，命陶工书建年景德于器底，天下于是知景德之器矣"（程廷济，1784）。

元代是景德镇制瓷业发展最显著的一个时代，这与之前宋室南渡，北方许多著名窑厂的优秀工匠纷纷来到景德镇有关。元初朝廷于1278年设立"浮梁瓷局"，是全国唯一为皇室服务的瓷局，以满足宫廷对瓷器的需要。在皇室喜好和与西域的贸易中，卵白釉瓷和元青花瓷的需求与日增加，景德镇作为一个交通条件、原料开采条件和人才条件齐备的地方，在国家强制力的推动和商业利益的驱使下，陶瓷生产得到了前所未有的大发展。景德镇的瓷器行销国内外，意大利马可·波罗在其游记中说："元朝瓷器运销到全世界。"

发展到明代，景德镇经历了国家控制监督的制造业向市场手工业经济的巨大转变。明洪武三十五年（1402），珠山之麓建御器厂，专烧宫廷用瓷。初设官窑20座，宣武时增至58座，并限制民窑发展。而到嘉靖、万历年间放松对民窑的把控，逐渐形成官民竞市，官搭民烧的局面，镇内形成"昼间白烟掩盖天空，夜则红焰烧天"。

清代景德镇瓷业进一步市场化，在陶瓷的对外贸易的产业形成中，以康熙、雍正、乾隆三朝臻于鼎盛，更是我国陶瓷史上的黄金时代。康熙时期的青花、五彩、红釉、素三彩，雍正、乾隆时期的粉彩、斗彩、珐琅彩以及各种颜色釉都取得了空前的成就。所以蓝浦在《景德镇陶录图说》中写当时瓷业"器则美备，工则良巧，色则精全，仿古法先，花样品式，咸月异岁不同矣。而御窑监造，尤为超越前古"。可见清代景德镇在制瓷业上成就非凡，极具活力。

民国时期瓷业生产经历了抗日战争之前和之后两个阶段。1912—1933年，景德镇年瓷业产量从不足6万组扩大到14万组，民窑生产旺盛。1934—1939年，笔者没有获得准确的瓷业相关数据，但在杜重远的瓷业革新推动下，瓷业应当有进一步发展。1939年以后，随着日军南侵、飞机轰炸，景德镇瓷业一落千丈，到新中国成立前濒临破产边缘。总体来看，民国年间景德镇瓷业发展在洋瓷倾销、御窑厂关闭、战争和动乱等背景下渐渐走向没落。

三、城市空间的演变过程

1. 宋代：陶瓷转运节点上的工商业集镇

图 2-2 所示为宋、元、明时期的景德镇城市结构变迁。根据我们的仔细考证和文献梳理，宋代时的景德镇陶瓷生产区主要分布在小南河流域周围的广大乡村

地区，此时的景德镇建成区面积小，功能和结构都较为简单。

宋代景德镇窑址 30 多处，瓷器器型几百种。至南宋瓷窑已经多达 300 多座，从宋真宗景德元年（1004）到宋徽宗大观二年（1108）的百余年间镇区人口超过 6 万，十之八九是外来移民，形成八方杂处的聚集局面。此时的窑址分布范围并不在如今的景德镇老城范围，而是位于老城东南方向的南河上游流域，这里分布数十处窑址。此时景德镇瓷业尚未完全独立于农业生产，而是作为农闲时的副业存在。为了靠近瓷土原料和农村劳动力，瓷业生产活动分散于农村中，市镇经济和市镇建设远没有明清时期那么发达。

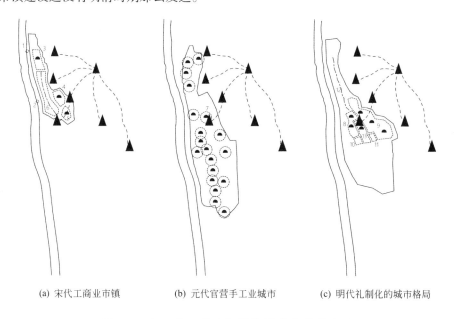

(a) 宋代工商业市镇　　(b) 元代官营手工业城市　　(c) 明代礼制化的城市格局

图 2-2　宋、元、明时期景德镇城市结构变迁

（a）1—韦陀桥；2—里氏渡；3—茶园塘窑址；4—雷峰寺窑场；5—罗汉肚窑场；6—半边街-徐家街商业闹市区

（b）7—以窑址为核心的生产型社区模式

（c）8—厂西民窑区；9—厂东民窑区；10—公馆；11—九江道；12—正街（商业街）；13—御器厂

然而，作为陶瓷贸易和转运的重要场所，宋代的景德镇已经初步具备了工商业集镇的基本功能，贸易区、生产区、物流设施共同构成了其主要市镇结构。雷公山、董家坞、茶园塘、雷峰寺、彭家上弄、罗汉肚分布有作坊和窑厂，进行陶

瓷生产。生产区南侧的江家弄、半边街、徐家街构成了商品交易的闹市区（景德镇市地名委员会，1988）。在闹市区和生产区的西侧沿河，有始建于宋代的里氏渡和韦陀桥，二者共同支撑着景德镇原料和瓷器的对外运输和大量供给。从城市的规模上看，宋代时景德镇的城市范围也达到了一定规模，但远远小于明清景德镇的城市范围。我们对《景德镇地名志》中提到的景德镇宋代地名进行统计，可以初步划定宋代景德镇建成区的范围。这一范围大致集中在韦陀桥至通津桥、程家上巷的沿昌江一带的高地上，南北长 1500 米，东西宽 500 米，远远小于明清景德镇的建成区面积 [图 2-2（a）]。

2. 元代：浮梁瓷局管理下的官营手工业社区

元代政府在景德镇设立了"浮梁瓷局"，景德镇逐渐成为全国瓷业生产的中心。由于尚未在考古发掘中发现元代浮梁瓷局的衙署部分，其确切位置仍是悬案，但风景路、斗富弄的出土瓷片表明，珠山附近是浮梁瓷局的中心窑场所在。景德镇城市范围迅速扩张，瓷业生产遍布整个老城区。根据相关文献的考证，元代景德镇城市范围在宋代基础上迅速向南拓展，窑址数量从宋代的 5 处增加到 20 处以上，范围遍及观音阁到小港嘴南北 6.5 千米、东西 1 千米的范围 [图 2-2（b）]。考古发掘报告显示，现在的景德镇明清旧城就是建立在元代景德镇的瓷业堆积之上的。

根据曹建文、徐华烽的《近年来景德镇元代青花窑址调查与研究》，目前元代窑址中发现的物件种类和器型各不相同，且窑址分布均匀，窑址的平均距离 300~500 米。这种生产的分工和选址似乎呈现出规划控制的形态。元朝实行严格的匠役制，匠人在元朝被颁发匠籍，并有专门的局进行原料、户籍、工资的统一管理，这种官营手工业的管理制度应当对手工业城市空间形态有着直接影响。以元代官营的盐业制度为例，盐场之下分成若干团灶。"团是盐户的集中居住点、生产点，生产经常以灶为单位进行。每灶的盐户共同使用铁盘和灶等大型生产工具，每个盐场、团、灶直至盐户都有固定的生产额。"（刘莉亚，2004）根据《陶记》的记载："窑之长短，率有氎数，官籍丈尺，以第其税。而火堂、火栈、火尾、火眼之属，则不入于籍……"可见不仅仅是课税严格，元代时对于工匠和窑的规格都进行了非常详细的规定。可见元代政治管辖对于景德镇烧窑制瓷事业及其空间形态的影响非常重要。

故而，景德镇陶瓷生产区可能由一种集合了生活、生产功能的生产型社区组成。在元代百年历史中，这种生产型社区的管理方式可能有所微调，但这种类军事化的管理方式，仍是大体可信的。

3. 明代：御器厂设立与礼制化的城市格局

明初设立御器厂，是对五龙山等周边山水环境进行整体堪舆基础上选址确定的①。这奠定了以御器厂为核心的城市格局，并对景德镇城市空间结构产生了很大影响。民窑生产区进一步围绕着御器厂发展，形成了礼制化的陶瓷生产空间。这种"礼制化"，符合中国古代城市选址和营建的一般特征，但也表现出手工业城市的独特性。

根据《浮梁县志》记载，"御器厂中为堂，后为轩，为寝。寝之后高阜为亭……"在御器厂内部，形成了鼓楼、仪门、堂、轩、寝、亭的纵轴线，在轴线两侧有官署、库房、作坊等建筑。

从御器厂向北到五龙山之间，形成了一系列相互独立又彼此联系的功能区域。其一是陶瓷管理行政区，包括御器厂堂寝、公馆、九江道等机构，共同管理景德镇的制瓷、军事和民政工作，形成了景德镇的行政管理核心（景德镇市地名委员会办公室，1988）。此管理核心拥有独立的行政功能和职属管辖，如文献记载："饶州府通判方叔猷管厂设造木，天平分舆，各匠作类。称由是，器皿大小，轻重适匀，无有厚薄轻重之不同矣。"（王宗沐等，1560）所以御器厂所管辖的不仅仅是官方的手工制造业，也维系和管理着全镇的民生和治安事宜。

行政区以北是3个生产区，包括御器生产区，涵盖官窑、作坊、库房等；御器厂西民窑生产区，涵盖东司岭、方家上弄、沟沿上民窑街区；御器厂东民窑生产区，即罗汉肚、江家坞民窑街区，主要负责烧造大件瓷器，如龙缸、龙床等（景德镇市地名委员会办公室，1988）。生产区以北是城市的商业市场区，以明代"正街"（即青石街）为骨架，从御器厂东门起向北伸展，经龙缸弄、邓家岭、三角井、徐家街到里氏渡 [图 2-2（c）]。

---

① 关于御器厂的相地堪舆和景德镇的城市风水，详见本书第三章第三节"三、瓷业单元与相地堪舆"。

景德镇御器厂的官署区，与市场、生产区的空间关系创造性地尊崇了周礼考工记所言的"面朝后市"的空间原则。饶有趣味的是，陶瓷生产区分布在五龙所形成的山坞之中，加强了空间的"礼制化"色彩。

4. 清代：高度专业化和社会化的生产空间

1）康乾高峰

清朝入关后，社会普遍呈现的是休养生息的恢复阶段，顺治八年（1651）御窑厂奉造龙碗，康熙十九年（1680），御窑厂施行全面的雇役制度。当时的督陶官员驻厂督造之时，"每制成之器，实估价值，陆续进呈，凡工匠、物料，动支正项钱粮，按项给发。至于运费等项，毫不遗累地方，官民称便"（程廷济等，1784）。康熙年间按照实价进行估值，收支、运费计算都很分明，减轻了窑工负担，促进了瓷业生产力的提高，这使得康熙年间景德镇迎来了清朝第一个瓷业生产高峰。景德镇的瓷器制造业以"官搭民烧"为主，处于地理和行政核心的御窑厂[①]将瓷器生产的任务交给民间瓷窑烧制，而大量涌入景德镇市镇内的外地窑户就成为主要的承担者。

刻印于康熙二十一年（1682）的《浮梁县志》卷首的景德镇图是迄今为止最早的一幅以景德镇为独立描绘对象的古代地图（图2-3）。根据图中信息，我们不难看出此时景德镇的市镇中心由御窑厂、公馆、九江道组成，这仍然保存了明代所设置的以御器厂为中轴，西公馆，东道署的"礼制化"空间布局。从御窑厂向南、西、北3个方向，串联了一系列的渡口、桥梁等标志性交通设施。向北沿河有李施渡（又名里氏渡）、中渡口、西港口、弥陀桥和通津桥。西部道路从西港口往南延伸，连接公馆西侧南门渡、关帝庙西侧的市埠渡（又名十八渡）和最南端的鹅颈滩。南部道路从御窑厂东南侧的十八桥连续到圣寿观西侧的落马桥，再连接到小港嘴与鹅颈滩交汇。

在地图上除了行政官署和交通标志物之外，各类宗教建筑也有所描绘。阳府寺、东岳庙、三间庙、广福观、五王庙等5座寺庙位于北部老城，关帝庙和圣寿

[①] 明朝称为"御器厂"，清朝称为"御窑厂"。

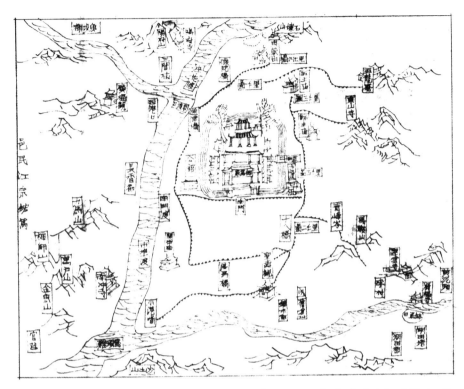

图 2-3　康熙二十一年（1682）刻本陈浦修《浮梁县志》卷首《清初浮梁县·景德镇图》

观两座位于南部老城，南冲寺（西部）、五龙庵、东山寺、翠云寺、资福寺等 5 座寺庙分布在东西两侧的郊区，形成了山寺相依凭、有山便见寺的郊野景观。

康乾时期，景德镇的城市虽然日趋繁华，但在乾隆四十八年（1783）程廷济修、凌汝绵纂《浮梁县志》景德镇地图中，并无较大变化，唯一的变化是在景德镇北部增加了观音阁，在马鞍山翠云寺以东，增加了景仰书院。不难推测从康熙二十一年（1682）到乾隆四十八年（1783）近百年间景德镇的城市形态和格局变化不大。

2）嘉道衰落

经历了清中前期的辉煌发展，嘉庆时期景德镇的御供瓷业开始走下坡路。不仅御窑厂已经无专司其事的督陶官，并且当时景德镇的陶瓷制造业的数量和质量已经大不如康雍乾三代，瓷业逐渐呈现颓废之势。

由于国库衰竭，清廷从中央到地方都实行节省开支的策略，嘉庆十一年（1806）更颁布官窑瓷器减半烧造的旨令："十一年十一月，奉旨，现在库存各款瓷器甚多，自明年为始，九江关呈进大运瓷器着减半烧造。"[①] 到嘉庆十五年（1810）十二月干脆下令御窑厂终止运作（周思中等，2011）。鸦片战争以后，御窑厂衰败更加明显，到道光二十七年（1847），烧造经费已经下降至白银2000两（喻木华，2011）。御窑预算的削减可能带来瓷器工艺水平的下降和城市失业问题。

比财政削减更严重的，是战争和骚乱对景德镇的巨大冲击，太平天国运动蔓延至景德镇时捣毁了御窑厂和若干民间窑场，劫掠了许多当地的窑户老板和富商，对景德镇的经济社会产生很大影响。到鸦片战争以后，政治腐败、时局动乱、重税严苛等不利的内部环境和洋瓷倾销、外部封锁的国际环境，使景德镇出现衰败景象。

嘉庆二十年（1815）《景德镇陶录图说》收录的景德镇地图对这一时期的城市风貌有较为详尽的刻画（图2-4）。相比于康乾时期聚焦御窑厂的《浮梁县志》"景德镇图"，该图对里弄和街市等市民空间的描绘展现出更大的热情。

在嘉庆年间官窑衰落的背景下，景德镇民窑区进一步成熟和发展，在御窑厂两侧出现了密集的房屋群。此外，地图上各类宗教建筑、会馆建筑迅速增加。御窑厂西增加有徽州会馆、南昌会馆、苏湖会馆、临江会馆；南增加有饶州会馆；东增加有都昌会馆，一共6处。这些会馆为瓷商、瓷工的移民团体提供了公共服务。老城北部有阳府寺、东岳庙、三间庙、广福观、五王庙、八卦图、晏公庙、白云庵、雷峰寺、观音阁、文昌阁等11座寺庙。南部城区在老关帝庙、圣寿观基础上增加了天后宫、泗王庙等两座宫观。东侧郊区新修药王庙，五龙庵消失，但东南侧的东山寺、翠云寺还健存。宗教建筑的大量增加说明了景德镇民间信仰的昌盛。清代蓝浦的《景德镇陶录图说》和郑廷桂的《陶阳竹枝词》中都对民间信仰有不少描绘（刘朝晖，2010），似乎表明随着景德镇城市规模的不断扩张，外来人口和本地窑户增加，民间信仰的需求自然也随之发展。

---

① 收录于清内务府编，文璧等纂：《总管内务府现行则例·广储司》（卷一）。

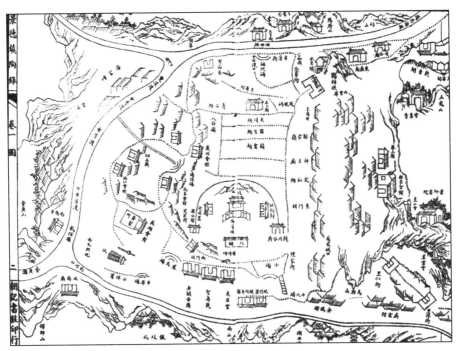

图 2-4　嘉庆二十年（1815）蓝浦《景德镇陶录图说》

3）同光中兴

太平天国运动结束后，李鸿章曾筹措 13 万两白银，于同治五年（1866）命署监督重建御窑厂堂舍 72 间，之后陆续出品了同治御窑 [同治十三年（1874）]和光绪御窑 [光绪二年（1876）、光绪二十二年（1896）]。光绪末年景德镇陶瓷产值的最高数额可达白银 400 万两（梁淼泰，1991），其手工业和商业活力仍然相当可观。清晚期的景德镇镇区是在战后重建的基础上发展起来的，因此与康乾和嘉庆年间的景德镇有几处大的区别。

同治、光绪年间的景德镇城市情况，可以从首都博物馆藏"景德镇御窑厂青花瓷桌面"窥得一二（图 2-5）。变化之一是维持数百年"没有围墙的城市"建立起了由城墙和关隘保护的军事防御体系，这一军事防御设施大约形成于清咸丰年间，防止太平天国军队的入侵。变化之二是画面上昌江沿岸的里氏渡、黄家洲等码头设有厘卡课税并查验来往船只，这也与太平天国运动后广泛设立厘卡征税有关。变化之三是御窑厂的重新繁荣和世俗化。瓷桌面中心绘景德镇御窑厂，御窑厂为三进院落，东西两侧跨院为制瓷作坊，其中清晰可见传统的旋坯、画坯、施釉、吹釉、彩画、烧窑等传统制造工艺。御窑厂仪门前可见看相、茶局、命馆、赛会、风水半仙等招牌。仪门东西两侧街口分设东辕门、西辕门两处牌楼。御窑厂右侧为同知署和保安军防营，其中影壁正中书"指日高升"；左侧有程家巷、毕家街。画面下端是御窑厂山门，山门、仪门间有关帝庙、火神庙，山门两侧有浮梁县公馆、监管窑务的"景德司"。

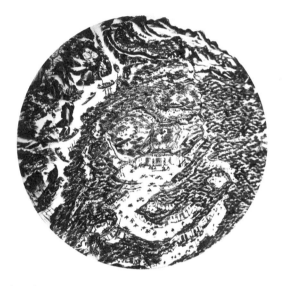

图2-5　清同光年间景德镇御窑厂青花瓷桌面（首都博物馆藏）①

御窑厂大门与仪门之间的街道非常世俗化和商业化。瓷桌面上清晰地刻画了窑户和商人挑担运货、买卖交易的场面。御窑厂外，昌江上舟楫通行，船运来往不断，这是清晚时期景德镇工商业高度发展的写照。"景德镇做窑户之工厂多系小本经营，并无大规模者，工人稍有积蓄，即可转为厂主，厂主亏折，亦可转为雇工"（彭泽益，1962）。从近现代手工业发展史的整体来看，景德镇的窑户做工多以小本经营为主，加之从嘉庆朝后官窑衰微的趋势来看，民窑集中，工人稍有积蓄，都转成小规模的厂主，厂主亏折，也可以转换为受雇用的工人，所以景德

---

① 此作品创作时间有不同说法：一说为道光年；一说为同治到光绪年（周思中等，2011）。关于其作品的原物种类也有不同看法：一说为瓷桌面；一说为圆形瓷板屏风镜心。本书暂取"同光年瓷桌面"的说法。

镇生产和经销群体以小业主为主，其空间的世俗化也与其蓬勃发展的小本经营有相当大的关系。

景德镇市图书馆藏宣统元年（1909）《江西全省舆图》中景德镇图与前述地图、瓷桌面有很大不同。之前的地图更重视对山水地理和衙门的描绘，宣统年地图则极其详尽地记录了景德镇道路和窑口的分布，这可能与当时中国的近代化过程和方便对产业课税有关。

综合康乾、嘉道、同光3个发展阶段的分析可知，清代景德镇城市空间总体表现出如下特征。

首先，围绕原料物流、陶瓷生产、陶瓷贸易、商品物流的生产环节，在城市中分化形成了不同的功能聚集区。在城区北部沿江为原料物流区域，中部沿江为御窑厂和商业贸易区域，南部沿江和北部五龙山下为民窑生产区域，沿着昌江两岸出现了瓷业垃圾的堆积区，如程言绘制的《景德镇河东·河西图》（二卷）所见。

其次，随着商业规模的扩大，专业化的商业空间逐渐发展，不同类型、不同档次的商业中心开始分离。在瓷器贸易区中，出现了各种专业化的陶瓷集市。瓷器街代替了明代御器厂前正街的繁荣，成为贩卖上等陶瓷的街市；瓷器街以西的黄家洲，成为贩卖下脚料瓷器的地区；花园里一带聚集了大量的瓷行，专营规模化的陶瓷批发业务，因此有"十八小桥赛洛阳""买不到的十八桥，卖不掉的黄家洲"之说。除此之外，还形成了各类生活用品贸易聚集的地区，如三间庙的粮食集市、罗家坦的柴炭市场等。原料物流行业也聚集形成了专门的物流服务空间。根据原料种类的不同，不同的物流店铺聚集在河流和码头周围。在原料物流区中聚集了上百家窑柴行、白土行、颜料行以及协调窑柴供应的保柴公所、保槎公所，他们制定管理规章，协调买卖关系，保障窑柴供给。

再次，高度发达的工商业经济，吸引了大量的移民，在景德镇聚集了至少27处会馆、30座庙宇以及大量手工业行会。这些行会和会馆秉承为同乡服务的功能，以地缘、血缘、业缘结成了由行会和帮会管理的自治社会。在清代景德镇由"三窑九会""五府十八帮"等进行不同行业之间的协调管理。从清代至民国，镇上圆器业和烧窑业主要由都昌人经营，称为"都帮"；商业和金融业主要由徽州人经营，称为"徽帮"；除此之外的琢器制瓷业、红店、瓷业的相关服务业和其他行业，由两帮之外的其他人经营，统称为"杂帮"。

此外，晚清景德镇行政和军事设施比早期更完备，这与清朝晚期的政治形势有很大关系。此时景德镇的管理衙门有御窑厂西南角的巡检署、东南角的同知署、南部的外委署、西南的小港嘴（下市埠渡）水汛作、东部的厘金局、西侧的县公馆和市镇内部的保安军防营等。保安军防营属于水师营，检署、把总署、外委署均设立驻防官，城市军事防卫单位完备。厘卡的设立开始于太平天国运动时期曾国藩抽厘设局、筹措军饷的奏折。此后，景德镇在里氏渡设立一处盐卡、一处上厘卡，在民窑集中处都昌会馆外设立厘金局，后改为瓷器统捐局，制定瓷捐章程和茭草章程。

四、空间演变的动力特征

1. 文化是陶瓷手工业空间发展的基本条件和线索

中国人对玉器的推崇，到宋代演化为对"假玉器"的热爱，影青瓷成为达官显贵与黎民百姓热爱的对象，景德镇开始扮演以陶瓷为主的工商集镇的角色。到元代时，由于广袤的疆域和多元的文化背景，波斯的陶瓷技艺和审美情趣传入中原，与景德镇原有的陶瓷技艺相结合，诞生了青花瓷。青花瓷承载的皇室气韵和异域情趣，使其获得了皇室、贵族和西域的一致认可。朝廷投入大量的人力、财力、物力，确定了景德镇的瓷业地位，奠定了景德镇城区的主要框架。而到明清之际，随着帝国的富庶大明五彩、清代颜色釉等新的陶瓷产品风行天下，景德镇得以逐渐形成"陶阳十三里"的繁荣盛景。

陶瓷作为中华文明中不可缺少的组成部分，其在特定年代的陶瓷文化风尚，往往在皇室、士大夫阶层和民间相互影响，也在中国和海外互相激荡。这种文化风尚和消费需求，促进陶瓷生产的扩大和陶瓷聚落的扩张，成为陶瓷手工业城市发展的基本条件和主要线索。

2. 制度与市场的相互作用决定了基本的空间格局

陶瓷作为一种文化商品，一直同时具有"御用"和"民用"两个特性。陶瓷生产一直受到政治制度和市场贸易两者的共同影响，生产空间也在严整规划的官营模式和自发运行的私营模式之间寻求一种动态平衡。

宋代景德镇在民间经济活力的刺激下，市镇人口逐渐自发聚集。因其瓷器精美，宋真宗赐名景德，设置饶州景德镇博易务、饶州景德镇税务等官府机构（王馨，2008），使得景德镇第一次被纳入制度管理之下，官方对景德镇品牌的认可，初步奠定了其作为瓷业市镇的地位。

元政府于1278年设立浮梁瓷局，统一管理全国的制瓷业，以满足皇室用瓷和海外贸易的要求，元朝统一之后，采用政府强制手段迁来许多工匠（王馨，2008），编制匠籍统一管理，极大地推动了景德镇生产规模和城市规模的扩大，也重塑了景德镇生产空间格局，使其从一个自发形成的手工业城镇，发展为官营经济占重要地位的生产性城市。

明朝廷为烧造宫廷用瓷，于1402年设立御器厂，设立官窑28座，由于御器厂垄断优质瓷土和高级工匠，民窑发展受到限制，然而由于官窑生产效率低下，在明中期（明成化至万历中期）时宫廷用瓷渐渐改为官搭民烧，也放松了对原料和工匠的控制，使民窑有了充分发展。据统计，明代景德镇民窑900座，直接从事生产的瓷器工人十万余人（江西省轻工业厅陶瓷研究所，1959）。这一时期的明代景德镇表现出一种国营经济和民营经济共生共荣的状态：国营工业区御器厂符合传统的堪舆术下的典型礼制形态，周围则聚集了生机勃勃、形态自由的民营窑厂和作坊。

清代民窑获得了突破性的发展，限制民窑的种种禁令被取消，民窑的潜力得以完全发挥出来（王馨，2008），私营经济的规模和专业化程度迅速提升，生产和消费的专业化空间逐渐形成，城市表现出同乡聚集、同行业自我管理的空间形态。

3. 陶瓷生产与经营分工不断深化，专业化空间不断分化和发展

如图2-6所示，宋代景德镇陶瓷生产处于庄园经济阶段。此时陶瓷生产分布在东河、南河等广大农村地区，此时的陶瓷手工业仍然作为农业的副业，只在农闲时进行生产。这一情况在元代发生较大变化，由于元代设瓷局、徙工匠等一系

列做法，陶瓷生产从农业中分离出来，景德镇镇区从商业集镇转型为工商业城市。

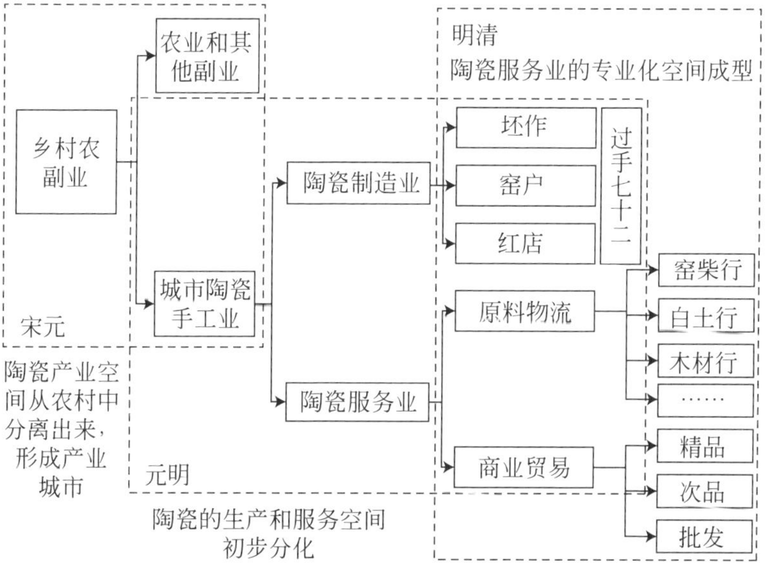

图 2-6　陶瓷业专业化分工过程

明代景德镇陶瓷生产的各项工序继续细分。景德镇生产进一步扩大，到明万历、崇祯年间，民窑从瓷土开采到瓷器烧成要经过 72 道工序，民窑的工序细分被称为"过手七十二"。

清代陶瓷生产的相关服务业也陆续分离出来。除了陶瓷生产的坯作、窑户、红店三业，为制瓷业提供服务的柴户、砖户、白土户、青料户、木匠户、篾匠户等也独立出来（王馨，2008），陶瓷贸易中的上等品交易（十八桥）、批发业（花园里瓷行）、下脚料交易（黄家洲）也悉数聚集在特定的区域。

4. 城市吸纳移民并进行自我治理，呈现出族群聚居、行帮治理的社会空间

在景德镇漫长的生产发展过程中，周边失地和破产的农民一直都是劳动力供给的主力，而景德镇在浮梁县管理之下，除督陶官外没有建立标准的行政建制，其生产、生活的诸多事宜都靠以地缘、血缘为基础的帮会和以行业为基础的行会

进行管理。清代景德镇遍布城区的 27 座会馆以地缘为纽带,协调同乡事宜;到清末时"八业三十六行"均形成自己的手工业行会与公所,制定行业章程,管理行业事宜。从这个角度来看,景德镇城市空间是在经济活动规模聚集和社会族群移民链的空间逻辑下,逐渐演变、成熟的结果。景德镇的古代城市空间也体现出鲜明的族群聚居、行帮治理的特点(图 2-7)。

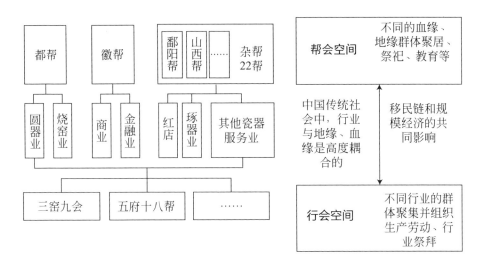

图 2-7　行会和帮会共同治理下的手工业移民城市

第三章 自然环境与聚落选址

宋代浮梁文人程晖[①]，在傍晚登上景德镇中心的珠山，俯瞰这座被霞光和窑火照得通红的城市时，写下这首著名的《珠山晚眺》：

> 崿立南中山特起，群龙却是献珠初。
> 扶舆佳气来沧海，磅礴瑶光接太虚。
> 恒有月明弦已上，还同日丽昼之余。
> 为看环聚腾鳞甲，遂与云霞晓夜居。

让一个现代人去想象一座古代工业城市的图景，在脑海中浮现出的可能是因采掘矿石而裸露的山体，或者被工业垃圾污染而寸草不生的荒原。但程晖眼中的景德镇，是秀美的自然和诗意的山水。即使今天当我们登上景德镇珠山（诗中所谓"献珠"）之上的龙珠阁时，环视四周，仍然会被眼前葱郁的五龙山脉（诗中所谓"群龙"）和波光粼粼的昌江而倾倒。

景德镇，这座以瓷业生产为主要功能的都市，并未把自然看作掠夺的对象，而是当作尊重和崇拜的主体。古代景德镇将保护自然环境与促进瓷业生产结合起来，对自然生态的保护成为保障瓷业生产的有机组成部分，形成了独具特色的"风水"模式。

本章的写作目的正在于探索景德镇历史城区中陶瓷生产与自然环境的互动关系。自宋代以来，景德镇镇区瓷业活动延续发展，瓷业垃圾的巨大体量，在很大程度上改变了镇区原始的自然环境和地形地貌。这给我们深入辨析瓷业聚落选址

[①] 程晖，字琴之，浮梁人，曾任宋谏议大夫。

和形成过程制造了障碍。因此，在本章中，首先回到景德镇的早期（宋元）乡村瓷业聚落中去观察和捕捉瓷业聚落的选址模式和"游牧"现象。其次探讨进入明清城市经济阶段的人地互动关系，并且尝试把自然地理单元作为理解瓷业聚落空间的重要工具。最后更进一步探讨生产和商贸两种类型的瓷业活动的堪舆和相地规律，并分析御窑厂堪舆对城市空间结构的影响。

瓷业聚落虽然随着时间的推移而变化，不同的聚落也表现出各自的个性特征，但其深层结构是相对稳定的。瓷业聚落的选址、相地和布局模式，反映了瓷业功能与堪舆文化彼此交织而形成的功能与文化的深层结构。

一、镇区形成前的瓷业聚落特征

景德镇历史城区形成之前，瓷业聚落与自然环境呈现怎样的关系？笔者尝试从共时性、历时性两个维度探讨这一问题。第一，共时性视角下，生产链条分化和专业化分工对区域性的瓷业聚落体系有怎样的影响？第二，历时性视角下，瓷业生产与自然环境如何互动？环境因素的变化和人类生产要素的流动是否具有一定的规律？

在下文中，笔者用"游牧现象"一词来描述一定时间跨度下瓷业要素的流动现象。这里包含两种尺度的要素流动：一种是在时间和空间上尺度都比较大的情形，它表现为瓷业窑址群的区域性移动；另一种在时空尺度上都较小，表现为一个窑口在具体选址上的移动。

1. 基于瓷业产业链的早期陶瓷聚落

进坑窑业遗址为宋代景德镇瓷业聚落研究提供了一个鲜活的例子（图 3-1）。它位于景德镇东南 10 千米处的一个山谷中，是宋代景德镇最优质的瓷土矿之所在。宋蒋祈《陶记》记载："进坑石泥，制之精巧，湖坑、岭背、界田之所产已为次矣。"（程廷济等，1784）以此原料矿产为基础，进坑附近孕育出了完备的宋代陶瓷生产链条和聚落体系。根据学者黄薇、黄清华的考察研究，景德镇进坑周边保存了 7 处古代瓷石矿坑，15 处五代至宋代窑址，16 处瓷石加工的水碓遗址，以及一条运输原料和产品的宋代瓷石古道，周围山岭产生的松柴为瓷业生产提供了燃料。因此，这条古道连通了燃料收集、原料开采、原料加工、瓷业生产的古代遗迹，形成了"林—矿—碓—窑"的生产脉络体系。

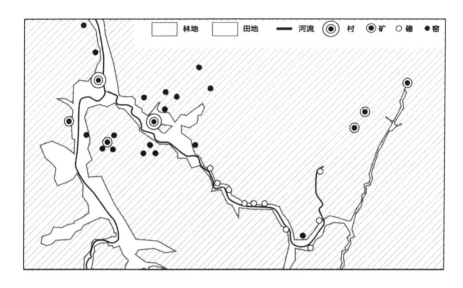

图 3-1　进坑瓷业遗址分布

除了生产体系外，还有窑工所需的生活设施。宋代时，陶瓷业尚属于农副业，农民在农忙时从事农业生产，为自己提供口粮，农闲时则从事陶瓷业生产。因此在山谷之中有河流作为交通组织，河流两侧为大面积水田和零星的村落。这样就形成了"河—田—居"的生活居住体系。

将以上生产脉络和生活设施整合起来看，就是"林—矿—碓—窑—河—田—居"的生产生活系统，这是由自然环境与陶业生产共同形成的人居环境。其中，矿址多分布在山岭之上，高程较高，瓷石古道因借山势，将瓷石原料和松柴运到河边。水碓沿着河流从高到低依次分布，利用水的势能将瓷石舂碓为瓷土，沉淀、加工为"不子"①。"不子"随后运送到沿河的做坯作坊处，经过成型环节变为白胎。白胎运送到就近窑址处烧造为瓷器。窑址分布于山岭和农田交界处，位置介于矿

---

① 不（音同"旽"）子：是瓷石舂碓为瓷土后加工成的砖块状瓷业原料，是瓷胎的主要成分。

址和水碓之间,便利运输。

进坑村的瓷业聚落模式,是否适用于其他案例呢?笔者带着这个问题,探访了景德镇市外小里、南市街、月山下、柳家湾、朱溪、杨梅亭、三宝蓬的瓷业遗址,发现也同样符合这一模式。其中最典型的是寿安镇的窑业体系,这里包括了外小里、南市街、月山下、柳家湾、朱溪等8处较大的窑址,窑址分布在农田旁的山坡上,西侧山岭间有3处大型宋代古矿坑,并且以瓷石古道通往山下河流。这一模式同样适用于景德镇以外的其他乡村型陶瓷业遗址。例如,在龙泉大窑保护范围内,在成矿良好(瓷石矿丰富)的山区河谷地带形成了"窑—矿—碓—村—田—林"的瓷业聚落体系。

2. 瓷业窑址群的"游牧现象"

在对宋代瓷业聚落进行研究时,笔者发现,聚落或聚落群会随着时间推进放弃原有窑址或窑址所在区域而重新选址,因此在某一特定区域中会出现与时间相耦合的瓷业聚落分布现象,即年代大体相近的窑业遗址聚集于某一区域,同一区域内的窑业遗址在具体时间点上又有先后之别,本书将这一现象称为瓷业聚落的"游牧现象"。这种游牧现象在宏观和微观两个尺度上都有表现,这个尺度同时指向时间和空间。

宏观尺度的瓷业游牧现象是指,在数百年的时间跨度中,由于瓷石原料发生枯竭或瓷业技术进步、瓷业生产的规模经济等重大变化,导致窑址群落整体性的迁移。这种迁移常常达百里之遥,呈现出区域性的窑业脉络的兴衰。为了分析这一宏观尺度的瓷业游牧现象,我们将《景德镇文物志》中提及的窑址根据其空间进行分类(景德镇市文化局,2007),对景德镇镇区、南河、小南河、东河、西河、丽阳等6个区域的32处窑址的烧造时间进行统计。

从图3-2中不难看出,南河流域的10处遗址(除湖田外的其他窑址,包括杨梅亭、湘湖、塘下、黄泥头、白虎湾、盈田、三宝村、灵安、小坞里、银坑坞)、小南河流域的11处遗址(除南市街外的其他窑址,包括外小里、凉伞树下、月山下、大屋下、富坑、西溪、朱溪、丰旺、宁村、灵珠、柳家湾),这两处窑址自五代开始,到南宋末期停止,历时近400年而断烧。其中只有南市街延续到元初，湖田窑由于其位置和资源独特而延续到明万历年。东河流域的 6 处窑址从元初开始制瓷，到明中期停止，窑火持续 300 多年而断烧。西河流域的二亭下窑址始于宋元之间，历时也是 300 年左右。以上区域（南河、东河）的窑火延续时间在 300~400 年。可见南河、小南河和东河这 3 个流域范围中的窑址群以 300~400 年为单元，形成盛衰和迁徙的周期。

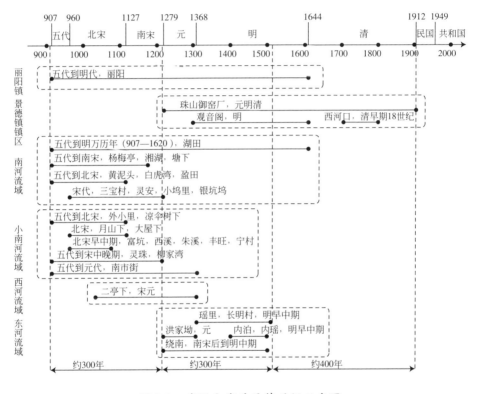

图 3-2 窑址和窑系更替时间示意图

丽阳镇、湖田都、景德镇的窑火延续时间是六七百年，是上述时间单元的 2 倍。丽阳镇窑址从五代开始制瓷，到明代停止，历时六七百年。湖田窑制瓷从 907 年到 1620 年历时 713 年。景德镇镇区的瓷业生产活动则是从元代开始才趋于密集，一直延续到现代，历时 700 多年。而镇区近郊窑业（观音阁、西河口等）则囊括在这 700 年的历史阶段中。

以上这些窑址持续时间 2 倍于 300~400 年的时间单元，是由于其在区位、资源上的特殊性，其位置通常处在河流交汇处，交通方便、人口稠密。景德镇处在昌江和南河、西河交汇处，丽阳镇处在昌江和丽阳支流交汇处、湖田处在南河和小南河交汇处，而且这3个地方都是镇、都级单位，一定的人口规模得以降低交易成本、形成聚集效应。

从第一个村落窑址阶段到第二个镇区窑址阶段的转变主要发生于宋元之交。五代到宋代兴盛的南河、小南河窑业，在宋朝末年随着上层高品质瓷石采完，产品质量急剧下降。由此，原本临近优质瓷石矿产资源的村落型窑址停烧，聚落从亦陶亦农的手工业社会转变为农业社会。例如《景德镇市地名志》载："浮梁县寿安镇，相传唐宋时这里有一百多个寺庙，由以'庆寿寺''隆安寺'规模为盛。"随着窑业的衰落，在宋代以后成为农业生产为主的村镇，其规模和实力也大不如宋代（景德镇市地名委员会办公室，1988）。

随着高岭村附近高岭土的发现和二元配方的发明[①]，瓷业从南河、小南河流域迁往景德镇镇区。原料生产迁往东河流域高岭村附近，这是元初东河流域瓷业聚落兴起的主要原因（图3-3）。推动瓷业生产从乡村迁往景德镇镇区的一个重要原因，是元代浮梁瓷局和明代御器厂的设立，随着官方资本投入和人才、技术的溢出，瓷业生产的规模效应产生，明清两代瓷业游牧现象停止，瓷业聚落被锚固在景德镇历史城区了。

3. 微观尺度的瓷业窑址"游牧现象"

微观尺度的瓷业游牧现象是指，在几十年的时间尺度内，瓷业会脱离原有的选址，在同一瓷石矿附近的数里到数十里以内重新选址，由此形成一系列时间相衔接、瓷业彼此更替并薪火相传的局域性窑址体系。例如，进坑、小里、南市街、杨梅亭、柳家湾、瑶里等都形成了以某原料矿产和村落为中心，在一定时空尺度内分布的局域性的窑址体系。

瓷业聚落在微观尺度上的迁移，在景德镇市寿安镇小里村附近的窑址群是比较典型的。景德镇小里村附近的8处瓷业堆积，根据其瓷业体量估计，每窑烧了

---

① 宋代陶瓷原料只有瓷石，但对瓷石质量要求很高。元代瓷业二元配方包括瓷石和高岭土，对瓷石的要求有所降低。

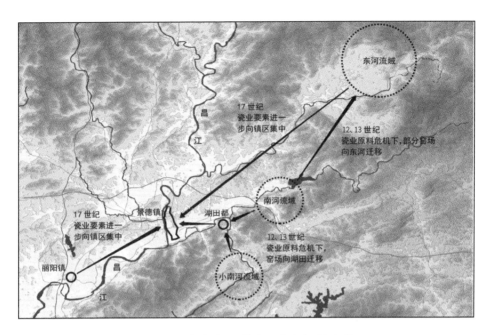

图 3-3 陶瓷窑址群的两次大规模迁移

五六十年。据笔者推测,这一时间单元大致接近古人时间单元中的一个"甲子"。而前述宏观尺度的窑址群游牧现象,则是 6 个甲子(360 年)或 12 个甲子(720 年)为单位。

同一区域的窑址群中(如小南河流域),相邻窑址的陶瓷堆积层中的产品类型和风格有一定的差别,应当是不同时期的审美风尚之下的产物。但是,是什么因素导致窑址的迁移和重新选址呢?根据笔者推测,这与瓷业生产对自然环境的影响密切相关。

首先,瓷业生产大量用柴、砍伐树林,导致了窑址迁移。宋蒋祈《陶记》载:"山川脉络不能静于焚毁之余,而上风日可以荡耶,'一里窑,五里焦'之谚语其龟鉴矣!"这表明,瓷业生产消耗巨大数量的窑柴,早期瓷业生产阶段,窑柴主要是就近砍伐使用,虽然可能存在补种树木、山林轮作的可能性,但仍然会对窑址附近的水土环境造成较大影响。

其次,瓷业活动会带来巨大体量的瓷业垃圾[①]。在古代瓷业活动中,这些瓷业

---

① 瓷业垃圾包括废弃匣钵、次品瓷器、窑灰、窑渣、窑砖等。

垃圾通常就近堆在窑址下方或旁边的山坡上，在数十年的生产过程中，瓷业垃圾体量巨大，以至于毗邻农田或河流边缘威胁农业和生态安全，或者周边瓷业堆积导致窑炉位于凹陷的地形影响生产时，瓷业活动就可能停止了。

二、镇区地形地貌与自然地理单元

1985年《景德镇市城市规划图册》对景德镇市区的岩土和地质情况进行了总结。而景德镇旧城区的北侧、东侧、南侧在地质地貌上都不适于建设。旧城区北侧是五龙山，属于地形高峻的三级阶地和靠近陡岩附近的小滑坡，东侧是马鞍山及其周边的山岭，属于前第四纪丘陵、地形高峻的三级阶地和靠近陡岩附近的小滑坡。二级阶地南侧是南河冲刷形成的一级阶地，会受到洪水淹没，靠近陡崖部分孕育着山崩，靠近河流的部分受到冲刷。

根据勘测结果，景德镇旧城区属于"完全适宜建设"和"采取措施后适宜建设"的区域，其可以分为3种地质地貌类型。第一种为一级阶地，范围包括昌江沿河到前街附近，高洪水时会受到部分淹没，岩性为填土，填筑年代较久，厚度大、成分多变，下伏老土为亚砂土、亚黏土。第二种是二级阶地中较低的部分，范围大致包括前街到后街的范围，岩性为填土，成分主要是陶瓷瓦砾，填筑年代复杂，下伏第三系红色岩系。第三种是二级阶地中较高部分（为方便说明，以下我们称之为三级阶地），范围大致包括后街到五龙山、马鞍山山坡下，下伏第三系红色岩系。

清乾隆年间督陶官唐英著《陶冶图说》开篇有："景德一镇，僻处浮邑境，周袤十余里，山环水绕，中央一洲。"景德镇民谚有"三洲四码头"之说。总体上，景德镇旧城区历史地形低洼，在古人看来，属于"洲地"。而洲地内地形高低起伏，山岭众多。但是今天的景德镇地形接近平地，很难察觉到明显的地形变化。究其原因，瓷业生产是对地形影响较大的经济活动，在原料地会开山取石、取土成塘，在生产区则会产生体量巨大的瓷业垃圾，填塞溪流、水塘、山涧。景德镇镇区自宋代以来就有一定强度的瓷业活动，再加上明清高强度的瓷业生产，在上千年的瓷业生产过程中，其地形地貌的变化是巨大的。

要想揭示旧城区瓷业活动与自然环境的关系，追溯瓷业聚落的选址和演变，就很有必要对大规模瓷业生产之前的原始地形地貌进行考察。这一节笔者将以景德镇历史地名为分析素材，通过对景德镇历史地图等相关文献进行分析，考证其历史地形地貌，从而揭示瓷业聚落的选址规律、探索瓷业活动与自然环境的互动和演变过程。

1. 地方知识中的景德镇地形地貌

在《景德镇市地名志》中有"三洲四码头、四山八坞、三塘九岭"的说法（景德镇市地名委员会办公室，1988）。笔者结合实地踏勘对1950年地图进行分析后认为，景德镇旧城区内的地形意义名词包括山、岭、坦、坞、塘、沟、洲、洼、桥、井。如今的景德镇旧城区，地形变化微弱，这些地名所在地形的微妙变化只有用心体会，才能察觉到。因此当地有民谚"山不是山、坞不是坞、桥上无桥"。这些地名中，标示隆起地形或者与山有关的有山、岭、坦、坞。

如图3-4所示为景德镇自然地形地貌与标志性建筑。景德镇自古有"五龙献珠"的说法，图中这些自然要素共同构成了景德镇城市堪舆的基本要素。7座山包括五龙山、杨家山、珠山、雷峰山（后街老电厂）、苦珠山（周路口三小附近）、小苦珠山（周路口三小附近）、马鞍山。13个岭（景德镇市地名委员会办公室，1988）包括饶家山岭、猪婆山岭、观音岭、土地岭、陈家岭、青峰岭、邓家岭、生益岭、花子岭、董家岭、东司岭、公馆岭（上海食品店到珠山派出所一段）、积谷岭。5个坦包括毕家坦、汪家坦、赛宝坦、罗家坦、竹林坦。8个坞（王云翔，1992）包括薛家坞（五小侧面）、杨家坞（十五小附近）、茶园坞（家具厂附近）、夜叉坞（新桥附近）、黄家坞（三中后背）、白石坞（交通局宿舍附近）、和尚坞（东门头附近）、江家坞（苏家畈附近）。8个坞中，在1950年地图上记载的有4个。"坞"字在景德镇写作"圬"，按照古汉语词典的解释，这属于方言汉字，是指"盆地或洼地，多用于地名"，属于徽语、吴语。在浙江建德窑所在的地区，窑业选址也处在带坞字的地名附近，例如高塘坞有大白山窑址、窑坞有窑坞遗址、梅塘坞有后山窑址（建德市第三次全国文物普查办公室，2012）。在浙江龙泉东区窑址,当地人将山峦中河流冲刷出的河谷小盆地称为"垟",而众多的龙泉窑址也正位于垟上(浙江省文物考古研究所,2005)。

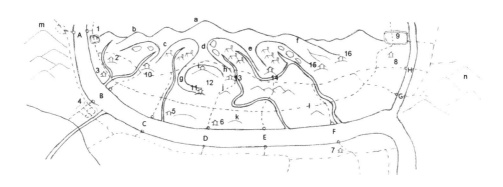

图 3-4　景德镇自然地形地貌与标志性建筑

a—五龙山;b—杨家山;c—雷峰山;d—莲花岭;e—观音岭;f—马鞍山;g—公馆岭;h—土地岭;i—珠山;j—陈家岭;k—黄家洲;l—积谷岭;m—旸府山;n—南山

8个渡口:A—洋湖渡;B—里氏渡;C—中渡口;D—南门渡;E—十八渡;F—哪吒渡;G—南山渡;H—天宝渡

位于水边高地(水口)的建筑:1—观音阁;2—水星阁;3—韦陀庙;4—三间庙;5—水府庙;6—泗王庙;7—哪吒庙;8—龙王庙;9—里村

位于山岭末端的建筑:10—雷峰寺;11—县公馆;12—御窑厂;13—同知署;14—观音庙;15—新社公庙;16—观音庙

在这些山、岭、坦之间,在水系冲击下则形成了一些重要的凹陷式地形或者与水有关的地形,包括坞、塘、沟、洲、洼、桥。8塘除了《景德镇市地名志》中(1988)记载的莲花塘(又名佛印湖)、茶园塘、菱角塘(城南)3处外,还有菱角塘(城北)、筊笋塘、储水塘、小塘下、塘塝埂。三洲即黄家洲(六小背后)、西瓜洲(二中背后)和郭家洲(洋湖附近)。三洼包括何家洼、程家洼、郑家洼。洼字原写作"滃",按照古汉语词典的解释,属于通假字,同"窊",意思是低洼、凹陷。两沟包括沟沿上、沟塝上。两塝,包括塘塝埂、沟塝上。按照《古汉语词典》的解释,其意思是"城下宫庙外及水边等处的空地或田地"。9桥包括观音桥、通津桥、小桥上、五龙桥、十八桥、杨家桥、太平桥、秀水桥、初龙桥。含桥的地名暗示了此处曾经有溪流存在。

将这些地形相关的地名绘制在地图上,我们能够对景德镇历史城区的原始地貌形成一种结构性的理解。五龙山不仅是指现存的明显高于镇区的山体，而且暗示有 5 条隆起的地脉进入旧城区，形成以"岭"为称呼的微地形。

景德镇还有一些与地形地貌紧密结合进行布置的重要建筑，它们或者位于山体末端隆起的小岭，或者位于水边的高地。最北边的是五龙山支脉杨家山，到杨梅墩处结穴，墩上建有水星阁、白马茶庵。向南一支为五龙山支脉雷峰山，西侧山脚结穴，原来建有雷峰寺。再向南，即五龙山的中间龙脉过莲花塘，经过莲花岭、饶家山岭，到珠山结穴，建有御窑厂。再向南，为五龙山支脉苦珠山、小苦珠山，在观音岭结穴，岭上建有观音庙。再向南一支，为五龙山支脉左马鞍山、右马鞍山，在山下结穴，建有新社公庙。其中珠山继续向前分出两支隆起的地脉，西侧为东司岭，结穴建有县公馆，东侧为土地岭，结穴建有同知署。由此，御窑厂形成左右各 3 道护沙的形态。被五龙山脉划分出的 5 个瓷业生产地理单元，如图 3-5 所示。

图 3-5 景德镇镇区的历史地形地貌
A—茶园坞；B—薛家坞；C—御窑厂；D—江家坞；E—杨家坞

五龙山的 5 条隆起的地脉，将景德镇的第三级阶地划分为 4 个谷地形区域，当地居民将这种在凹陷地形中微微隆起的地形称之为"坞"。坞与其围合性的山体之间，有"塘"和"沟"，塘是面积较大的静水，沟则是从山坞中缓缓流出的小溪，通向昌江。在道路与沟、溪的交叉口，就形成"桥"。坞中最凸起的小山包部分被当地人称之为"岭"。在坞上则是"井"的所在，在建成区尚未大规模形成的古代，这种地形常常有泉眼分布，利于制陶和生活取水。

在 4 个山坞中有 4 条溪流，据笔者推测线路位置如下。最北边从茶园坞中流出，连接菱角塘、观音桥、十八拐、茶园塘，从里氏渡附近汇入昌江。向南一条源自薛家坞，经过老门头、沟沿上、通津桥，在通津桥弄西口汇入昌江，根据通津桥老住户回忆，此处在新中国成立后一直是一条明沟，有 5 座小石板桥位于通津桥弄中，跨过明沟连接南北街巷，随后盖板形成暗渠。再向南的小溪源自江家坞，溪流串联了莲花塘，经过蔡家街、犁头嘴、五龙桥、小桥上、十八桥、塘塝堨、刘家弄、落马桥、太平桥，在刘家弄口汇入昌江。根据《景德镇市地名志》记载，这条溪流在宋代时有著名的十八孔拱桥位于其上，当时建成区尚未向南发展，这一带只是荒郊野岭，在明清时期发展成为繁华的商业街市，但拱桥不再（景德镇市地名委员会办公室，1988）。民国三年（1914）为了解决水患问题，景德镇总商会会长吴简廷发起筹款开沟，上起里氏渡，下至刘家弄，长度超过市区 2/3，沟深约 3 米（余静寰，1995）。这条沟很可能就是以历史上原有的这条溪流为基础，疏浚拓展而成。最南侧一条溪，从杨家坞流出，连接储水塘、筊笋塘、小塘街、菱角塘，经过沟壩上、初龙桥，在哪吒渡汇入昌江。这条溪流在 1950 年的图中仍然保留了其上半段，从储水塘向北绕过马鞍山，向上连接了新社公庙、老社公庙。这条溪流流域较大，连接了一南一北两座龙王庙，向北连接了江家坞旁的龙王庙，向南在菱角塘附近也有龙王庙。

2. "三塘"和瓷业水源分布

以上所列出的自然地形地貌中，大量地貌随着城市建设消失了。只有少量"塘"由于其独特的景观价值而遗存下来。景德镇历来有"三塘"的说法，即莲花塘（又名佛印湖）、茶园塘、菱角塘（王云翔，1992）。这些塘位于自然山体脚下，又与城市中的瓷业生产空间相毗邻，事实上是瓷业聚落亲近水源的重要地理标志，也是传统聚落选址中"龙过峡"形成的具有文化意味的水体标识。邻近塘的瓷业聚落，处在"龙过峡"的自然环境中，自然有着丰富的地下水源，有利于瓷业生产中成型环节对水的取用，也便利了劳动人民的生活用水消耗。

1950年景德镇地图中，对包括莲花塘在内的若干水塘环境有一定的描绘。其中，莲花塘被一道堤坝分为外湖和内湖，塘左侧为莲花岭和"罗汉肚""蔡家街"瓷业作坊聚集处，右侧为五龙山山体。该地图中，描绘有一南一北两个菱角塘，老城北侧的菱角塘位于雷峰山脚下，与天主堂附近的陶瓷生产作坊相毗邻。老城南侧的菱角塘，旁边还有笺笋塘、储水塘等，可见景德镇塘之多远远超过"三塘"的说法（图3-6）。水塘南侧为龙王庙，可见此处地势低洼，应当在山洪暴发季节偶有水患，北侧有河沟通往景德镇城东南密集的陶瓷作坊聚集区，作坊区巷弄中有"陶王庙""关王庙"等与陶瓷神信仰有关的庙宇。由此可见，塘确实与瓷业聚落的生产生活密切相关，构成了"山—塘—窑"的空间模式。

三塘之中，莲花塘在人迹相对较少、山水兼备的景德镇东北郊野，其附近的莲花岭、罗汉肚一带就是瓷业生产的重要聚集区（图3-7）。莲花塘在开辟为公园之前，称为和尚坞，建有五龙庵。据《景德镇城乡建设志》记载，民国五年（1916），知事陈安开辟莲花塘，建设新邑公园，使其成为重要的城市公共空间。这大体是受到西方公园概念的影响，建成后的新邑公园成为景德镇重要的游憩空间。当时政府大力疏浚原有下水道，水系由死水变为活水，并设立闸门，多余的水通过下水道排出；建筑环塘道路，平整四周土地；接着在塘中种荷，路旁植柳，至此风景游览区建设完成。同时浮梁县里绍文小学搬至莲花塘，建设校舍，为莲花塘风景区增色。

3. 自然环境中的瓷业空间单元

河流和山体将景德镇旧城的三级阶地分为15个地形地貌单元（图3-8）。

自然单元按照其功能特征可以分为5类。第一类，兼有行政、商业和生产功能的综合性单元，包括御窑厂和十八桥城市中心商业区。只有位于市中心的B3单元属于此类。第二类，瓷业生产单元，包括A1、A2、A3、A4、B4、C5。其中

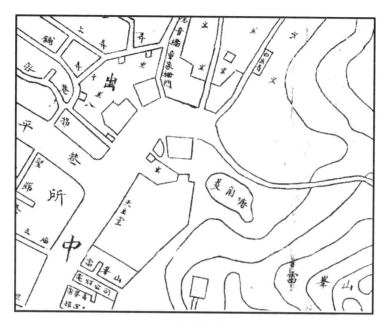

（a）菱角塘

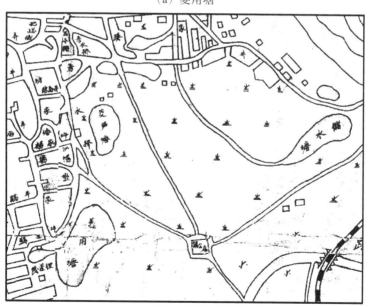

（b）筊笋塘、储水塘

图 3-6 镇区北部的菱角塘和南部的筊笋塘、储水塘

（图片来源：1950年《最新景德镇市详图》）

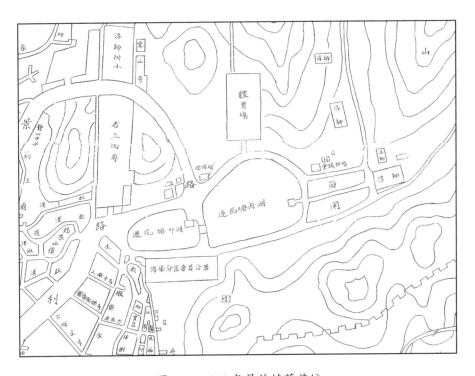

图 3-7　1950 年景德镇莲花塘

（图片来源：1950 年《最新景德镇市详图》）

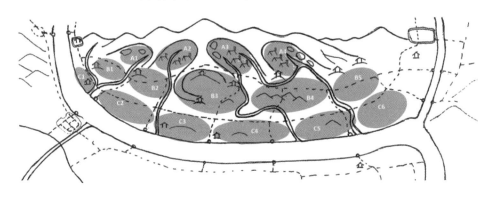

图 3-8　自然要素限定下的瓷业地理单元

一级阶地：C1—韦陀庙单元；C2—瑞州会馆单元；C3—湖北会馆单元；C4—苏湖会馆—黄家洲单元；C5—积谷岭单元；C6—西瓜洲单元。

二级阶地：B1—水星阁单元；B2—五王庙单元；B3—御窑厂—陈家岭单元；B4—陶王庙单元；B5—油榨单元。

三级阶地：A1—茶园坞单元；A2—薛家坞单元；A3—江家坞—罗汉肚单元；A4—杨家坞单元。

A1 有宋代窑址，之后断烧。事实上，A1 北侧位于杨家山以北的山坞中还有观音阁窑址，烧造年代为明代，该窑址面积约 6.8 万平方米，它是明代民窑堆积较大，具有代表性的窑场之一。第三类，大宗商贸单元，包括 B2、B4。第四类，小型商业物流单元，包括 C2、C3、C4、C5。第五类，城郊的低密度单元，包括 B1、B5、C1、C6。值得注意的是，B4、C5 两个单元因为处于城市南部活力旺盛的民窑中心区域，因此同时兼有生产与物流商贸两种功能。

由此可见，一定的功能特征与所处阶地环境之间存在偏好关系（图 3-9）。瓷业生产大多分布在三级阶地上，大宗商贸功能和行政功能多分布在二级阶地上，而物流商业分布在沿河的一级阶地上。自然单元按照其自然环境特征，分为两大类、四小类。一大类为山坞型自然单元，一般分布在地势较高的山坞间，有单个山岭和多个山岭两种小类（图 3-10）。另一大类为洲地型自然单元，一般分布在地势较低的江边，有江边洲地和江边岭地两种小类。后文将会对这两大类自然环境模式进行深入讨论。

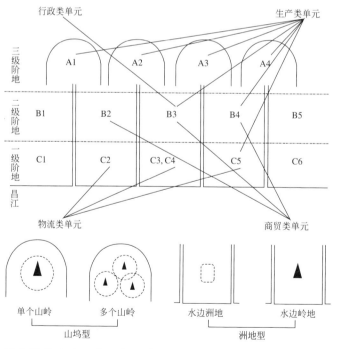

图 3-9 景德镇瓷业地理单元与功能属性以及瓷业单元的 4 种自然地理类型

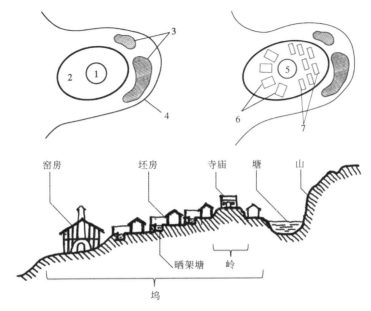

图 3-10 山坞型单元中瓷业要素的布局模式
1—岭；2—坞；3—塘；4—山；5—庙；6—窑；7—坯

三、瓷业单元与相地堪舆

1. 山坞型单元与瓷业建筑的布局、定位和朝向

瓷业生产过程需要大量用水，但坯房、窑房等生产性建筑为避水患不会就近分布于地势低洼的水塘，而是分布在谷地地形中略微隆起的部分。由于高峻的山体和塘的存在，地下水位较高，因而坯房院落中的晒架塘常年有水。山岭等顶部标志性位置则被寺庙等公共建筑占据。因此，瓷业生产单元中山、岭、坞、塘的自然要素和窑房、坯房、寺庙等建筑要素形成了顺应瓷业生产用水方便的空间布局。

窑房的选址定位和窑门朝向常常与山岭有关。进坑村东南方的国山下宋代龙窑遗址①符合十字天心的堪舆模式（张杰，2012）（图 3-11 和图 3-12）。相比宋代

---

① 宋代景德镇瓷窑中普遍是平面狭长形的龙窑，它通常位于林田交界处的山坡地带，借助自然山形形成的缓坡，提高窑体的烧成效果。明清镇窑的平面则方正许多，多选址于地形较平坦处。

龙窑，明清镇窑的窑身大大缩短，窑房比较方正，但同样符合这一模式。笔者曾经采访到70多岁的老窑工姚国旺师傅，他说："这个窑（建国瓷厂徐家窑）是相当有文化的，南边有罗汉肚，后边有饶家山岭，东边有雷峰山，前边有龙珠阁，我们的窑是根据四象八卦定位的。有些窑可能不大讲究，但这个窑讲究比较多，是全市最大的窑。"

图 3-11 国山下窑址及其自然环境，窑址位于山坞之间的坡地上

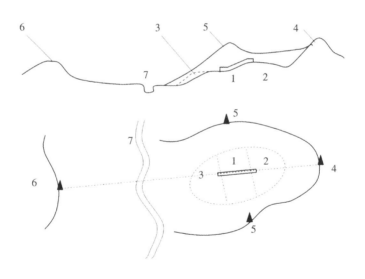

图 3-12 国山下窑址及其自然环境

1—龙窑遗址；2—窑址上方的平台；3—窑址下方窑业堆积；4—镇山；5—护山；6—朝案；7—小南河支流

笔者在地理信息系统中对徐家窑窑址进行的分析表明，姚国旺的描述不仅仅是一种大致如此的玄妙附会，而是有比较准确的空间定位关系，其窑炉的门朝向珠山，窑房位于饶家山岭和珠山连线与雷峰山和土地岭（罗汉肚南侧山岭）连线

的中央交叉点。

　　受到姚国旺谈论徐家窑风水的启发，笔者对珠山附近建筑朝向进行了考察。首先，珠山附近的许多民居建筑表现出与珠山的特定关系，如祥集弄的不少住宅，其入口的门退后于沿街形成一个凹室，这个凹室的墙并不与建筑轴线平行，而是扭转了一个角度，朝向珠山。其次，许多重要公共建筑也以珠山为参照物，位于薛家坞的准提阁以五龙山为镇山，以珠山为朝山；都昌会馆以莲花岭为镇山，以珠山为朝山；湖南会馆、湖北会馆以珠山为镇山；徽州会馆以珠山为护山。

　　珠山周边柴窑众多，山岭众多，笔者发现珠山附近的窑址也把周围遍布的小山岭作为十字天心的四围，与周边山体存在朝向关系。位于罗汉肚（今建国瓷厂）的窑址多以珠山为朝山，如徐家窑、易山窑、健班窑、老罗汉肚窑、樟树下窑等都具有这一特征。位于胜利路以南的窑址则多以风筝山、木鱼墩等为镇山，如新老木匠窑、新老磨鹰窑等。这些窑体与珠山之间的距离也有一定的模数，在距离珠山120米、240米、480米处的窑非常密集（图3-13）。

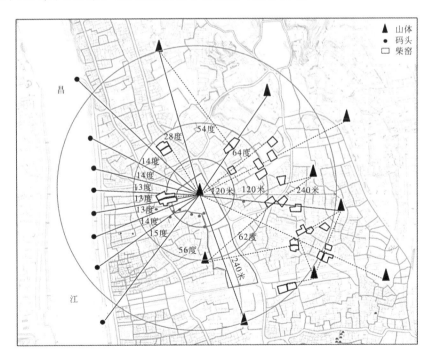

图 3-13　窑址、码头的定位朝向与山体的关系

昌江北段、珠山西侧附近的 8 个码头与珠山之间的连线夹角均在 13 度到 15 度，因此，这些码头在珠山到昌江的垂足处最为密集，向北和向南逐渐稀疏起来。张杰（2012）在《中国古代空间文化溯源》一书中认为，60 度、30 度、15 度的角度控制是中国古代城市和乡村空间营建中的普遍现象，景德镇的研究表明，市镇同样符合上述视域控制的相关规律。

2. 洲地型单元与陶瓷商贸活动的相地

景德镇自身地势较低，水资源丰富，建成区中包含若干自然洲地。景德镇有名的洲地包括"三洲"（王云翔，1992），即黄家洲（六小背后）、西瓜洲（二中背后）和郭家洲（洋湖附近），除此之外，在昌江沿岸的自然单元大多具有洲地特征。洲，原本是水边的陆地，在城市发展的过程中逐渐变成建成区，但仍然保留了洲地的名称。洲地是当地居民日常生活的背景和开放空间的重要组成部分，黄家洲的历史变迁就很好地反映了自然洲地演化为社区开放空间的一般过程与建设模式。

清代乾隆以前，黄家洲名为"竹林坦"，以自然环境为主，西边靠河，南边有竹林分布。以贩卖粗瓷为业的人家聚集在竹林坦一带，后来有两户篾匠在此定居，由此形成了粗瓷制造和篾业并存的发展基础。民间传说中，黄家洲的得名是因乾隆游江南时龙舟在竹林坦附近停靠，由"王家龙舟"谐音而来。这个传说的可信度存疑，却反映了这里最初的地貌为一片水边的竹林高地（夏巧亭，1992b）。

乾隆年间的黄家洲上，除原有的手工艺店铺外，洲坦口还容纳了小生意人、卖艺人等多种民间摊贩，这里是一片商业活动场所。根据《景德镇文史资料》记载，乾隆十八年（1753），沈翰林之子沈登荣看中此地人气旺盛，买下一块地盘，建造苏湖会馆。但沈家想向会馆前洲坦上的买卖人征收地租，引发了洲上摆摊的手工艺者的抗租斗争，即"三打王家洲"。最后事情得到公正的解决：洲上摆摊卖艺一律不收地租，地契界以内，固定设点的商户交纳少量租金，春节期间固定棚子搬到河滩上，将洲上空间让予江湖艺人，二月初一各归原位，每年如此，发展为当地契约。由此黄家洲上最重要的公共建筑落成，其选址也是建立在相地的基础上的，即会馆选在河边的高地上，因此形成了江边的视觉焦点，同时可以避免水患侵袭。

民国初期，黄家洲原有竹林被砍伐殆尽，形成了一个空场（图3-14）。空场两边店铺增多并分化，南边裤裆弄（今富商下弄）聚集着篾匠店，分为花篾帮和瓷篮帮，坐北朝南的（今何家洼）为洲店，分为上洲店和下洲店两种。随着洲店的发展和盈利的增长，产业进一步集中，"黄家洲瓷业公司"（当地人称"破碗公所"）和"篾业公会"开张。黄家洲人气日益兴旺。从《景德镇河东河西图》上还可以看到，黄家洲码头边停泊船只众多，中间有一艘趸船，为政府对往来船只收税所用。

抗日时期，洲上两边分别为篾匠店和瓷器洲店，当中为坦场，有各种杂耍、变把戏和说书的摊子，是市民活动聚集地。"每逢农历初一、十五和年节的早晚，有许多市民都来点香烛、烧黄表、放鞭炮、朝拜天灯。每逢八月中秋，人们在坦场上用渣饼搭成窑，举火燃烧，叫作烧太平窑。"（夏巧亭，1992b）新中国成立后，原坦场上建造了成排的工人宿舍，沿河路东修建起了一幢新的高楼。黄家洲作为小作坊聚集地和市民活动空间而存在的时代终结。

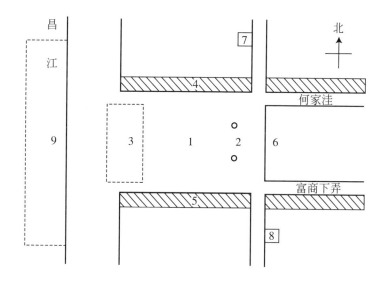

图 3-14　民国年间的黄家洲示意图

1—黄家洲（原为竹林坦，中秋烧太平窑和庆典游乐之地）；2—朝天灯；3—商业摊位；4—瓷器洲店；5—篾匠店；6—苏湖会馆戏台；7—破碗公所（祭师祠）；8—篾业公所；9—昌江沿河的黄家洲码头

笔者曾经收集到目前西瓜洲的地形图，其农田土地被垂直于昌江的田垄道路划分为宽度不一的长条形，而这些长条形又被划分为较小的方块状。笔者推测，

这些垂直于昌江的田垄道路正是建成区巷弄的前身，而小块农田的边界则成为洲地被买卖和出让给居民建房的产权边界。城区江边洲地正是以这样的方式逐渐生长为现在的样子，而一些特殊的地形如地势较高的坦、洲则发展为公共性建筑和开放空间。回顾黄家洲的建设历史，可以深入了解洲地单元的形成模式：水边陆地如何发展为具有商业、游憩功能的码头和开放空间，又被标志性建筑所形塑，最终形成建成区。这些洲地对于商贸单元的形成有结构性影响，它们位于江边，可以形成码头，因此有很高的商业价值；它们地势较高，可以抵御水患，在城市安全中占据优势。

3. 御窑厂堪舆

对景德镇御窑厂及其周边环境风水的记载最早见于明代，但对五龙山及珠山的风水堪舆行为可能早在宋代之前就开始了。如此判断的原因在于五龙山到珠山一带的街巷地名在宋代出现，这表明宋人对五龙山和珠山的关系是非常重视的，本章开篇时程晖诗句中"群龙却是献珠初"体现了宋人对景德镇风水模式的理解。宋代之后的历代堪舆和建设活动使得这座以工业文明著称的城市，得以在山水交融的环境框架中持续发展。

如图 3-8 所示，御窑厂所在的 B3 自然单元，在景德镇的自然单元中处于三级阶地的中间一级，又位于二级阶地的最中央部分，由五龙山的中央一脉发脉形成，其位置和环境在历史城区中最特殊。御窑厂镇山珠山，"独起一峰峦，俯视四境"，四周被五龙山、马鞍山、阳府山、雷峰山、金鱼山等环抱，似"地绕五龙"，如"五龙抱珠"。选择珠山设置御窑厂，即"五龙献珠"的寓意。御窑厂和相关衙署的建设强化了这一地理单元的特殊性，使得这个单元拥有更高的等级，其内部形成了不同于洲地和山坞单元的模式。

御窑厂单元内部的建筑和自然要素几近完美地符合传统的堪舆模式（图 3-15）。考察 B3 单元中的历史地形，有 4 个主要的山岭，其中珠山、东司岭到陈家岭为西侧护翼，珠山到土地岭为东侧护翼，4 座山岭环绕御窑厂，仅在东南侧形成缺口，正是巽位水口。根据《景德镇地名志》记载，宋代时有溪流从五龙山间莲花塘流出，经过五龙桥、十八桥、之后向西注入昌江，而十八桥正是架在溪流之上的十八孔桥，在宋代时是风景秀美的郊外名胜，在宋之后的城市扩张中湮没。这几座山岭分别作为镇山建设有衙署祠庙建筑（景德镇市地名委员会办

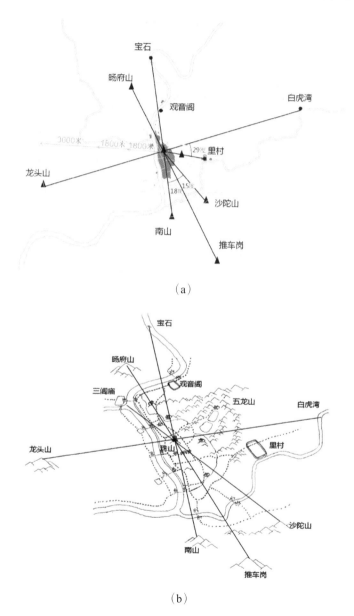

图 3-15　御窑厂与周边山川地理、标志性建筑的关系

公室，1988）。珠山为镇山，前面建设有御窑厂衙署，土地岭①南侧建设有保安军防营，东司岭前建设了县公馆，陈家岭前建设了徽国文公祠，即朱熹庙。一些重要的建筑朝向也与山体有关，御窑厂仪门、头门的连线正位于珠山与推车岗的连线上，关帝庙则偏离了一个角度，与头门的连线指向陈家岭和董家岭。御窑厂东、西辕门的连线则指向东侧观音岭。

御窑厂堪舆不仅在B3单元内部形成了特定的模式，而且在单元外部的整个历史城区尺度，御窑厂整合了一系列自然景观和人文景观（图3-16）。历史城区及其周边的标志性自然和人文要素，被巧妙地整合到城市景观的图景当中，作为整体呈现出来，形成了一种精致的感觉和视觉关系。

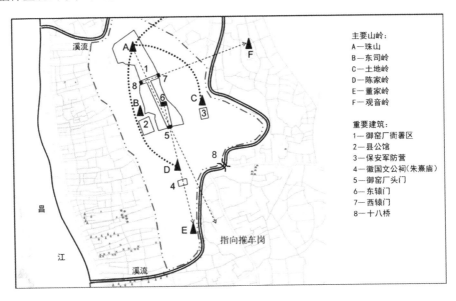

图 3-16　御窑厂单元堪舆示意图

这个整体图景的核心是代表皇家身份的御窑厂及其镇山珠山，这个向心的图景体现在历史城区内部及其周边区域两个尺度上。在周边区域的层面上，珠山与旸府山、推车岗、南山、沙陀山、马鞍山、龙头山等山体，白虎湾、宝石等水体景观和观音阁、里村等重要村落景观形成了特定位置关系，这种特定位置关系首

---

① 土地岭，位于今珠山中路通向广场之间的位置，20世纪50年代拓建时街巷消失。

先表现为以珠山为中心、以周边重要地理坐标为延伸的十字天心结构。依托于区域性的十字天心结构,在历史城区内部,进一步建立起了以御窑厂为核心,重要地标建筑、码头和城市微地形组成的罗盘式的空间组织关系(图3-17)。

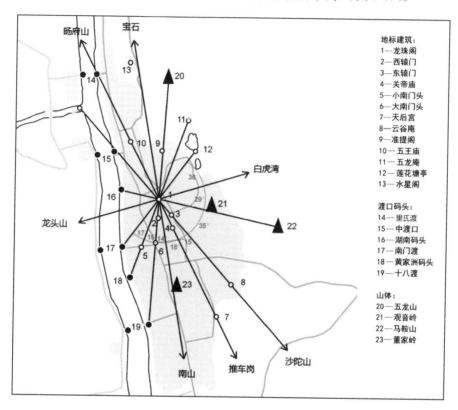

图 3-17　景德镇城市景观

注:图中浅色数字表示各方向之间的夹角度数。

区域性的堪舆设计形成了一条与山体有关的视觉廊道。景德镇一条主要的视觉廊道为御窑厂头门到龙珠阁(珠山最高点)的连线方向(与御窑厂东西轮廓取直后的方向平行),与正南夹角约30度。这一方向的来源正是古人在周密地考察御窑厂周边山水环境之后,通过营建御窑厂而进一步确定下来的山水视廊,其主要由旸府山、珠山、推车岗三者连线而确定。御窑厂北偏西30度3.6千米处为旸府山,其应为景德镇之祖宗山。御窑厂南偏东30度7.2千米处为推车岗,为景德镇附近的最高峰,构成了御窑厂的朝山。推车岗与御窑厂之间,南山、沙陀山分列东西两侧，其中沙陀山一条余脉较为低平，延伸向两山之间偏北，形成御窑厂案山。两山之间的银坑坞为宋代以来景德镇瓷石的主要矿源之一。登龙珠阁南望，朝案气势开阔，银坑其间，南河流转。御窑厂建筑的轴线，依从旸府山—珠山—推车岗的轴线而确定，此轴正对银坑，左右以南山和沙驼山镇锁，加深了窑厂的轴线深度。因此，由御窑厂而最终确定下来的30度纵轴线，串联了富有文化意味的一系列山川，成为景德镇重要的视觉廊道（图3-18）。

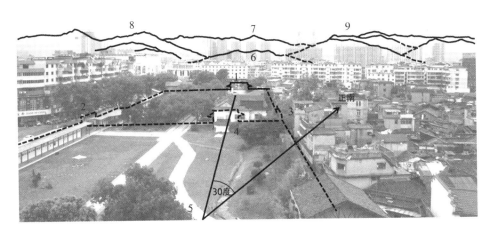

图3-18　御窑厂堪舆分析图
1—御窑厂头门；2—东辕门；3—西辕门；4—御窑厂仪门；5—龙珠阁；
6—案山；7—朝山（推车岗）；8—南山；9—沙陀山

借助地图工具，我们进一步可将景德镇的山水环境概括为3个圈层，以御窑厂的镇山珠山为圆心，五龙山、里村、观音阁处在1800米的半径上，旸府山、沙陀山、南山处在3600米的半径上，而推车岗、龙头山、白虎湾处在7200米的半径上。

珠山作为重要的地理标志，其上龙珠阁成为景德镇地标建筑的核心。建阁前，原为环翠亭所在。1922年，安徽祁门人康达集众筹资，1923年，雇人辟地建阁，于1925年落成。因地势像五龙搏珠，命名为"龙珠阁"。龙珠阁高3层，广阔数丈。前殿神龛中供奉白瓷跌坐观音一尊，慈容肃穆，梵相庄严，案前摆列香炉、烛台；后殿龛中供有纯以夏布调漆为胎、身涂金彩之神像多尊，形象奇古，栩栩如生。

二楼龛内,供有三教创始人孔子仲尼、释迦牟尼、老子李耳的塑像,庄重大方;另设有乩坛,安放沙盘銮笔。龙珠阁大门和内殿梁柱均涂朱漆,金碧辉煌;外围红墙,覆以黄瓦。阁四周绿树环绕。登阁远眺,可将近处房屋,远至南山、昌河的景观收入视野。

景德镇古代有 4 座阁,即龙珠阁、观音阁、准提阁、水星阁,分布在城市向北通往浮梁县城的咽喉要道上,成为市镇北部最具标志性的空间要素。城区南部则分布有"三楼",即三济楼、吊脚楼(在刘家下弄与玉弄里横弄接头处)、千佛楼。包括如上阁、楼在内的一系列标志性建筑都分布在以珠山和龙珠阁为核心的圆周放射线上。从宋代就世居镇南门头的嘉庆年副贡郑廷桂,在其《陶阳竹枝词》三十首中提到了一系列景观:观音阁(其一)、御窑厂(其二)、中渡口(其四)、天宝桥(其五)、陶成陶庆社(其九)、珠山环翠亭(其十六)、五王庙(其十九)、里淳街(里村,其二十一)、十八桥(其二十二)、马鞍山云门教院(其二十八)、杨梅墩—白马茶庵—水星阁—财神殿(其二十九)等。笔者将景德镇重要的标志性建筑绘制在谷歌地图中,分析后表明,景德镇的大量重要建筑与珠山之间的夹角存在上文提到的 15 度角控制规律,其形态近似于罗盘(图 3-17)。张杰(2012)在《中国古代空间文化溯源》一书中认为,60 度、30 度、15 度的角度控制是中国古代城市和乡村营建中的普遍现象,而景德镇的研究表明,市镇同样符合视域控制的相关规律。[①]

---

① 张杰认为,这与古代立杆测影的观象授时实践有关,在此基础上受到一年 12 个月、二十四节气等历法影响,衍生出 15 度角为基础的空间方位体系(张杰,2012)。

第四章　基础设施和用地模式

1712年，旅居景德镇的法国传教士殷弘绪在给中国和印度传教会巡阅使奥里神父的信中讨论了这样一个问题：

> 载有瓷土和高岭土的船只络绎不绝地来到景德镇，它们淘洗后剩下的残渣，逐渐堆积成山。景德镇拥有的三千座窑是以匣钵和瓷坯满窑的，这些匣钵只能使用三四次，而且往往整窑瓷坯都会报废。说到这里，读者自然会问我：哪里去找一个无底洞，以至于往里扔了一千三百多年的废瓷和窑渣都填不满呢？
>
> 景德镇本身的地势和它建造的方式会做出人们希望的解释……墙体内部中空，在墙壁内填满破罐子，再浇入泥浆……一部分碎瓷器和瓷窑垃圾被砌入了围墙，或者扔在河边，久而久之，镇与河流间的距离缩短了：这些碎瓷片经雨淋人踏，先变成集市广场，然后又成了街巷。此外，在涨水季节，河水也冲走了许多碎瓷片，河床好似用碎瓷片铺成。

在殷弘绪写于18世纪的信件中，我们能够了解到，如何处理巨大体量的瓷业垃圾，是与千年瓷都伴随的一个永恒问题。而景德镇找到了一条巧妙的城市营建方式，将瓷业废料用作墙垣、地基等建筑材料，用于垫高城市下垫面和建设排水系统，将令人头疼的垃圾处理问题和频繁的洪灾风险巧妙化解，形成了物尽其用、充满智慧的传统聚落营建方式和独具瓷业特色的城市基础设施。

瓷业生产对生态环境有巨大破坏作用，因此景德镇早期的乡村瓷业聚落存在"游牧现象"，即一座窑经烧若干年后，就停烧并迁徙到其他位置继续进行生产[①]。

---

① 相关论述详见第三章"一、镇区形成前的瓷业聚落特征"中内容。

当瓷业生产进入城市经济阶段，瓷业废料与聚落的互动关系发展出新的模式。不再移动的聚落位置，要求人们更加精明地利用瓷业垃圾，解决"垃圾围城"问题。对人居环境有负面影响的瓷业垃圾被当作城市建设的重要资源加以利用，垃圾的资源化利用成为中国传统城市可持续发展的重要策略。

本章将讨论三类城市基础设施，它们都建立在这座城市巨大体量的瓷业垃圾基础之上。第一类是城市排水防涝设施。由于景德镇没有设立县以上的行政建制，缺乏专门的财政拨款来完成相关的市政建设，所以因陋就简，利用体量瓷业废料排水设施，由此形成了独特的瓷业循环经济模式。第二类是保护生产安全的军事防御设施。与许多学者声称的景德镇是一座没有城墙的城市不同，笔者考察了由城墙、城市门户、营汛和栅门、过街楼等不同类型的防御设施组成的防御体系。第三类是服务于瓷业生产的水陆交通设施，正是景德镇的街巷和码头将这座瓷业城市与国际国内市场联系起来。在本章的最后，笔者着重研究由街巷划分出的街块中的土地利用形态，揭示土地利用的类型系统与瓷业功能之间的密切关系。

一、瓷业废料的利用：城市排水系统

1. 瓷业原料聚落与瓷业垃圾的产生

我们首先要了解瓷业垃圾的来源有哪些。第一类瓷业垃圾是烧坏的瓷坯。瓷坯用到的原料有不子（即瓷土）、高岭土、釉果和釉灰，前三者都是白色，所以合称为"白土"，釉灰是制造釉的必要成分，使用石灰石和狼箕柴制成，景德镇周边盛产这些原料。第二类瓷业垃圾是装盛瓷坯的容器——匣钵。匣钵在窑中烧一定次数就会开裂，成为瓷业垃圾。匣钵的原料为匣钵土，根据土质可以分为老土、子土、白土、红土，矿址在景德镇东郊的操家山、毕家岭、黄家山、芦家山、抚州山、老厂等。第三类瓷业垃圾是砌筑窑炉的窑砖。烧制三五十次后的窑砖会开裂，保温性能变差，成为废弃物。窑砖的产地原在洋湖村，清咸丰年砖土枯竭后，转移到十八渡西岸，渡口因有18艘运输窑砖的船而得名。

关于景德镇周边村落摒弃农业生产而从事陶瓷生产情况的描述，在龚轼所作的《景德镇陶歌》第十九篇中有非常形象的记载:"滩过鹅颈是官庄,沿岸人家不种桑。手抟砂泥烧匣钵,笑他盆子满桑郎。"诗中"官庄"在景德镇小港嘴下游三公里处,以匣钵为业而不事农桑。清郑廷桂《陶阳竹枝词》诗云:"里淳街上画眉啼,三月灰窑利市齐。拾翠人来翠云寺,酒旗斜指石亭西。"诗注曰:"里淳街民多业石灰窑,春窑开市,各乡船纷集,每以翠云寺为游玩所。"(韩晓光,2004)

以如上瓷业原料为源头,景德镇形成了3次利用过程(图4-1)。以瓷业原料为基础进行的瓷业生产为第一次利用。第二次利用过程中,废旧但仍然有一定完整性的窑砖、瓷瓦被用来作为建筑的墙体材料,匣钵、垫饼、垫柱、窑渣被用于建造挡土墙、下水道拱形券棚、路面、水井内壁等。例如,当地文物保护部门专家白光华就发现,湖田窑瓷业作坊遗迹的墙体是用破匣钵、垫柱砌成的,水井使用大垫饼支圈;珠山北麓的御窑明代窑炉和作坊遗迹的墙体是由窑砖、匣钵、瓷瓦共同砌筑而成;祥集弄明代民居建筑的基础以上约1米高处都是以较规整窑砖砌筑;湖北会馆等清代建筑都是用窑砖与青砖混合砌筑墙体;清代以后的作坊、窑房和民居建筑则几乎完全使用窑砖头来砌筑墙体;韦陀桥至刘家弄一带的高约1.6米、宽约2米的下水道拱形券棚是用窑砖加石灰砌筑的;观音岭、蔡家岭、刘家下弄、吊脚楼等山坡地多以窑砖与窑渣混合砌筑,窑渣有利于渗水。第三次利用则是将以上这些废料进一步填充到地面,抬高城市的下垫面来抵抗洪水的威胁,这一点会在下面展开论述。

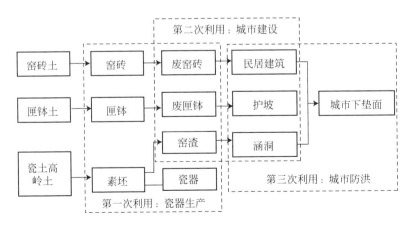

图 4-1 瓷业原料的 3 次利用示意图

2. 瓷业堆积与地形改变

在当今城市考古工作中，许多古代城市上经常覆盖着生活垃圾形成的一些厚度有限的古代地层。但对于景德镇，千年以来燃料及原料从周边的矿藏区被运到老城区而产生的生产垃圾体积巨大，经年累月地堆积在地表，形成了厚度惊人的考古地层，并极大地改变了历史城区的自然地理特征。

考虑到景德镇原有地形多丘陵和溪流，在景德镇老城的不同地方，瓷业垃圾填埋深度有很大不同。笔者对当地城镇建设和考古方面的专家进行访谈得知，在御窑厂周边，堆积深度达3~5米。在观音阁处，深度达到20多米。中山路以东瓷业堆积平均达2~5米，中山路以西平均达5~7米，以至于在民国年间，景德镇的地形已经较为平坦，其上遍布密集的窑场和民居（白光华，2014）。然而，也会出现特别情况，在城南的刘家弄附近，瓷业垃圾堆积出的山体高达十几米，其上遍布窑场和坯房，在周边平坦的环境中非常显眼。

景德镇建成区的地貌发生了怎样的变化呢？变化可以概括为3个方面：山谷或山坞被填平；溪流和小河被封盖；昌江沿河被填高和填窄。这些被填埋、封盖的地方，最终都成为建筑密集、人口稠密的区域。

山谷和山坞被填平，在景德镇非常普遍，因此，景德镇有句民谚："桥不是桥、坞不是坞。"江家坞、杨家坞、薛家坞等地，高程的差异已经很难让人察觉。陈家岭、董家岭、东司岭等民国时已是平地之上的巷弄，身处岭、坞的地名所在，你很难把包含岭、坞的地名与如今的地表高程对应起来。就连景德镇的珠山，《江西省舆图》中记载其高三十七丈斜二十六度，如今已是高程仅数米的一个山丘了。溪流被封盖，见于《景德镇市地名志》记载，在清代以前有十八桥、五龙桥、通津桥和小桥等9座桥梁，如今皆已不存，变为人口稠密的建成区。

笔者对若干当地居民的访谈证实，昌江沿河不断被瓷业垃圾填高和填窄。其中，被采访的王忠富（世居陈家岭，都昌人）称，在他十几岁时，沿河仍在被窑户当作垃圾场，垃圾被倾倒在昌江边。当时巷弄口正在建一座房子，人们先将垃圾填埋的区域压实，然后就地起房子。之后，随着瓷业垃圾被平整，这座房子和昌江之间又有若干座房子被建设起来。

景德镇历史城区的原始地形低洼且起伏较多，城市发展过程一直伴随着两个难题，第一个是有限的可用土地和对土地的大量需求之间的矛盾，第二个是频繁的水患和瓷业生产的安全需求之间的矛盾。景德镇在昌江和山岭之间，地势低洼且水塘、丘陵纵横，然而由于陶瓷业，此地一度聚集和吸引了10万以上人口。景德镇如何解决突出的人地矛盾问题呢？通过瓷业垃圾填沟壑、造陆地，并提升景德镇老城区的平均地表高度，就成了一个有效的解决方案。

人类利用自然从事陶瓷生产，又通过陶瓷生产改造自然环境，进而形成利于人居住、生产的聚落环境，景德镇这一陶瓷生产聚落成为一个富有生命力且不断进行自我调整的有机体，在自然生态和人工环境之间保持着微妙的平衡。

3. 瓷业废料形成的排水系统

景德镇地势较低，一直受到洪水灾害的严重威胁。在《珠山区志》中曾经记载景德镇自明代以来发生大小水患二十余次（景德镇市珠山区地方志编纂委员会，2010）。因此，伴随着瓷业垃圾的堆积和城市高程的提高，城市排水防涝设施被建设起来，成为保障城市安全的重要组成部分（图4-2）。

排水防涝系统由自发形成和自觉建设两部分组成。自发形成为随着瓷业发展而自发形成的瓷业垃圾渗水层，虽然其排水效率有限，但由于历史悠久、体量巨大，对景德镇城市建设起到较大的作用；自觉建设是随着人口和建成区面积的增加，从清末民初才开始有计划建设的地下排水管道。

自发形成的瓷业垃圾渗水层是由景德镇陶瓷业每年产生的体量巨大的瓷业垃圾，逐渐填埋、平整而形成的渗水层。这一渗水层由破碎的匣钵、窑砖和渣饼、碎瓷片组成，其空隙率颇高，因此具有很好的渗水效果。当地居民往往将填埋区进行平整，再将民居、窑厂等建筑建于其上。景德镇的民居建筑中实心天井是较为普遍的，这些天井并未设置对外排水的沟渠，相反地，天井中汇聚的雨水，渗入地下窑渣渗水层，进而渗入地下暗河和人工下水道，最后流入昌江。这个面积巨大的渗水层将景德镇老城区的地平面平均抬高3米以上，使得一半以上的老城区免于频繁的昌江水患。

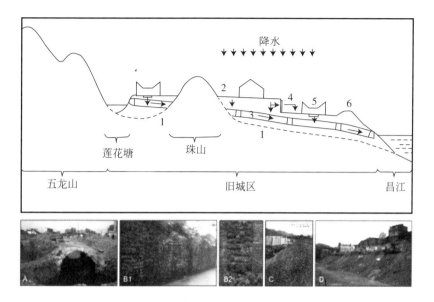

图 4-2 利用瓷业垃圾建成的景德镇排水防涝系统

1—原始地形；2—千年瓷业堆积后的目前地形；3—窑砖拱券排水道；4—窑砖渣饼挡土墙；5—民居内实心天井；6—昌江边的窑业堆积

A—浙江路改造时挖出的窑砖拱券涵；B1，B2—刘家弄中由窑砖和渣饼建成的可有效排水的挡土墙；C—昌江岸边的瓷业堆积（1920）；D—吊脚楼地区基建时挖出的瓷业堆积

清代的景德镇城市排水设施简陋，发展水平明显落后于生产和人口规模。仅居民生活区有零星下水道和窨井，大量污水、废水依靠自然地势和瓷业垃圾渗水层排入溪流。在没有建成下水道时，雨季会浊水横流，低洼地带路面被淹，民宅进水。在民国三年（1914），景德镇总商会会长吴简廷发起筹款，开掘沟壕，建设了里氏渡至刘家弄的下水道，长度超过市区 2/3，沟深约 3 米。这条大沟用时三载，耗资数十万元，大大缓解了污水泛滥和雨洪问题，所用材料为瓷业废料窑砖。之后虽然陆续增加一些下水道，但这条百年大沟仍然是路线最长、规模最大的一条（余静寰，1995）。

20 世纪 30 年代中期，李景福任长官期间，由商会和沿街店户集资，修建中山路和中正路，同时沿街修建两条盖板明沟双边下水道（当代景德镇市城市建设编辑室，1987），总长都达到 3300 米。一条下水道自莲花塘穿过 5 条街道（复兴路、中正路、珠山路、戴家弄、中山路）和 4 座小桥（五龙桥、十八桥、蛤蟆桥、太平桥），至刘家弄口排入昌江，全长 2200 米，为窑砖拱券结构，平均断面面积约 1.20 平方米，最大断面面积为 2 平方米，最小为 0.60 平方米，高 0.80~2.40 米不等，纵坡比降不大于 6%，起止落差为 12.90 米，中段坡度较小，部分地段有倒坡现象。另一条下水道自求子弄起经中正路、中山路至通津桥入昌江，全长 1100 米，断面面积与第一条大致相同，纵坡比降为 4.60%，其中青石街至太平巷长约 210 米，有倒坡现象，从太平巷至通津桥出口处长约 840 米，落差为 3.89 米。两条下水道建设时缺乏统一规划，走向曲折，部分地段从建筑物下穿过，建成后 30 多年未曾疏浚，淤积严重，新中国成立后曾经历两次全面疏浚。至今这两条下水道仍是中市区主要排水干道。

到 1949 年，市区共有下水道 9.19 千米，其中主干道 3.30 千米，主要分布在中山路和中华路一带，排水服务面积为 1.05 平方千米。

新中国成立后，城市排水设施建设纳入城市建设统一规划，每年都安排一定资金用于下水道建设与维护。排水设施随着城市的扩大而不断增加，汇水范围扩大，排水功能提高。根据水系流向，有计划、有重点地新建了珠山路、工人新村等排水主干道，并逐步改造里弄和居民区下水道。

20 世纪 50 年代初，首先对过去 30 年未曾疏浚的莲花塘—刘家弄、求子弄—通津桥下水道全面清理整修，后又陆续修建多条里弄下水道。1956 年在建设珠山中路的同时，新建珠山中路大型下水道，总长 1.07 千米，从人民广场至长江每隔 40 米设置一个检查井。到 1965 年，共新建下水道 20.14 千米。

据 1990 年全市市政公共设施普查统计，市区共有下水道 144 条，总长 91.35 千米，其中街道长 71.60 千米，里弄长 10.73 千米，单位自建 9.02 千米。排水形式均为雨水、污水合流制，管道结构分为圆涵、拱涵、盖板明沟、明沟 4 种类型，还有涵洞 17 条，长 584.60 米，跨径为 1.50~4 米。排水设施仍主要分布在中市区，并已基本形成网络，东市区、西市区的排水设施尚未形成系统。全市排水设施服务率为 62.04%（张陆明，2000）。值得注意的是，其中使用瓷业废料窑砖建成的拱券式下水道总长 6 千米以上，这是历史城区瓷业遗产的重要组成部分。

二、城市安全的保障：军事防御系统

景德镇的防御体系内容十分丰富，从防御等级和范围来看可以分为3类，分别涵盖区域、城市、邻里3个级别（图4-3）。区域级的防御内容是指建成区外围的防御性门户（里村、观音阁）。城市级的防御内容包括营、汛等防御性单位和城墙以及城墙附近的大型栅门。邻里级的防御内容包括街口的小型栅门和过街楼。

1. 城市门户：里村、观音阁

民国时期，在进入景德镇镇区的近郊交通路线上形成了5个大的聚落，包括三间庙、观音阁和对面洋湖村、里村、十八渡西岸聚落、麻园里聚落。这些聚落通常处在渡口或桥梁附近，体现出了交通对聚落形成的重要影响。其中，观音阁

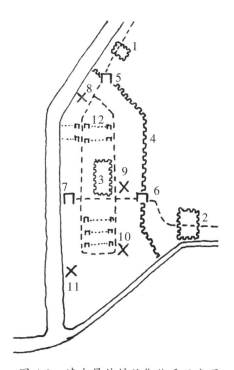

图4-3 清末景德镇防御体系示意图

1—观音阁；2—里村；3—御窑厂；4—城墙；5—潼关栅门；6—雄关口、双栅门、圆栅门；7—双栅门；8—里仁四图箭楼；9—保安军防营；10—外委署；11—西瓜洲汛；12—小型栅门

和里村分别把控着景德镇往北去浮梁和往东去东河的交通要道,凭借险要的地形和防御性设施的建设,成为具有军事防御功能的城市门户。

1)里村

里村是景德镇周边的重要军事据点。它位于昌江区竟成镇,东南侧临南河,外围建有城墙(图4-4)。景德镇地名歌中第八句:"赛宝坦上好晒宝,里村独造一长城。"(景德镇市地名委员会办公室,1988)里村的军事防御特征明显,体现在村落选址、形态和城墙设置上。

里村整体处在南河北侧的一块小丘陵台地上。东西大门外有高岗凭依,北侧有高山为镇山,南侧有南河作为天然护城河。东门南北两侧各一山峰,形势向东略有突出;大西门北侧有一个高峰,略向西突出。高峰与城门之间的山坡上,有一条小路通向东门北侧的高峰。西门南侧城墙开有小西门,是连接里村前街与景德镇的通道。南门和城墙建在南河北岸,以南河作为护城河;北面全是丘陵,城墙建在逶迤的山冈上,不设北门。

历史上,里村曾经有土筑的寨围,但城墙的历史并不十分悠久,主要是太平天国运动时期左宗棠在土围的基础上砌筑而成(方峻山,1987)。里村的南门、大西门、东门均高约5米(一丈五尺),是用33厘米(一尺)长、16厘米(五寸)宽、16厘米(五寸)厚的大青砖砌成;城墙高约3.3米(一丈)、厚约

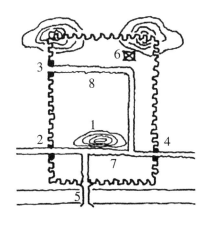

图 4-4 里村示意图

1—方家山;2—小西门;3—西门;4—东门;5—南门和便桥;6—翠云寺;7—里村前街;8—里村后街

2米（六尺），全是用旧窑砖砌成。里村城墙所用的窑砖，都是太平军时期清朝守军从景德镇的会馆和祠堂中拆来的。里村古城墙现残存部分城墙和券门，以36厘米×10厘米×16厘米规格的大青砖和红石、窑砖块混合砌筑。现存长6米、宽1.4米的残墙。

里村的村落形态也具有突出的防御特征，里村东城门、西城门之间穿过村落内部（今"里村前街"），使得里村成为从东部进入景德镇的必经之地。南部城门外临南河，独有一桥，使其更居于易守难攻之地。城墙北枕马鞍山支脉，城墙内村落中包裹着一座小山（方家山），使里村居高临下。因此里村成为江西东北的军事要地，又是浮梁连接景德镇、婺源的要道和景德镇的东大门。

里村以三街六庙而有名，分前街、后街、童街，后街北面半山腰的翠云寺是6幢庙中的大庙。里村的工商业主要有9个行业，包括利用水碓舂南港不子的瓷土厂，烧石灰窑的窑厂，经营竹木柴的树行，做瓷用窑具的匣钵厂等四大行业。还有细篾工、雕塑泥工、驮树帮、放排佬、搬运工等5种小行业。

2）观音阁

观音阁，位于昌江上游，在景德镇龙珠阁以北3千米。古籍描述景德镇建成区"上到观音阁，下至小港嘴"，观音阁作为"陶阳十三里"的起点，是从浮梁县进入景德镇的重要标志物。景德镇地名歌中第一句即有："江南雄镇南江口，观音文昌镇阳台。"（景德镇市地名委员会，1988）。这句歌诀正是表明其作为水口的堪舆意义和作为入镇景观的视觉价值。

观音阁的选址非常考究，古阁坐东朝西，背靠石埭山山崖，与旸府山下的旸府滩隔江相望，阁前一渡口通往对岸洋湖村，交通便利而又地处两山夹峙之间，是地势险要的关隘。不仅如此，围墙之中、古阁以东，有一山丘，使得视觉效果更突出，关隘更险峻（图4-5）。

从浮梁旧县治到景德镇，必须经过观音阁，而观音阁周围以城墙维护，因此形成了险要的关隘。同光年间的景德镇青花瓷桌面和《景德镇河东河西图》（图4-6）均对观音阁进行了详细的描绘。据文献记载，浮梁县衙通往景德镇修有一条10多千米长的石板官道，官道尽头有一座石板桥，过桥为一座城门，城门

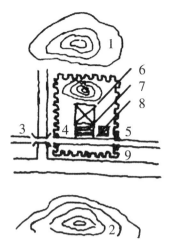

图 4-5 观音阁示意图

1—石埭山；2—旸府山；3—官道和石板桥；4—江南雄镇坊；5—昌江通衢坊；6—观音阁；7—石阶；8—亭；9—矮墙

图 4-6 民国程言作《景德镇河东河西图》中的观音阁、潼关栅门、箭楼和城墙

门楣石板上刻有"江南雄镇"字迹。进入城门，左边青石台阶向上是观音阁，观音阁背山面水，以石埭山为镇山，西临昌江水，形势险峻。阁下路东有亭，可供行人小憩，路西侧有矮墙。沿路向南有一城门，门楣石梁刻有文字"昌江通衢"。

根据上文，观音阁与其周边环境要素共同构成了精彩的空间序列，这个序列颇具建筑学意义上的美感（图 4-6）。以上共提及了 8 个建筑意象，即从县治入镇会依次看到：官道（石板路）、石桥、江南雄镇坊（观音阁城门）、石阶（向上）、古阁（凌驾于上）、亭（可坐）、矮墙、昌江通衢坊（观音阁城门）等一系列建筑意象。这些建筑要素与自然环境浑然天成，凭借山体地势形成了易守难攻的城市关隘。

2. 城墙、大型栅门和营、汛

1）城墙

虽然景德镇没有县一级行政建制，但若干古地图却表明这座城市不仅拥有城墙，而且分布范围大，存续时间达50年以上。最早对城墙进行描绘的文献是同光年的景德镇青花瓷桌面和民国的《景德镇河东河西图》，对城墙位置描述最为清晰、明确的是1944年美国人布兰顿的《景德镇和周边窑址图》（图4-7）和1950年的《最新景德镇市详图》。

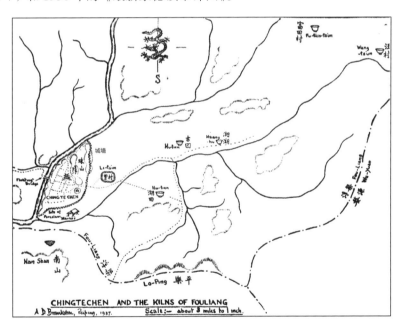

图4-7　1944年的景德镇城墙

（图片来源：A. D. Brankston, Ching-Te Chen and Surrounding kilns）

在同光年间景德镇瓷桌面和《景德镇河东河西图》中，城墙主要分布在观音阁附近的石埭山上，城墙位于山脊线上，结合山势分布，并且与同在镇北的观音阁、箭楼等形成点线结合的防御性体系。在《景德镇和周边窑址图》和《最新景德镇市详图》上，城墙位置则突破了北部的范围。《最新景德镇市详图》中，城墙分布于城北五龙山到马鞍山一线，它起始于杨家山，通向石山，而后跨过张家坞，向南延续到左马鞍山、右马鞍山成为两支。在《景德镇和周边窑址图》中，城墙除了将景德镇东部的杨家山、五龙山和马鞍山等山脊线连为一体，更进一步向南通往南河北岸，绵延几千米，将整个镇区从东部包裹起来，仅在城市东、西方向分别形成一座被马鞍山夹峙的陆上栅门和水上浮桥（中渡口）。

结合里村城墙建设的相关记载（方峻山，1987），笔者推测景德镇城墙建设于同一时期即咸丰年，随着太平天国运动的兴起，土城墙和栅门的建设被大大加强了。

2）大型栅门

城墙与主要对外交通线的交叉点，形成了一系列的城门，这些城门在当地被称为"栅门"。与街口的小门相比，这些栅门颇为高大。在《景德镇文史资料》（第八辑）中，总结了景德镇的"五门"，包括圆栅门、西辕门、双栅门、单栅门、潼关栅门。结合文献资料和实地考察，景德镇的栅门有 3 种，第一种是高大如城门或关塞、为全镇提供安全保卫的大型栅门，第二种是弄口各保自行建造、围护保里安全的小型栅门，第三种是御窑厂大门。而起到城门作用的正是第一种大型栅门。

目前确切知道的大型栅门有潼关栅门、双栅门、雄关口、圆栅门等。这些栅门形成了景德镇通往外界的北门、东门和西门（图 4-3）。潼关栅门位于城北太平巷与中华北路交叉口以北，观音桥以南，很可能当时观音桥起到类似护城河上的桥梁作用。雄关口、双栅门（雄关口南侧，与南门渡的双栅门同名）、圆栅门则扎堆分布于大椿树弄东口、江家坞南侧，扼住了镇区向东往里村、童街的要道。昌江沿岸南门渡码头的双栅门，扼住镇区向西往南门渡码头的要道。关于这些大型栅门的形式，在《景德镇文史资料》（第八辑）的《栅门·过街楼·守冬防》一文中有较详细的记载。现辑录如下：

潼关栅门位于市第一医院附近，栅门高约9尺，宽7尺多，用砖砌成围墙，两排栅栏，安装有两座木栅门，使用大杉树材料制成，厚重的青石条当门槛，门楣上写着"潼关栅门"四个字，门上是锋利的铁叉，后来字音讹传，改称童家栅门。

双栅门由两座栅门组成。一座是砖石砌筑而成，门楣上是"双栅门"三个大字。另外一座用杉木建成。雄关口，是青砖砌成的大栅门，门楣上写有"雄关口"三字，因为位于观音岭和青峰岭之间，地势较高，以气势雄伟而著称。圆栅门，位于今解放路青峰岭路口，砖石砌成，形象高大，门楣为青石板，刻有"圆栅门"三字。

3）营、汛等军事防御单位

清朝末年，在城墙以内的较为荒凉的区域由官方建设有军事防御单位。通过对历史文献与地图的挖掘，我们可以对其有所了解。

在清同治七年（1868）刻本，刘坤一的《江西全省舆图》中，对当时景德镇的管理衙门有比较细致的记录。除了在御窑厂西南角的巡检署、东南角的同知署、南部的外委署、西南的小港嘴（下市埠渡）水汛作、东部的厘金局和西侧的县公馆外，市镇内部还有保安军防营等市政建设。其中的保安军防营属于水师营，检署、把总署、外委署均设立驻防官，城市军事防卫单位完备。

在历代地图中可见对这些单位和据点空间形态的零星描绘。在《景德镇陶录图说》景德镇地图中，绘制了小港嘴（下市埠渡）的水汛作。它是一座高台之上的楼阁式建筑，旁边伫立一根旗杆。同光年间景德镇青花瓷板上，绘制了位于镇北部丘陵中的一处防御建筑，六边形的城墙环绕，中间设立一处高台，台上同样为楼阁式建筑。

民国《景德镇河东河西图》中同样描绘了镇北部一处疑似军事建筑，两层高台设有小型窗洞，高台之上同样为一处楼阁建筑。由此可见，景德镇外围的防御据点普遍采用高台楼阁式的形制。郑廷桂笔下的箭楼很可能就是描述类似的对象，其《陶阳竹枝词》第二十五首诗云："箭楼风景近如何，牛背驮鸦下夕墟。云影天光遗迹在，此间犹有晦翁书。"另有诗注："里仁四图箭楼口，有天光云影四大字石刻，相传为朱子书，今虽寥落字犹在。"

4）小型栅门和过街楼

景德镇的小型栅门和过街楼是景德镇邻里级的防御、防盗和防火设施，是重要的城市环境要素。根据文献记载，从前的栅门、过街楼兼有防火防盗、控制斗殴的作用，常由各保筹资建设，各保自行筹资管理，围护各保的安全。

建设过街楼和栅门，多半是以保为单位，每保的栅门要是归打更的保管，打更人就住在过街楼上（杨石成，1992）。一个保一般建有一座过街楼，也有少数富裕的邻里，会建有两座过街楼。过街楼并非建在街上，而是建在弄口上栅门边。楼体离地面3米多高，用4根杉树作为支撑，木质楼梯通向二层。过街楼是打更人居住的场所。以前，较大的过街楼是三济楼，它邻近解放路三济楼粮店。董家岭上弄、千佛楼下弄也建有过街楼。过街楼里的守夜人要负责打二更，少数也有打一更或三更的。此外，县太爷有事情、出告示，也让其鸣锣传话。

弄口各保自行建造维护保里安全的小型栅门，这种栅门在景德镇数量原来很多。文史资料中提到，景德镇的栅门，多数建于清朝末期。这可能与清末社会动荡和数次械斗有关。1927年，都昌和乐平移民在景德镇发生了一场空前的械斗，都昌人掌管着这些闾里栅门，防止乐平人入镇袭击。

除此以外，栅门和过街楼还有防火防盗的作用。冬季天气寒冷，居民用火频繁，是火灾易发的季节。旧社会时，冬季人民缺衣少食，容易"饥寒起盗心"。为了防止火灾和盗窃发生，入冬之后，负责邻里安全的保长就上门收取各户的冬防费用。聘请两个守夜男子，他们在夜间将栅门锁上，并自制竹梆，以木棒敲打，往返巡回于所在的里保范围内，火警发生时则大声呼喊，前往救火。

见之于记录的小型栅门，有烟园口、烟园里、朝阳门、陈家街等，根据我们的实际查证，现存的4处较为完整的栅门，分别为三间庙栅门、中华南路195号双栅门、毕家下弄栅门、百花图栅门。栅门按照形态可分为单栅门和双栅门，按照样式可以分为拱券式、过梁式，按照材料可以分为窑砖和水泥抹灰。栅门上的文字碑刻常常能够唤起场所感。例如陈家弄栅门的窑砖拱券上嵌有青石碑刻，上书"陈家弄"3个字，上款写着"光绪元年立"，下款书"本街重修"，另起一行刻有"千佛楼"3个字。这些文字表征了巷弄的建造时间和社区属性。

三、陶瓷物流的血脉：交通基础设施

1. 陆路交通系统

据《景德镇文史资料》记载，老城区有"十一条半街、八条巷、一百零八条弄"的说法（王云翔，1992）。街的数量较少、宽度较宽，而且一般为平行于昌江方向，起到沟通城市主要区域的主干道功能。弄的数量众多，宽度非常狭窄且斜曲，方向一般垂直于昌江方向，承担着功能区内部的交通功能。

1）十一条半街

"街"与"巷""弄"不同，在古代城市中是等级较高、交通量较大、宽度较宽、商业较集中的道路，构成了古代城市内的主要交通网络。考察景德镇老城"街"的变化，就能较深入地了解老城结构的变化。

景德镇最重要的街，为前街、后街（后更名为中山路、中华路），自观音阁之"江南雄镇"坊，到小港嘴止，计有6500米，故景德镇有陶阳十三里之称。清郑廷桂的诗句"试问陶阳十三里，谁寻两个兀然亭"，讲的就是景德镇的南北向的十三里长街。而清龚轼的诗句"廿里长街半窑户，赢他随路唤都昌"，则将街的长度夸张到10千米了。反复出现在地方诗词中的前街、后街，表明了其在地方生产、生活和空间认知中的重要性。

前街、后街自清代便有，只是不太宽阔。直到民国二十五年（1936），五区公署专员兼浮梁县县长邓景福拆除沿街店铺拓宽形成马路，另从麻石弄至马鞍山、斗富弄至莲花塘、东门头至莲花塘，拆成3条东西向马路。新中国成立后，新开辟主轴路——珠山大道和莲社路、沿江路、戴家弄马路、斗富弄下弄马路和工人新村东、西二路和站前路等（吴海云，1984）。拓宽前这两条街有多宽呢？这需要对其他未被拓宽的街进行测量。

民国时期，景德镇的地名中称为"街"的有陈家街、汪家街、青石街、蔡家街、丝线街、瓷器街、棋盘街、万年街、徐家街、半边街、前街和后街共计 11 条半街（王云翔，1992）。这些街平均宽度在 3~4 米，最窄处只有 2 米，最宽处可能达到五六米，街的铺地通常采用青石为主。它们是联系老城城市功能区域的纽带，明代时，正街（青石街）连接着物流区域、生产区域和行政区域。街也是划分城市功能区域的重要边界和连接城市标志物并形成城市意象体验过程的重要媒介。

2）"一百零八条弄"和特色巷弄

景德镇当地有"一百零八条弄"的说法，这表明路网密度非常高，主要是为数量众多的作坊、店铺和民居提供交通服务。景德镇巷弄的平均宽度非常狭窄，平均 2 米左右的宽度，仅容 2 个挑瓷器担者擦肩而过，主要为运输陶瓷原材料和陶瓷制成品的步行劳动力提供交通联系。

景德镇巷弄的主要方向为东西走向，也是特殊的自然地理特征与陶瓷产业结合的结果，自东向西连接了窑址作坊、民居、商业店铺、码头设施。清嘉庆郑廷桂有诗云："蚁垤蜂窠巷曲斜，坯工日夜画青花。而今尽是都鄱籍，本地窑帮有几家。"[①] 该诗第一句将景德镇巷弄形容为"蚁垤蜂窠"，来形容其低矮和曲折；第二句则表明了这些巷弄与陶瓷生产的关系。

从数量来看，巷弄一直构成了景德镇交通网络的主体部分，而街不仅数量少、产生的历史也较近。这种以巷弄为主体的交通网络，与民间自发聚集和建设的历史，以及以步行为主要交通方式的功能需求是分不开的。

随着不同行业人群和功能业态的聚集，景德镇的街道和巷弄空间逐渐专业化并分化形成特定的功能特色。我们根据行业、功能的不同，对这些特色街巷进行了分类，包括窑业巷弄、瓷业辅助业巷弄和生活服务业巷弄。

需要说明的是，景德镇城市中原有的特色巷弄数量非常多，但由于城市建设的破坏和城市发展过程中的功能置换，大量巷弄不仅失去了原有功能，而且面貌也发生了很大变化。因此下面我们提到的特色巷弄仅仅是这一类型中现状较好、特色最鲜明的典型巷弄。

第一类，瓷业巷弄，包括窑户老板弄、坯房弄、红店弄等。窑户老板弄包括

---

① 该诗为清嘉庆贡生郑廷桂所作的《陶阳竹枝词》第三首（1832）。

蔡家街、江家坞、铁匠弄。蔡家街和江家坞两条巷弄相互衔接，其中曾经居住有靠窑业发家致富的景德镇"三尊大佛"之首余英泾、"十八罗汉"之一的窑户老板吴义和其他若干都昌籍窑户老板。他们的宅邸占地规模较大，建筑立面典雅，内部装饰精美，建筑细部兼有西洋柱式和中式徽派建筑之美。在这条巷弄两侧分别是其窑户名下的坯房和窑房建筑，由此形成一个完整的瓷业聚落生态。铁匠弄居住有位列"十八罗汉"之首的烧做两行的大窑户王家琨（1874—1927）和大窑户冯道凤，两家大窑户毗邻而居，建筑规模较大。

坯房弄包括枯树弄、观音岭、九黄岭、罗汉肚、葡萄架、云谷巷等。枯树弄、观音岭、九黄岭位于江家坞街区中，巷弄两侧分布有 30 多栋一字形坯房，主要为都帮进行圆器生产。葡萄架、云谷巷位于抚州弄街区中，巷弄两侧分布有数栋口字形坯房，多为抚帮进行琢器生产。罗汉肚弄位于罗汉肚街区中，两侧分布有院落式坯房十余间。红店弄包括陈家下岭、塘塝墈、东司岭、小黄家下弄等。

第二类，瓷业辅助业巷弄，包括瓷器贸易街、瓷器修补街、工人街（船工街、茭草街）、钱庄街、瓷行街、竹篾街等。

瓷器贸易街即景德镇著名的瓷器街。《景德镇陶录图说》（第四卷）中提到"瓷器街颇宽广，约长二三百武，距黄家洲地半里余。街两旁皆瓷店张列，无器不有，悉零收贩户，整治摆售，亦有精粗、上中下之分。"（蓝浦，1815）瓷器街聚集大量高档瓷器店，这些店铺资金雄厚，只是卖出买进，调运各处优质瓷器在此买卖。瓷器街上有餐厅、茶馆，营业"到天光"，是街区中最有名、最热闹的瓷器商业中心。

瓷器修补街包括黄家洲、何家注。《景德镇陶录图说》（第四卷）中提到"黄家洲苏湖会馆近河洲地，为小本商摆瓷摊所一大聚场也。面河距市中、方广约二里许，遍地皆瓷器摊，任来往乡俗零买，不拘同日个数。"（蓝浦，1815）旁边的十字弄中的祭师祠（也称破碗公所，后改为下洲店同业公会）就供奉了洲店从业者信奉的祖师。

工人街包括里仁弄、土地弄、太和弄、水府弄、大十字弄。水府弄、土地弄和太和弄为船工居住的巷弄，里仁弄为红店工人居住的巷弄，大十字弄为茭草工人和洲店工人居住的巷弄。这些工人居住的巷弄有一个共性，即沿街两侧的建筑普遍面宽和进深都为3~6米，不同于进深较深、木质门脸的商业建筑，这些居住建筑普遍进深较浅且采用窑砖实墙立面。在这些工人居住的巷弄中，常常有与其工人行业有关的公共建筑。例如，大十字弄中有洲店工人祭拜的祭师祠和茭草工人聚集的茶馆，两家茶馆的功能类似于今天的劳务市场，工人在茶馆中喝茶等待招工，宾主谈好价钱后，再到附近瓷行中对瓷器进行包装。太和弄（土地弄与其相连）中有一家船行，并且在弄尽头就是船帮码头。水府弄中有水府庙、船工客栈等。

钱庄街为财神上弄、大黄家弄。弄中有几家钱庄和银行，为瓷行提供金融服务，据当地居民讲，财神弄之名就源于此处聚集了大量从事金融业的富商名流。这些钱庄主要由垄断金融业的徽商经营，可能是因瓷行常常需要大量流动资金，其资金规模远远超过当地瓷行的财富，而且需要跨地区的汇票等使得资金周转变得更方便，故需要相关专业人员和商业组织提供跨地区的大额金融服务。

第三类，生活服务业巷弄，包括豆干街、钉鞋街等。例如，毕家下弄以钉鞋业为主，詹家下弄到祥集下弄则是餐饮、妓院等集中的街巷。奉新会馆位于詹家下弄，弄中有近半数为奉新人，其主业为豆干等餐饮业。

2. 水运交通系统

景德镇的瓷业发展依赖于发达的水运系统，而水运系统在旧城内以码头为代表。码头分为两类：一类是渡口类码头，建成区内的渡口类码头有8个，分别为洋湖渡、里氏渡、中渡口、南门渡、十八渡、哪吒渡、南山渡、天宝渡；另一类则不具备渡口功能，这种码头数量很多，笔者统计至少有15个。

这些码头不仅具有对外交通功能，而且在当地人的空间认知中扮演了重要角色。旧城区居民把向西的方向称为"港下"，把向西走称为"下港"，或者称为"到港下去"，这里的"港"就是指码头。因此窑房中负责购买窑柴的工人称为"下港先生"，因为"下港先生"需要到"港下"去和柴行老板商议窑柴价格，因此得名。所以，当地人的东西方位是以码头来定位的。不仅如此，旧城区内南北方向同样以码头来定位，篾业行帮中的不同帮派被分为"上码头""中码头""下码头"

三帮,三帮的区别正是依次从北向南,因为昌江从北向南流,旧城区地形也大致是北高南低,因此当地人就把"码头"冠以上下来区分南北。码头在当地人空间认知中扮演的重要角色,反过来印证了码头在当地人日常生活中的重要功能性作用。下面,笔者结合安徽博物院藏民国《景德镇河东河西图》和景德镇档案馆藏1950年《最新景德镇市详图》,对这些渡口和码头进行逐一考证(图4-8)。

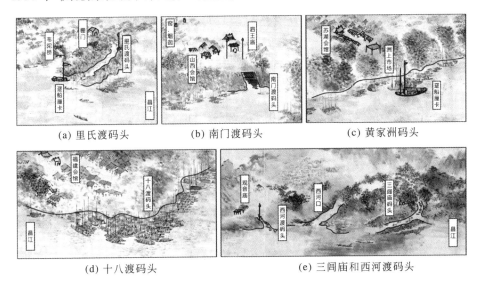

图 4-8 景德镇的渡口和码头

(图片来源:笔者根据安徽博物院藏《景德镇河东河西图》加工制作)

1)渡口类码头

最北边的渡口是洋湖渡,它紧邻观音阁北侧,连接了河西的洋湖村和河东的观音阁。里氏渡位于景德镇北姚家弄附近,连接了河西三间庙正街和河东景德镇前街。在《景德镇河东河西图》中,渡口上下各有旗杆一根,渡口正对沿街两侧店铺鳞次而有气势,街道尽头为一个拱形闾门。

中渡口连接河西村兴华路和河东侯家下弄,渡口码头一条麻石坡道通向房屋稠密之处,此外并无特别之处。清嘉庆郑廷桂《陶阳竹枝词》其诗云:"坯房挑得白釉去,匣厂装将黄土来。上下纷争中渡口,柴船才拢槎船开。"描述了中渡口码头上运送白土、匣钵土、窑柴、槎柴等原料的繁忙景象。

南门渡码头是宽阔的大台阶，大台阶之上为一处寺庙建筑（应为泗王庙），建筑门前有旗杆、朝天灯各一分列于左右。此处大台阶垂直于昌江，形态规整，笔者推测应当为明清御窑厂向京师解运御用瓷器的码头。瓷器经挑夫从御窑厂头门挑出后，由此登船，因此码头形态有礼仪功能而显得特别规整。

十八渡连接河西十八渡村与河东戴家弄，河西十八渡村为窑砖山所在地，为景德镇提供窑业所需要的窑砖，明清时期逐渐发展起来。河东戴家弄旁就是"罗神庙"，在其他地图中记作"傩神庙"，应当也与码头的水神崇拜仪式有关。戴家弄尽头为重要公共建筑福建会馆。

哪吒渡连接河东初龙桥与河西的村庄道路，渡口西岸码头上为哪吒庙。此外，景德镇前街、后街向南郊延伸，跨越南河的位置形成南山渡、天宝渡，分别连接了景德镇镇区与南山下村、天宝村。

2）非渡口类的码头

根据笔者对景德镇老居民的访谈，新中国成立前，瓷业垃圾直接向昌江沿岸倾倒，平整后形成的坡地都可做码头来用，在窑柴运输季节，柴船密密麻麻停在岸边。这个描述，在《景德镇河东河西图》上得到了验证。民国年间，程言用中国画的传统皴法，将景德镇河西沿岸绘制为瓷业堆积形成的大面积岸坡。这些非渡口类码头以南门渡为界，以北有7处，以南有6处。按照功能大致可以分为两类。

第一类，厘卡码头。洋湖渡和里氏渡之间，为景德镇上厘卡、盐卡所在，码头上下各有旗杆一根，负责往来船只税务；西瓜洲附近则是下厘卡所在。根据《景德镇瓷录》记载，太平天国期间，曾国藩奏请"抽厘设局"来筹措军饷，景德镇开始设立厘金局，订立瓷捐章程，按照瓷器包装的单位数量抽取，支、帮、包、篓各不同，之后一直延续到抗日战争时期撤销。税局关卡是一艘趸船，固定在岸边，无动力装置，可以用于装卸货物或供行人上下，这一趸船形象3次出现在《景德镇河东河西图》中，分别在中渡口、中渡口与里氏渡之间、黄家洲3处。趸船为平底长矩形船，船上有3个坡屋顶建筑和一根高大的旗杆，旗杆上高悬"奉旨卡"旗帜。

第二类，商业功能码头，包括交易窑柴、瓷器和其他日用品。柴船可以停靠的窑柴码头有斗富弄、彭家弄、朱氏弄、刘家弄、玉路弄、花园弄等。中渡口以南绕过瓷业堆积形成的山包，是朱氏弄码头、通津桥湖南码头。再向南则是斗富弄、彭家弄、毕家弄码头等。

在《景德镇河东河西图》中，对这类码头有所描绘，这些码头通常由标志性的公共建筑、作为背景的商业和民居建筑、码头坡道和台阶、旗杆、趸船等5种物质环境要素构成。这类码头从形态上可以分为7种不同类型（图4-9）。南门头属于礼仪性码头，拥有垂直于岸线的宽阔大台阶，正对着标志性建筑泗王庙和旗杆；黄家洲码头是典型的商业码头，曲折的码头台阶通向苏湖会馆前的黄家洲广场；中渡口则是税务性码头，趸船靠在岸线旁，经过趸船进入码头坡道。其余码头则混合了多种物流和日常功能。哪吒渡西岸码头是码头台阶与哪吒庙组合形成；观音阁是码头上岸后进入观音阁周围的城墙；三间庙是码头通向街巷栅门，栅门旁是公共建筑三间庙；通津桥则是码头旁设有旗杆，上岸后直接进入商业建筑形成的街巷并随台阶逐渐上升。

3）船行与船帮

从事水运行业的有两类组织，即船行和船帮。船行是具有中介性质的商业组织，联络有用船需求的瓷行，并委托船帮进行运输。船帮则是船主根据籍贯形成的地缘性民船组织，负责调配民船和组织运力。

景德镇船帮在清末民初时有鄱阳、祁门、浮梁、都昌4个帮派，后来为了打破对船民的压迫，相继改为6个公所、18保。在民国二十八年（1939）改建为10个船帮，包括鄱阳帮、祁门帮、浮梁帮、都昌帮、乐平帮、余江帮、余干帮、南昌帮、广昌帮、抚州帮，共计3250只船（李文彬，1995）。

船帮10个，船行23家，3250个船户，比例大约是1∶2.3∶325，即平均一个船帮拥有2.3个船行和325只船。民国十九年至民国二十八年（1930—1939）景德镇陆续设立了船帮客商联合会、船行商业同业公会、浮梁民船船员公会，协调船行、船帮内部事宜。

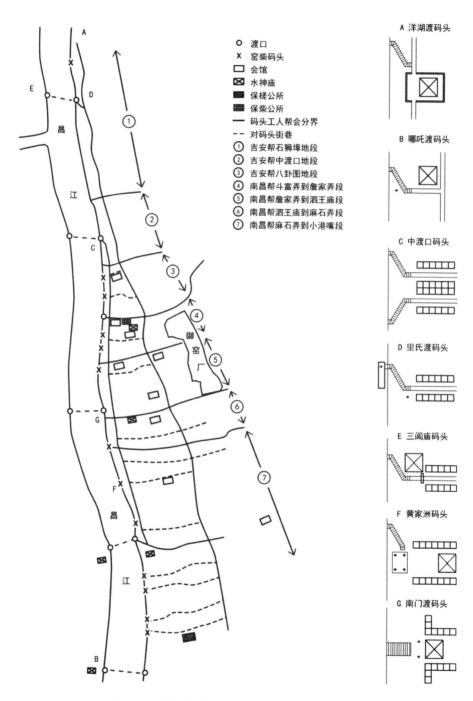

图 4-9 景德镇的码头帮派和码头的不同类型

船行建筑一般都比较宽大气派，有较大的中堂和厢房，中堂洽谈生意、接待船户，厢房为船户或船帮人员提供临时居住。人员配备通常为老板、管事、厨师各一人。船行在船运中起到枢纽作用，它在船帮管理和保护之下，与船户形成宾主关系，与瓷行沟通运输适宜，同时协调码头挑驳工（散子店）在瓷行和码头间完成短途运输。根据笔者调查，船行建筑在里仁弄中现存一处。

4) 码头挑驳工人与帮派

景德镇物资从仓库或商店运入码头，或者从码头搬运入库，需要专门的码头工进行搬运，管理码头工的有专门的机构，称作笋行和散子店。散做店以搬运瓷器和瓷业物资（包括白土、瓷器、木炭等，窑柴除外）为主，也兼搬运绸布、百货、南货、油类。笋行经营范围宽泛，搬运米、谷、豆、麦、铜、铁、盐等货物。

码头工人分为吉安帮和南昌帮两个大帮，帮派有地段限制。其中吉安帮掌管南门头和豫店到观音阁的范围，南昌帮掌管南门头到小港嘴的范围。两帮的分界点后来协商更改为斗富弄（王国梁，1995）。

两帮之下，又划分为不同的地段进行管理（图4-9），其中的吉安帮，分为斗富弄到樟树弄的八卦图地段，樟树弄到圣节巷的中渡口地段，圣节巷到观音阁的石狮埠地段，工人人数分别是20人、50人、70人。南昌帮内部，分为笋行和散做店。笋行地段分为4段：斗富弄到詹家弄，詹家弄到泗王庙，泗王庙到麻石弄，麻石弄到小港嘴。工人人数均为30人。散做店地段也分为4个：斗富弄到祥集弄，祥集弄到陈家岭，陈家岭到小黄家弄，小黄家弄到小港嘴。前三者工人人数依次为120人、121人、93人，最后一个人数不详。

各地段内部事务，由各帮派内部处理、协调。南昌帮由脱离劳动的管理人员担任，并抽取20%的工资作为收入。吉安帮则由劳动者轮流担任。据笔者推测，在各个帮派地段内，应当有具有管理码头搬运工的建筑。码头工人处于社会底层，无钱购买或租住条件良好的住房，通常与同帮亲友共同租住或寄住在陋室，里仁弄就是典型的船工住宅集中的弄巷。因此这种街巷与码头管理建筑形成了一个等级性的空间结构。

四、瓷业经济的细胞：土地利用模式

> 陶旺食工，不受艺佣，埠赁窑家，以相附和，谓之"甓"。
>
> ——宋蒋祈《陶记》

在宋代景德镇陶瓷业的专著《陶记》中，记录了宋代景德镇一个独特的异体字"甓"，用它来描述一个窑户与几个坯户合作搭烧形成的组合。如果你站在御窑厂旁罗汉肚老街中，看到1座窑房和10座坯房组成的平面方正的建筑群时，你会意识到，这个"甓"字不仅意味着一种经济合作关系，它还表达了一种土地利用模式。从这种用地模式延伸出去，我们在历史城区中对土地利用形态进行取样，得到了7种土地类型的典型区域，包括5种基本用地类型和两种变异型。不同用地模式与所处区位、街块尺寸、功能组织之间存在对应关系，构成了这座城市瓷业经济的细胞。

1. 区位、功能与街块尺寸

1）区位与功能间的关系

景德镇的街巷不仅将老城的功能组织联系起来，也把城市划分成一系列形态各异、相对独立的地块。由于景德镇并没有行政建制，城市形态并不像许多府城、县城那样规划严整、尺度清晰。但笔者在阅读城市街巷相关资料的过程中，发现了地块大小存在比较明显的差异，而且这种差异似乎表现出两种规律性。

第一，较大的街块和较小的街块都相对集中地分布在一定的空间范围中，而不是非常均匀地分布在整个镇区。例如，尺度越小的街块越倾向于出现在距离昌江较近的地方，所以三级阶地上的路网较稀疏，二级阶地上的路网次之，一级阶地上的路网是最密集的。

第二，由于垂直于昌江的大量巷弄通常是贯通于三级阶地的，这样便于交通运输，因此，大体看来，处于地势较高位置上较大尺度的街块平均尺寸常常是较低地势的小尺度街块的倍数。

如何理解距离昌江越近，路网就越密集呢？这与用地的功能有关，接近昌江的是物流、商业功能，而远离昌江的是生产功能聚集的地方。功能与区位的对应关系是一个城市经济学问题，在景德镇历史城区表现为两个因素：第一个是交通便利带来的商业价值，促使街区以更高路网密度的形态存在。距离昌江和码头越近，意味着距离水运枢纽越近，交通越方便，因此靠近昌江的通常是与物流和贸易相关的城市功能。而商业功能对交通的依赖反过来又促进商业区呈现出密集的沿街商铺和临街表面积最高的形态。相反地，居住和生产功能，这些处于物质和信息流终端的功能则处在远离昌江的位置。第二个是固定资产的安全系数。景德镇水患频发，沿河很容易受到水患侵袭，因此固定资产投入越高的城市功能越倾向于选址在地势较高的区域。瓷业生产的作坊、设备、原料等财产投入巨大，其持有者倾向于选择在地势高的地方，而作坊和窑房占据空间很大，因此形成的街块也很大，路网较为稀疏。

2）街块功能与几种基本的街块尺度

景德镇的基本城市功能可以分为陶瓷生产、大型商贸和小型物流商业3种，大体对应于上述三级阶地，因此形成3种基本的街块尺度。

生产型街块的尺寸是历史城区中最基础性的模数，它的尺寸通常为80米×60米。这样的模数是由坯房和窑房的尺寸组合形成的。生产型街块中通常完成瓷器生产的两个核心步骤——拉坯和烧制，因此其中通常包含两类建筑——坯房和窑房。窑房和坯房有两种组合方式：一种是窑房和坯房以一定数量关系混合，为了提高陶瓷制作的效率，白胎拉坯与烧制成瓷的工作需要紧密衔接，两种建筑也需要以一定数量相搭配，在一个地块中形成"一窑十坯"的组合模式；另一种是窑房和坯房各自以单一种类集中形成的街块，在江家坞附近，就有12座坯房组成的类似尺度的街块。

大型商业资本和居住街块通常为60米×40米的模数，其尺寸为生产型街块的一半。这类街块中包含瓷行、钱庄等资本大、占地面积大的商业建筑以及社会地位高的富户住宅。这种商业建筑通常有2~3进天井，建筑尺寸面宽3间，达15

米，进深18~20米。由此四列两排建筑背靠背形成如上模数。

物流和小资本商业街块通常为60米×20米的模数，为大型商业资本街块的一半。这类街块中通常由红店、篾匠店、竹篮店、茭草行等小型资本和家庭手工业性质的店铺组成。这类建筑面阔1~2间，达3~9米，进深8~10米，因此背靠背形成的街块厚度在20米以内。

在沿街的有些地方会出现60米×10米、30米×10米的更小模数，这里由小型商业和物流建筑以及工人住宅组成，工人住宅建筑规模更小，进深有的不足五六米，因此形成的街块也更小。以上所说的这些不同尺寸的街块是由特定类型和尺寸的建筑组合而成的，其建筑与街块形态类似于雷德侯在他的著作《万物：中国艺术中的模件化和规模化生产》中提到的组件化现象。

从整体来看，在城市的不同区位聚集着不同的功能性建筑，由此形成不同的地块尺寸。而这里所说的区位，通常是由其与昌江的距离定义的。景德镇老城位于河流和山体之间的狭长地带，被平行于昌江的两条长街（前街和后街）划分为3个部分。距离昌江越近，越方便码头运输和贸易活动，因此地租越贵，街区尺度越小。在远离河岸的后街和山体之间（三级阶地）是陶瓷生产街区，尺寸为80米×60米[①]。在前街和后街之间，主要为大型商业和居住街区，尺寸为40米×60米。在前街和昌江之间为小型商业和物流街区，尺寸为20/10米×60米。

根据上文的分析，我们可以定性地认识区位、街块尺度与街块功能之间的基本关系。下面笔者将会选取历史城区中一些典型的用地案例，来定量地探讨土地使用的形态和功能问题。

2. 土地利用的7种类型

本文根据以上的4种街块尺度，选取了5个代表性的地段，它们是能够代表5种土地类型的典型区域，分别是罗汉肚地段（类型1）、江家坞地段（类型2）、董家岭地段（类型3）、瓷器街地段（类型4）、郑家洼地段（类型5），这5个地段构成了景德镇土地利用的基本类型。在进一步研究中，笔者还发现一些与基本

---

① 这也是景德镇街块的基本用地模数，以下把被街道包围的一个80米×60米的区域称作"基本地块"。

类型相似但又无法归入基本类型的用地，因此笔者将其归纳为土地利用的两种变异类型，其典型地段分别是抚州弄地段（类型6）、苏家畈地段（类型7）。

1）5种用地基本类型

这5种用地基本类型中，类型1和类型2是瓷业生产功能区，类型3是大型资本的商业和居住区，类型4和类型5是小型资本的物流商业区。除了以数字来命名这些用地类型以外，笔者采用构成用地的建筑要素特征及其组织方式来命名，分别是一窑十坯类型、一字形坯房类型、行庄宅邸类型、店铺类型和微小店铺类型（图4-10、图4-11）。

类型1，一窑十坯用地类型。罗汉肚地段是其典型区域，街巷之间的平均距离为60~80米，符合上述60米×80米的地块原型。建国瓷厂北侧罗汉肚弄中现存一组完整的"一窑十坯"单元。地块内部由1个窑房和10个坯房组合形成，窑房与3个坯房三合院各自占据长方形的四维，因此在一个独立地块中可以完成从拉坯到烧窑的工艺流程，罗汉肚早在宋代就已经形成街巷，这种类型的用地模式可能反映了最早的瓷业生产组织模式，其创建者的资本规模可能同时囊括烧、做两行，因此形成组团式的开发模式。根据笔者测算，在一个生产周期内，10个坯房生产白胎的数量与1个窑房烧制瓷器的数量大体相同，因此形成了这样一种非常经济和有规划性的土地使用模式。组团内部形成非常紧凑的而灵活的流线组织。

类型2，一字形坯房用地类型。江家坞地段是其典型地段，街巷之间的平均距离为60米以上，大体符合上述60米×80米的地块尺寸。地块内部，可以分成12个建筑地块，每个地块为一个一字形坯房建筑院落。这些院落东西向为长边，南北短，入口通常在面向东西方向的短边上。这些坯房有的由同一作坊主拥有，更多时候由不同的作坊主拥有，这种同类集中的用地方便交流技术和市场信息。

类型3，行庄宅邸用地类型。董家岭地段是其典型地段所在，巷弄平均距离为40米左右，笔者考察了其中较为完整的一个地块。宽40米、长90米的地块从中间划分为两排，每排由6~7个建筑毗邻组成。这些建筑是瓷行、钱庄等大型商业建筑或者富有之家的宅邸，面积较大，进深20米左右，可以容纳一个富裕的家庭居住，或者能够为瓷器的存储和交易提供充足的空间。

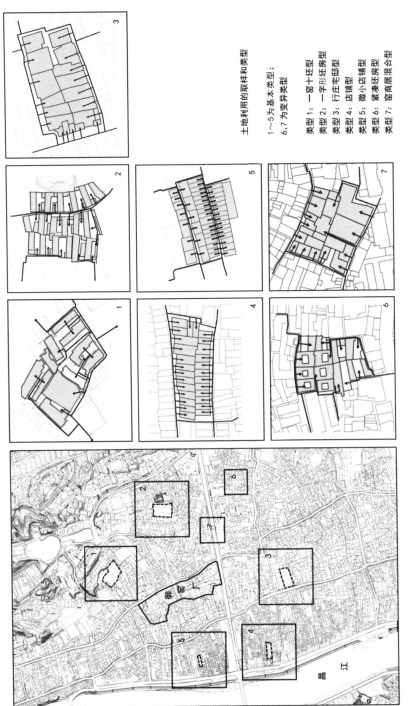

图 4-10 土地利用的取样和类型

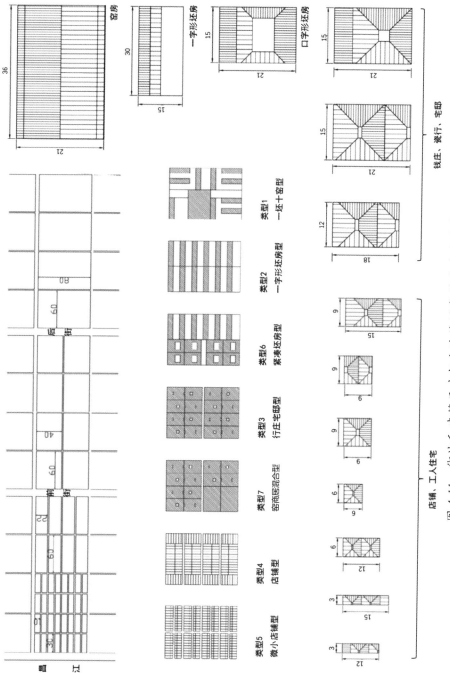

图 4-11 街块和建筑尺寸与土地使用类型的关系（单位：米）

类型 4，店铺用地类型。瓷器街地段是其典型地段所在。该地块南北进深 20 米左右，东西长 80 米左右，由两排店铺背靠背组成，这些商铺平面尺寸窄而深，在街道两侧形成细长的鱼骨状形态。每排店铺有建筑 10~20 个，每间店铺的面宽 3~9 米不等，进深 10 米左右。

类型 5，微小店铺用地类型。它在类型 4 的基础上，进一步细分为进深 10 米的地块，郑家洼附近是典型地段。该地段中仍然由两排建筑组成，建筑的进深可以小到 3~5 米，面宽 6~9 米。这些建筑是一些规模极小的店铺，如豆干、饮食摊贩以及工人的简易棚户住宅。

2）两种用地变异类型

类型 6，紧凑坯房用地类型。典型地段在抚州弄，它在类型 2 的基础上，一部分一字形坯房被口字形坯房替代。口字形坯房的外轮廓尺寸非常接近大型商行建筑，4 个这类建筑面积约与 3 个一字形坯房相同，因此在用地紧张的地段，或者在商业和手工业功能混杂的区域，常常出现大量口字形坯房。这种口字形坯房用地紧凑、占地面积更小，是家庭手工业性质的作坊，资本规模比一字形坯房小一些。

类型 7，窑商居混合用地类型，它属于类型 3 的变种，由窑房和其他商业、居住建筑共同组成。规模较小的窑房尺寸大约为 20 米 × 30 米，约等于两个大型商行的面积，因此这种类型的用地，可以看作几个商业建筑被一个或多个窑房替代后形成的变异类型。

3. 用地类型的分布

根据前文对城市功能分区的分析，我们知道，基于陶瓷生产的不同环节，景德镇古城由原料物流和包装、陶瓷生产、陶瓷贸易等一系列功能区组成。笔者进一步以 20 世纪 90 年代的景德镇历史城区地形图为基础，结合实地调研，确定了不同用地类型的分布情况。但这并不表明两种类型的用地在这个边界处发生了骤变——相反地，在两种类型的边界处有时会存在两种特性兼而有之的混合过渡地带，但为了方便讨论，我们仍然根据其主导性的形态进行了划分。

类型 1、类型 2、类型 6、类型 7 与瓷业生产直接相关的用地类型分布在景德镇东部第三阶地上，其中用地类型 1 和类型 2 在景德镇南部向西延伸，占据了自古以来就是民窑集中的南部沿江区域。在第一阶地上，类型 1 和类型 2 分布在北侧，类型 6 分布在南侧，这表明镇区第一阶地北部聚落形成的年代更早，因此形态更规整、地块规模更大，而第一阶地的南部则与民国年间的人口聚集有关，因此形态更松散的类型 6 分布在此。类型 7 则分布在第一阶地和第二阶地的边界处，处于御窑厂与类型 1、类型 2、类型 6 的用地区域之间。用地类型 7 本身就是窑房和民居地块组合形成的用地模式，它的分布也表明在御窑厂和生产区之间一种混合型用地的分布是较为广泛的情形。

类型 3 集中分布在御窑厂西侧、南侧和北部的第二阶地范围内。深入考察类型 3 中的建筑功能，会发现北侧镇区主要是大宗生活服务业聚集区，而南侧类型 3 区域是大宗瓷业商贸聚集区，御窑厂西侧类型 3 区域则是生活服务业和瓷业商贸兼有的商业居住区。

类型 4 和类型 5 分布在第一阶地，这两种用地模式是由瓷业包装、原料物流、小型商业和生活服务业类建筑组合形成的，其中路网最密、建筑地块最小的类型 5 分布在镇区中下游沿河地段，这里历来是景德镇贫民居住、小本生意人营业的区域。

第五章　产业结构与建筑类型

清嘉庆年间，浮梁贡生郑廷桂在吟咏景德镇风土的《陶阳竹枝词》[①]中，对当地丰富的瓷业建筑类型和发生在其中的陶瓷经济活动有生动的描述：

> 坯房挑得白釉去，匣厂装将黄土来；
> 上下纷争中渡口，柴船才拢槎船开。
> 青窑烧出好龙缸，夸示同行新老帮；
> 陶庆陶成齐上会，酬神包日唱单腔。
> 九域瓷商上镇来，牙行花色照单开；
> 要知至宝通洋外，国使安南答贡回。

他的吟诵中涉及坯房、匣厂、青窑、牙行等工商业建筑，而这些建筑正构成了陶瓷经济链条的空间载体。清景德镇人氏蓝浦在《景德镇陶录图说》中曾对景德镇兴盛的瓷业经济和从业人口有所描述："陶户与市肆，当十之七八，土著居民十之二三。凡食货之所需求无不便，五方藉陶以利者甚众。"

对于清代文人而言，景德镇与当时人所熟识的城邑、乡村是如此不同。它并非传统农业社会中的一个消费中心，亦非周边农村进行货品贸易的商贸中心。整个城市像一个高速运转的生产机器：原料开采与采购、瓷器的成型、入窑焙烧、彩绘以及包装、商贸、物流等一系列生产活动及其建筑空间，就是这架精密仪器上一个个紧密咬合、分工明确的齿轮，维持着这个城市的日常运转。

想要了解一座传统手工业城市如何运转，需要对细分产业的规模、空间分布

---

① 郑廷桂，浮梁人，清嘉庆二十二年（1817）副贡出身，为《景德镇陶录图说》的作者蓝浦的学生。本文节录的是其四、九、十一共3首。

和产业建筑空间进行详细讨论。景德镇陶瓷产业链条上的细分产业的规模和产业之间的比例关系如何？细分产业在空间上呈现怎样的分布特征，这种分布特征体现了怎样的产业关联？更进一步，从建筑空间的角度来看，手工业建筑空间具有怎样的特征，建筑形态受到哪些因素的制约和影响？

一、以瓷业为核心的产业结构 [①]

按照景德镇当地的说法，景德镇原有八业三十六行，包括烧窑业、制瓷业、彩瓷业、匣钵业、包装业、运输业、瓷业工具业、为瓷业服务的行业。但这仍是一种笼统的说法。笔者对《景德镇文史资料》前14辑、近百万字中相关的数据进行了整理，归纳得出民国年间26种景德镇陶瓷行业、20种生活服务业的商户数量和从业人数。陶瓷行业按照与陶瓷生产的紧密程度可以分为3种陶瓷生产行业和23种陶瓷辅助行业。陶瓷生产行业中2种被都帮把持，1种被杂帮把持，可见都帮和杂帮控制了最核心的陶瓷生产行业。陶瓷辅助行业中，都帮控制4种，杂帮控制16种，徽帮控制3种。这些不同行业的规模情况见图5-1。

都帮把控的陶瓷生产行业有烧窑业和圆器业。烧窑业共150座窑房（20世纪初），其中柴窑112座，槎窑38座。一座柴窑或槎窑的生产从业人数为19~21人。因此烧窑业从业总人数约为3000人。圆器业694户，15 781人，包含9个主要细分行业，俗称"九行头"，具体包括四大器、灰可器（渣胎碗）、二户釉、脱胎、四小器、小花器、琢碗、古器、博古器（陈海澄，2004）。

[①] 本文中所录入的产业规模（从业人员数或行业户数）的信息采自《景德镇文史资料》第九、第十、第十一辑的相关章节，由于其中不同行业的数据年份并不统一，分布在民国十七年（1928）到新中国成立前的不同时间点，因此本文所汇总得到的不同行业的从业规模和比例也是民国年间不同年份数据的综合，只能反映行业规模的大体比例关系。我们应当注意到，民国时期景德镇瓷业和人口一直处于变动中，特别是抗战前后的景德镇瓷业发生了较大变化。全面抗日战争期间，由于日本飞机轰炸景德镇市区，四五十座柴窑和几乎所有槎窑都被炸毁，再加上国内百业凋敝，因此全面抗日战争前后的8年间，景德镇的瓷业规模发生了相当大的变化。例如，根据《江西省陶瓷工业物资供应有限公司志（1951—2011）》，景德镇在全面抗日战争之前有柴窑112座，槎窑38座，窑柴行80多家；在抗战胜利时，尚在运转中的只剩柴窑54座，槎窑4座，窑柴行61家；到1949年8月全市仅剩下8座柴窑偶尔进行生产。

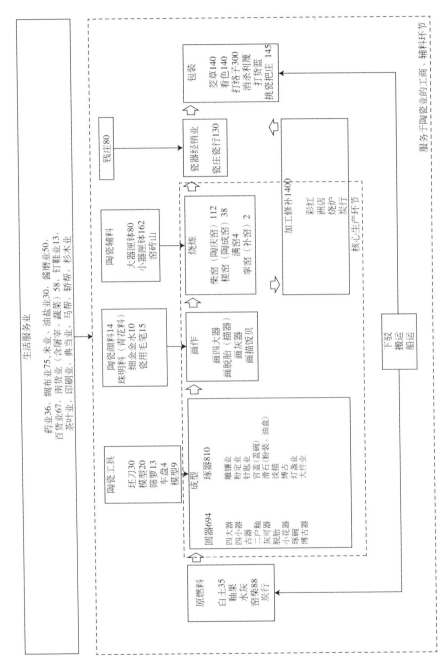

图 5-1 景德镇业链条及其规模（图中数字表示工坊或店铺数量）

杂帮把控的陶瓷生产行业是琢器业，依据民国十七年（1928）统计资料，共有810户，6160人（梁聚渟等，1995），其中包括雕镶业（包括雕塑业和瓷板业）194户，粉定业（包括茶具、咖啡具、花瓶等）298户，针匙业154户，大件业（大瓶、大缸）71户，官盖业（盖碗）35户，滑石（粉装、油盒）16户，淡描13户，博古7户，灯盏业6户等。

都帮把控的陶瓷辅助业是挛窑、满窑、窑砖山、篾业等4个行业。挛窑是指窑炉烧一百多次后窑蓬上的砖质量下降，需要重新砌筑而提供的服务，这类店铺是窑炉建筑安装公司的前身。（陈海澄，2004）挛窑店在民国时期有2家，人数共38人。满窑是烧造瓷器前将瓷器匣钵入窑炉并仔细排列的工序，享有此项技艺的店铺称为满窑店，满窑店在1952年全市有4家。窑砖山不在镇区，早期在昌江西岸洋湖村，后来砖土取完改在十八渡。十八渡有17户制砖户，农忙时也从事农业生产。篾业店分为花篾、瓷篮、瓷业三业，但具体户数不详。（陈海澄，2004）

杂帮把控的陶瓷辅助业有陶瓷原料业、燃料业、辅料业和珠明料业。陶瓷原料业有白土行（经营瓷石、高岭土）、釉果行共35户，另有外地瓷土矿主100多家。陶瓷燃料业包括窑柴行（88户）和炭行[①]（50多家）。陶瓷辅料业包括大器匣钵厂（80户、540人）和小器匣钵[②]厂（62户、585人）。经营青花料的珠明料店从业者上百人，户数不详。

杂帮把控的瓷用工具业包括模型店、坯刀店、筛箩店、瓷用毛笔店、车盘店。其中模型店20家，有名的有高怀生模型店、谢南贤模型店。坯刀店30家，从业者主要是瑞州高安人。筛箩店13家，其中绢筛11家，铜筛2家。瓷用毛笔店15家，以临川李渡村人为主，有名的有紫兴堂、林文堂。车盘店数量不超过10家。

杂帮把控的陶瓷加工和经营业包括彩瓷行业、瓷器商贸业、瓷器包装业（把庄、看色、茭草）、陶瓷运输业等。其中瓷器加工业即彩瓷行业，当地人将这种行

[①] 白炭，是白胎瓷经过彩绘后，在红炉中烤制时需要使用的燃料。经营白炭的店铺被称为"炭行"。
[②] 匣钵，是烧窑过程中使用的窑具，内部装坯体，起到稳定烧成温度和隔绝炉灰等作用，分为大器匣钵和小器匣钵两业。生产匣钵的作坊称为匣钵厂，是现代陶瓷耐火器材厂和陶瓷窑具厂的前身。

业店铺称为"红店"和"洲店"①。都帮和杂帮都有人从事此业,在 20 世纪 30 年代有 1400 家,从业 7200 人(陈海澄,2004),其中以彩绘店铺为主,也有专门从事烧炉业的。瓷庄、瓷行②等在全面抗日战争前有 130 家,分布集中于富商弄、花园里,广东的广同兴瓷庄、何祥记瓷行,湖北的春发瓷行等是其中最有名的牌号,此外还有南昌帮等。把庄(将瓷器从窑户家或红店中挑入瓷行的行业)有 145 户,共计 2000 多人。看色业(检查瓷器的质量,并根据质量将瓷器分为不同等级的行业)有 140 户,共计 1000 多人。茭草业(用稻草将瓷器包装的行业)140 户,共计 2000 多人。陶瓷运输业,船行 20 多家,船帮 10 个,共计 3000 多条船。③

徽帮把控的陶瓷辅助业为细金金水业、陶瓷颜料业、打络子三业。其中,细金是为粉彩瓷(五彩中包含金黄色)的细金装饰提供金粉的行业(粉彩饰),以歙县人为主,做多时此业有十多家,职工 140 人,组织"诚善会",每年要拜奉两位祖师,清明、冬至拜炳南师傅,重阳拜葛仙翁。陶瓷颜料业有两大类:第一类是釉上彩陶瓷产品生产过程中使用的产自本土的颜料,这种颜料主要用于粉彩和古彩;第二类是经国外进口,在本地销售的颜料和用品,如新花、印花、刷花等工序使用的洋颜料,产品类型有花纸、氧化钴、金水、电光水等。前者店铺数量"旺不过九,淡不过七",后者有 5 家店铺。打络子最多时 300 多家,全面抗日战争结束后 70 多家,集中在当铺下弄一代,延伸到财神下弄(汪家苟等,1993)。

根据以上的统计数据,如表 5-1 所示,可以得到烧窑业从业人数为 3000 人,做坯业为 21 941 人,陶瓷加工业(红店、洲店)从业人数为 7200 人。而其他行业(原燃辅料、工具、包装、贸易业)的记载比较零散,从业总人数并未在相关文献中得以记录,需要根据已有文献进行推断。具体的推断方法是,根据相关文献求出其类似行业的每户平均从业人数作为参考,乘以该行业的户数,从而求得其行业从业人数。

---

① 红店为经营质量上乘瓷器的店铺,兼有加工和售卖功能。洲店为经营残破瓷器的店铺,兼有瓷器修补和售卖功能。
② 瓷庄、瓷行二者的区别在于,前者为外地客商在此采购瓷器的办事机构,后者是代瓷商买办瓷器、承担提货、代托运业务并收取佣金。
③ 《景德镇文史资料》(第 11 辑)之《杂帮》中详述了船帮帮会和船只数量(P11)。

表 5-1 20世纪20~40年代景德镇陶瓷相关行业从业者数量和比例

行业大类	细分行业	户数	人数	行业户数/窑数	该行业每户服务的窑数	行业从业人数/窑业人数	每户平均人数	该行业在陶瓷从业总人数中占比/%
烧窑业		150	3000	—	—	—	20	6.1
	柴窑	112	2240	74.7%	—	—	20	—
	槎窑	38	760	25.3%	—	—	20	—
做坯业		1504	21 941	10.0	—	7.3	14.6	44.4
	圆器业	694	15 781	4.6	—	5.3	22.7	
	琢器业	810	6160	5.4	—	2.1	7.6	
原燃辅料业		506	2390	3.2	—	1.3	8.3	8.0
	白土行	35	—	—	4.3	—	—	—
	窑柴行	88	—	—	1.7	—	—	—
	炭行	50	—	—	3.0	—	—	—
	匣钵厂	142	1125	—	1.1	—	7.9	
	大器匣钵	80	540	—	1.9	—	6.8	
	小器匣钵	62	585	—	2.4	—	9.4	
	颜料店	9	—	—	16.7	—	—	
	金粉金水店	10	140	—	15.0	—	14	
瓷用工具业		88	440	—	1.7	0.1	5	0.9
	模型	20	—	—	7.5	—	—	
	坯刀	30	—	—	5.0	—	—	
	筛箩店	13	—	—	11.5	—	—	
	毛笔店	15	—	—	10.0	—	—	
	车盘	10	—	—	15.0	—	—	
陶瓷加工业	红店、洲店	1400	7200	9.3	—	2.4	5.1	14.6
陶瓷贸易业	瓷行	130	1300	—	1.2	0.4	10	2.6
陶瓷包装业		725	5000	4.8	—	2.9	11.8	17.3

续表

行业大类	细分行业	户数*	人数	行业户数/窑数	该行业每户服务的窑数	行业从业人数/窑业人数	每户平均人数	该行业在陶瓷从业总人数中占比/%
	把庄	145	2000	1.0	1.0	—	13.8	—
	看色	140	1000	—	1.1		7.1	—
	茭草	140	2000	—	1.1		14.3	—
	打络子	300	—	2.0	—			
陶瓷运输业	船行	20	3000	—	7.5	1	150.0	6.1
总计		4493	49 387	30.0		16.5	11.0	100.0

资料来源：本表中的行业规模数据来自《景德镇文史资料》之《都帮》、《景德镇文史资料》之《徽帮》、《景德镇文史资料》之《杂帮》中对产业的叙述，笔者对其中零散的数据进行了汇总、整理和统计。但是有些行业从业人数并未在历史文献中得以记录，因此笔者根据相关资料对其从业人数进行了推断，推断得到的数量在表格中用下划线的方式予以注明，推断方式见正文说明。

*特别应当注意的是，本表中的"户数"是指生产作坊数。

例如，笔者无法直接获得白土行、窑柴行、炭行、颜料店的从业人数，因而无法直接获得原燃辅料业的总从业人数。但是同属于瓷业原燃辅料业的匣钵业、金粉金水店的平均每户人数为8.3人，笔者就根据每户人数为8.3人计算得出了原燃辅料业的总从业人数约为3951人[8.3×476（原燃辅料业总户数）]。同样地，笔者根据相关文献对瓷用工具业、瓷业贸易业、陶瓷运输业、陶瓷包装业从业人数进行了推断。瓷用工具业从业人数按照每户5人计算，为88户，总计440人。陶瓷贸易业人数按照每户10人计算，为130户，总计1300人。陶瓷运输业根据一条船一人计算，为20户，总计3000人。镇区陶瓷业店铺作坊的每户平均从业人数为11人。

由此我们得到一些关于就业结构的数据。在陶瓷相关的所有行业户数（为4493户）、人数（49 387人）和瓷窑的数量（150座）与从业人数（3000人）的基础上，我们就能计算出每个瓷业细分行业的结构性数据。就总数而言，每个窑口平均带动30户陶瓷相关行业的店铺提供服务，每个烧窑业从业者带动陶瓷行业总就业人口为 16.5 人。在陶瓷业从业者近 5 万人中，比例从高到低依次是做坯业、包装业、加工业、原燃辅料业、烧窑业、运输业、贸易业、瓷用工具业。

做坯业比例最高，占比为 44.4%，相当于每个窑口带动了 10 户圆器或者琢器作坊①，每个烧窑业从业人口带动做坯业从业人口 7.3 人。陶瓷包装业从业人口比例为第二位，占比为 17.3%，相当于每个窑口带动了 4.8 户瓷业包装三行头店（包括把庄、看色、茭草）。每个烧窑业从业人口带动陶瓷加工从业人口 2.9 人。

陶瓷加工业占比为 14.6%，相当于每个窑口带动了 9.3 户红店或洲店作坊，每个烧窑业从业人口带动陶瓷加工从业人口 2.4 人。原燃辅料业占比为 8.0%，相当于每个窑口带动了 3.2 户圆器或者琢器作坊，每个烧窑业从业人口带动做坯业从业人口 1.3 人。烧窑业占比为 6.1%，其中柴窑占大多数，达到 74.7%，槎窑占比为 25.3%。陶瓷运输业占比为 6.1%，相当于每个船行服务于 7.5 个窑口，每个烧窑业从业人口带动陶瓷运输业从业人口 1 人。陶瓷贸易业占比为 2.6%，相当于每个瓷行或瓷庄平均服务 1.2 个窑口，每个烧窑业从业人口带动陶瓷贸易业从业人口 0.4 人。瓷用工具业占比为 0.9%，相当于每个工具店平均服务 1.7 个窑口，每个烧窑业从业人口带动瓷用工具业从业人口 0.1 人。

此外，其余非陶瓷类从业人口的就业情况如何呢？笔者对《景德镇文史资料》前 14 辑、近百万字中相关的数据进行了汇总和整理，归纳得出 20 种生活服务业数据。其中徽帮从事 9 种，杂帮从事 7 种，徽帮、杂帮共同分享其余 4 种。

徽帮生活服务业包括钱庄、当铺、药业、绸布业、油盐业、酱磨业、南货业、黄烟业、茶叶业。其中钱庄 80 多家，药业 36 家，绸布业在 20 世纪 30 年代有 75 家店铺（李文彬等，1993），共 700 多名从业者。杂帮从事的生活服务业有屠宰、蔬菜和副食、钉鞋业、粪业、土仪杂货、金银店、豆干店等。徽帮、杂帮共同经营的生活服务业有印刷业、米业、百货业和纸烛爆业。

这些生活服务业店铺中，数量最多的有 3 类：第一类当属米店、屠宰店、蔬菜副食店等食品行业；第二类是属于金融服务业的钱庄；第三类是纸烛爆店。这 3

---

① 每个窑口配合 10 个坯户进行生产，即形成窑房与坯房数量 1∶10 的数量关系。这一数量关系反映在城市空间形态上，则形成了"一窑十坯"的空间单元。笔者在罗汉肚徐家窑发现了"一窑十坯"的建筑遗存。在后续章节中，笔者会就此进行深入讨论。

个行业的店铺数量众多、生意兴隆，与景德镇瓷业文化是密切相关的。

首先，屠宰业、米业、餐馆业与瓷业工人的伙食规范有关。清中期旅居景德镇的法国传教士殷弘绪在信件中就曾经提到"这里每天消耗一千头猪、一万担米"。瓷业为这座城市带来了巨大财富的同时，也给瓷业工人争取自己的生活待遇提供了经济基础。景德镇流传的若干瓷业传说和文化习俗，如知四肉、起手酒等，都反映了饮食行业与瓷文化之间的密切关系。其次，钱庄的发达与景德镇大宗瓷业贸易和瓷业生产的资金周转有关。最后，纸烛爆业发达与景德镇丰富的、周期性的瓷业迎神活动有关。每年景德镇27个会馆、数十家寺庙、数十家行业公所会在特定时间进行行业庆祝活动，有时迎神活动长达数月，每次都会消耗大量的烟花爆竹、供香蜡烛等。150座窑房在每年立冬的第一次烧窑后会进行暖窑神活动，拜奉风火仙师时也会消耗大量鞭炮等产品。

综上所述，徽帮店铺总数390户，杂帮店铺总数433户，徽杂同营总数457户，各帮总计达1280户。绸布业75家、700多人，酱磨业50多家、370多人，南货业58家、500多人，平均可以得出，每个店铺人数在8.5人左右。由此可以得出各帮人数总计为1万（1280×8.5）多人。这个数据与景德镇陶瓷业人口相加，距离民国景德镇人口低潮时的7.6万人尚有较大距离。笔者认为有两种可能导致这个差距：第一，19世纪三四十年代景德镇生活服务业统计数据不全面，无法涵盖所有行业，因此非陶瓷类的城市生活服务业人口被大大低估了；第二，由于19世纪三四十年代发生在中国的战争、失业和饥荒，大量具有一定难民、游民性质的人口涌入景德镇，这些人口被《珠山区志》统计在内，但并没有从事较为正规的行业，因此没有被统计到从业人数当中。

二、产业空间分布和城市功能分区

景德镇陶瓷产业链中有物流交易、陶瓷生产、陶瓷贸易、生产管理等不同环节，这些环节的经济活动和建筑选址对区位环境有不同的偏好，在规模效应下，聚集形成特定的功能聚集区（图5-2）。本节将依次分析不同类型的产业空间分布情况。

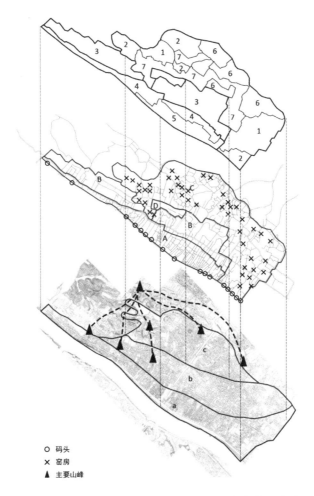

图 5-2 景德镇三级阶地、功能分区和重要建筑分布

所属阶地：a—一级阶地；b—二级阶地；c—三级阶地
功能分区：A—陶瓷物流包装和生活服务区；B—陶瓷贸易和居住区；C—瓷业生产区；D—御窑厂
用地类型：1—类型1；2—类型2；3—类型3；4—类型4；5—类型5；6—类型6；7—类型7

窑址位置的大致分布，在宣统元年（1909）《江西全省舆图》景德镇图中可见其标注。窑址的准确分布记录，可见于《景德镇文史资料》所载的1924—1949年景德镇112座柴窑和15座槎窑的位置和名称（刘贤诚等，1994）。结合实地考察，目前可以确知其位置的民国景德镇柴窑共109个，分布在4个区域（图5-3）。第一，胜利路以北的区域，有柴窑25个，为其提供窑柴的码头有朱氏

弄码头、方家弄码头、彭家弄码头和毕家弄码头。第二，胜利路以南、人民路—解放路以北的区域，有柴窑 27 个，为其提供窑柴的码头有毕家弄码头、程家洼码头和麻石弄码头。第三，人民路—解放路以南、戴家弄以北的区域，有柴窑 19 个，为其提供窑柴的码头有麻石弄码头和大黄家弄码头。第四，戴家弄以南的区域，共有柴窑 38 个，为其提供窑柴的码头有刘家弄码头、玉路弄码头和花园弄码头。

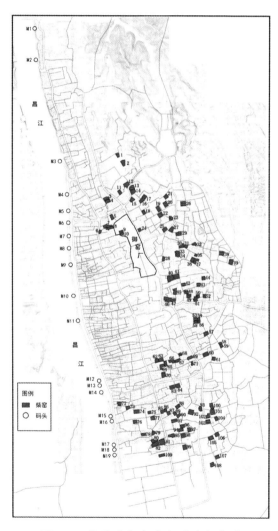

图 5-3 民国时期窑房和码头分布图

做坯和烧窑是两个前后连续的瓷业生产流程，因此坯房通常会靠近镇窑建设，方便运输和生产。为烧窑提供服务的挛窑店、满窑店和为做坯提供服务的坯刀店、模型店、车盘店等就近分布在这一区域内。按照上文得出的窑户与坯户 1∶10 的数量规律，我们大致可以推断出这 4 个区域历史上的坯房数量曾达到上千栋。但是随着城市功能的转变，大量坯房被改建为民居或拆除。

根据对陶瓷生产、贸易、包装、加工业、辅料和工具业等不同建筑的分布进行统计，分析这些建筑的选址偏好，我们能够将镇区根据功能属性进行分区。对应于陶瓷产业链的不同环节，景德镇可以分为陶瓷生产区、陶瓷物流包装区、陶瓷贸易区、生活服务区 4 种城市功能区。

基于最低成本理论（理查德·格林，2011），工业区位的选择受到生产、流通、雇工等经济成本的支配，景德镇城市功能区的划分正印证了这一原理。陶瓷生产作为整个城市的经济基础部门，是景德镇经济的核心部门，陶瓷生产区面积 1.04 平方千米，占历史城区面积的 50.4%。陶瓷生产区从五龙山下的老城东北部向南延伸到老城南部昌江岸边。其中老城东北部的生产区，脱胎于明清时期官搭民烧制度，与御窑厂关系紧密。景德镇南部民窑区历史悠久，延续了其一直以来的市场竞争机制，生产活力也非常旺盛。

陶瓷贸易和居住区，位于老城区御窑厂南侧和北侧两个方向，面积 0.55 平方千米，占据了 26.5% 的历史城区面积。陶瓷贸易活动表现出一定的多样性，包括陶瓷批发、陶瓷零售、金融服务，并且融合了大量居住功能。特别是镇区北侧的区域主要是居住类功能为主。

陶瓷物流、包装和生活服务区位于历史城区的沿江地带，面积 0.48 平方千米，占地 23.1%。由于靠近码头，昌江上游的瓷土、松柴等瓷业生产原料在此卸货，经过区域中原料商行转卖，为陶瓷生产区的坯房和窑场提供了源源不断的生产资料。不同原料种类的物流店铺聚集在码头周围，上百家窑柴行、白土行、颜料行、炭行以及协调原料供应的民间行会机构（如保柴公所、保槎公所），维系着景德镇制瓷业的原料供给。在瓷器加工包装区中聚集着红店、洲店等瓷业加工店铺和为其提供包装服务业的瓷篾店、茭草行、打络子店、箍桶店等店铺，这些店铺也有破碗公所、红店公会、篾业公所等协调行业事务、规范商业行为。

三、基于产业类别的建筑类型

陶瓷生产环节中最核心的 3 个步骤是瓷器成型、烧制和制造烧制环节所需的匣钵。陶瓷的成型主要在坯房中完成，陶瓷的烧制在窑房中完成，制造匣钵则是在匣钵厂中完成。因此下面将依次讨论窑房、坯房和匣钵厂 3 种类型的建筑。

商业建筑有两个类别：第一类是规模比较大的商业建筑，当地人称之为"庄"或"行"，包括瓷行、瓷庄、白土行、窑柴行、茭草行、炭行、船行、钱庄等；第二类是与瓷业相关的小型店铺，包括模型店、车盘店、坯刀店、瓷用毛笔店等工具类店铺，颜料店、水灰店、金粉店等原料类店铺，打络子店、瓷篓店等包装类店铺，红店、洲店等加工类店铺。其中最特别的是红店，因为它同时兼有生产功能而且在景德镇数量很多，所以成为商业建筑中最特殊的一类。对于釉下彩瓷器，成型和烧制两个步骤就能生产出成品，而对于釉上彩瓷器，就需要第 3 个工序——釉上彩的绘制和加工，这需要在红店中完成。

从形态角度来讲，景德镇的建筑可以分为单体式、天井式、院落式 3 种类型（图 5-4）。其中，居住建筑和商业建筑主要是天井形态的，与江南其他地区的天井式建筑形态也大体接近。会馆、祠庙、公所类建筑的形态有天井式和院落式两种形态，在其他地域的南方建筑也较容易找到这样的建筑形态。手工业建筑中的窑房是单体大跨度建筑，坯房和匣钵厂是院落式大跨度建筑，在其他地域中较少见到这一类建筑，因此手工业建筑是最能代表景德镇特色的建筑类型。

1. 早期窑炉和槎窑、镇窑和过街窑

1）早期窑炉和槎窑

景德镇窑业历经千年，窑炉和窑房的类型也发生了较大变化。现有考古发掘表明，早期的窑业形态为龙窑（南窑遗址发掘出 13 条唐代龙窑），从宋代到明代发掘出"葫芦窑""馒头窑"等不同的形态（如御窑厂发掘葫芦窑 7 座、馒头窑 15 座）。到明代，葫芦窑进一步进化而出现了"槎窑"，槎窑因使用槎柴（松枝等）燃料而得名，民间俗称为蛋壳窑或狮子窑（陈海澄，2004），因其形状像覆盖的

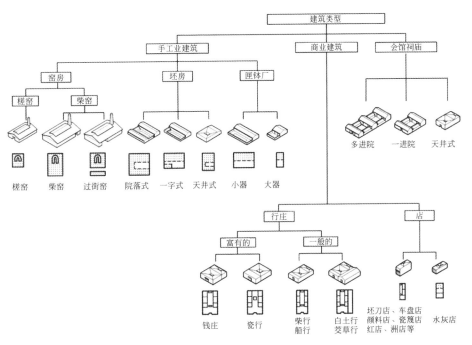

图 5-4 景德镇建筑类型

半个蛋壳,也像蹲着的狮子而得名。

槎窑在明代到清代中期一直是景德镇的主导窑型,同治年间有 70~80 座槎窑,就建在昌江沿岸,到光绪七年(1881)仅剩 28 座,民国时仍有 30 多座,到 20 世纪 60 年代完全消失(刘贤诚,1994)。目前没有发现槎窑的遗构或遗址,所以只能通过文献来了解其建筑情况。槎窑主要集中分布在登科弄、朱弄里、阔弄里、油盐巷等靠近河边的巷弄中,槎柴就近堆放在弄口河边。保槎公所位置在朱弄里下弄,保证槎柴供应。槎窑的窑房基本和柴窑窑房相同,但总面积较小。这是因为槎窑的存储空间较小,例如,一层存放匣钵的落比柴窑的少,楼上也不需要堆放槎柴,所以二层面积也小。因为建筑跨度小、窑房的木料也没有柴窑那么粗大,楼板下的横枋尺寸也更小。

2)镇窑

到明末清初时,窑业工艺进一步改进,单体窑炉尺寸更大、烧造效率更高的"镇窑"产生(图 5-5)。镇窑因为窑弄底座形似鳝鱼头,也叫"鳝鱼头窑",到清

图 5-5　景德镇清代镇窑

末时达到 110 多座，代替槎窑成为景德镇主要的窑型。由于柴窑以松柴为燃料，其生产效率更高。到新中国成立后柴窑成为唯一遗存的窑房类型。

虽然窑炉所制造的瓷器种类和工艺千差万别，但现存的窑房建筑在结构、功能划分、外观等方面都大体相似，只是受到用地的形状和尺寸限制而略有不同。

在昌江以西景德镇古窑民俗博物馆中，有一座使用旧窑房材料重建于 20 世纪八九十年代的窑房，但其脱离了老城环境，所以建筑平面非常规整。而老城中真实历史环境下的窑房的平面轮廓会依据实际用地情况呈不规则形。笔者对景德镇镇区现存窑房建筑和遗址进行了调查，考察了景德镇老城中现存的 9 座窑房遗构或遗址，包括邑山窑、徐家窑、袁家窑、过街窑、四合窑、黄老大窑、刘家窑、左右窑、老木匠窑（图 5-6）。

这些窑房外大体呈东西方向的矩形，平均尺寸约 35 米长、25 米宽，窑房通常能根据环境巧妙选择入口和窑炉方向，边角空间通常用作窑柴和原料堆放处，所以不规则的平面轮廓并不会影响其工作效率。

窑房建筑面积大多都在 600 平方米以上，需要容纳 20 人左右，这些人分工精细。其中，从事直接生产的 15 人，包括把庄、驮坯、收兜脚、满窑、打杂等，间接生产的 4~6 人，包括管账、清点、下港（买窑柴）和打大锤（学徒）。

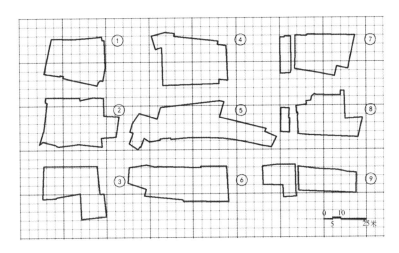

图 5-6　景德镇窑房轮廓图
①—邑山窑；②—徐家窑；③—老木匠窑；④—左右窑；⑤—黄老大窑；⑥—袁家窑；⑦—过街窑；⑧—四合窑；⑨—刘家窑

为了满足不同工种的工作环境，窑房内部分为上下两层（刘贤诚等，1994）：一层为主要的生产空间，包括"落"（操作间）和窑炉（烧制瓷器的核心生产设备）；二层为辅助用房，包括铺房（工人卧房）、客房（管理用房）、阁楼（窑柴储藏室）（图 5-7、图 5-8））。铺房和客房居于窑床两边楼上，铺房是窑厂工人住宿的地方，客房兼做窑簿先生的工作室、卧室和与客人洽谈业务的接待室。阁楼为窑床正前方楼上堆放窑柴的空间，面积占到全窑屋一半以上，因为要在上半年水大柴多时储存全年的用柴。每次烧窑需柴约 600 担（约 20 吨）。柴窑可能会储存至少百吨以上的窑柴。堆放窑柴的楼下部分叫"落"，是匣钵存放处，也是从事大器装坯和开窑取瓷出匣的操作空间。

窑炉包括窑弄、窑床、窑棚、窑囱等。窑弄长约 16.3 米，宽约 4.1 米，面积约 66 平方米，内空约 180 立方米。窑弄设计成半边鸭蛋壳形状：中部比前部宽，前部比后部宽。窑身后部楼上有供奉窑神菩萨的神龛，每次满窑时要点香烛敬神。窑床上还是工人吃饭、洗澡的地方。窑囱位于窑弄最后部位，用于排烟和加大风的拉力。烟囱高度根据窑弄长度而定，高度通常在 16～17 米。

从槎窑到柴窑，窑房的规模增加，功能更加完备，增加了大量辅助性的空间。窑柴储藏等功能的增加，使得窑房得以摆脱对原料码头的依赖，使其脱离对物流

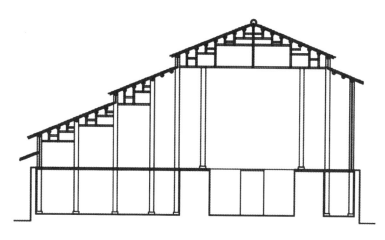

图 5-7　徐家窑剖面图

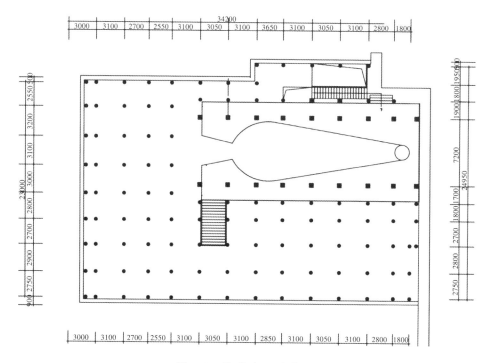

图 5-8　徐家窑一层平面

功能区的依附，从而促进了景德镇功能分区的分化和产业空间布局的成熟。

3）过街窑

由于堆放窑柴的储藏间面积不足，一些窑房会跨过街巷形成"过街窑"。过街窑的一层分为两个部分：一侧为包含了窑炉的主体空间，另一侧只是用来储存窑柴，城市街巷从两个部分中间穿过。二层则跨过街巷，两个部分连接为一个整体，由此形成的阁楼来储藏窑柴。现在景德镇仍存一座这样的过街窑，位于沟沿上弄中市第一小学对面。黄老大窑原本是一座过街窑，1949年后以生产为先，将一层的巷弄封死也变为窑房的一部分。过街窑由于其独特的形态和空间体验成为窑房中一种独特的类型。

2. 坯房

对于坯房形态的叙述，在《民窑》等书中有详细的介绍。该书按照坯房中所制白胎产品的不同，将坯房分为圆器坯房、琢器坯房两类。

圆器坯坊以"利坯"为单位组织生产，一个利坯6个工人，要形成一个作坊至少2~3个利坯。灰可器的生产单位是以"处"计算，每处生产需要坯房10多间，最少为7间（南向），廒间3~5间（北向）。

琢器坯坊以"草鞋"为单位组织生产，一双草鞋为5名工人，中等窑户为4双草鞋。琢器工分粉定、大件、描坛、官盖、淡描、滑石、雕镶、博古、针匙、灯盏等10业。民国初年琢器业兴盛，景德镇有600多家。其中粉定400多家，大件100多家，官盖30多家，淡描20多家，滑石10多家，描坛20多家，镶器六七家。琢器行业中，抚州人占70%，新建、安仁、安徽太平人也从事此业（杨石成等，1995）。

坯房产品虽有上述两类之别，坯房建筑却并未因为产品不同而产生太大变化，因为不论是生产琢器还是圆器，其平面只要能够容纳回字形的生产线即可。对坯房建筑的现有研究侧重于标准工艺流程下的典型建筑形态研究，而对老城中实际存在的类型多样的坯房形态有所忽视。实际情况下，坯房形态会随着坯房主生产资本的大小、用地尺寸的限制等因素，而产生丰富的形态变化。实地考察景德镇现存的坯房,并将这些坯房的平面进行同比例尺绘制后,根据平面尺寸,坯房建筑可以分为3种类型(图5-9、图5-10)。

一字型坯房(类型a),地块东西长22米,南北长13米,占地面积约250平方米。院落中的建筑呈一字形,根据实际生产的规模可以演化为L形、U形、O形等。

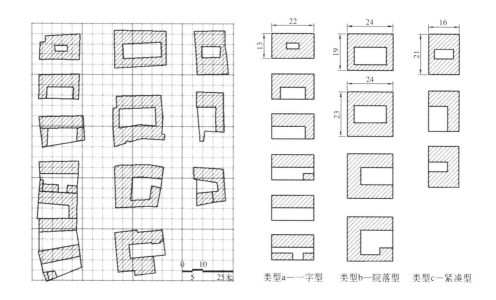

图 5-9　坯房平面类型

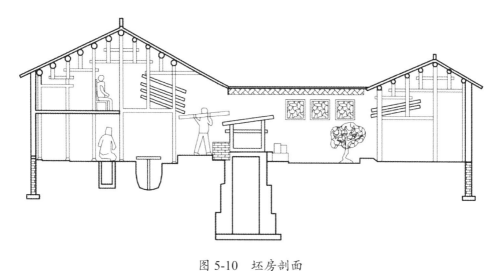

图 5-10　坯房剖面

江家坞、观音岭和薛家坞都是这种类型坯房集中分布的区域。

院落型坯房（类型 b，图 5-11），地块东西长度和南北长度均大于 20 米，占地面积 400 平方米以上。院落中建筑平面呈 O 形，也可变形为 U 形，或不闭合的 O 形。罗汉肚明清窑作群是其中较为典型的。

紧凑型坯房（类型 c），东西长 16 米，南北长 21 米，占地面积 300 平方米左右。院落中建筑呈 O 形，有时也呈 L 形或 U 形。酱油弄 5 号、牌楼里 17 号是紧凑型坯房中保存较完整的。

仅就占地规模和空间使用效率来说，类型 b 用地最阔绰，资本最雄厚，生产安排最自由灵活。类型 a 用地仅次于类型 b，虽然东西宽度与类型 b 相似，但较短的进深使其更加便于适应有限的用地条件，因此在坯房中最常见。类型 c 东西宽度最窄，因此在用地紧张、密度较高的地段较普遍，同时较小的院子有利于提高建筑的"得房率"。

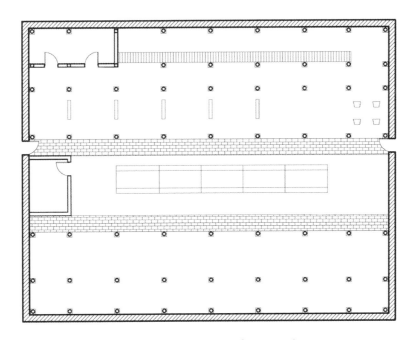

图 5-11　院落型圆器坯房平面示意图

3. 匣钵厂

传统瓷业中使用的匣钵可以分为大器匣钵和小器匣钵①,大器匣钵是外形呈漏斗状的匣钵,包括低肩匣钵(装烧盘类)和高肩匣钵(装烧碗类)。小器匣钵造型为平底直壁的圆柱体,包括装烧圆器(碗、盘、盅、碟)的浅型和装烧琢器(瓶、罐、坛、缸、雕塑)的深型两类。两种匣钵的分类从明代中期开始,最初是因为烧造瓷坯大小分别而得名,后来虽然烧造大小瓷坯都有,但沿用了"小器匣钵""大器匣钵"的名字。

相应地,两类匣钵的生产厂房分别被称为"大器匣钵厂"和"小器匣钵厂"(图5-12)。"厂"在《汉语词典》中指"用机械制造生产资料或生活资料的工场"。但在景德镇瓷业传统中,这一词语是表述生产规模单位的量词,"一厂"代表一定的场地规模和工人数量。

《景德镇文史资料》之《杂帮》中指出,匣钵厂位置需要同时靠近陶瓷窑场和匣钵土矿的位置。历史上,马鞍山一直是重要的匣土矿所在,蒋祈《陶记》载:"比壬坑、高沙、马鞍山、磁石塘厥土,赤石,仅可为匣模。"大器匣钵厂原来位置在里村方家山北坡,民国时迁入杉树巷、新社公庙、方井头、八角井附近。民国时小器匣钵厂位置在八角井、樊家井、秀水桥、赛宝坦等处。这样匣钵厂就处在马鞍山匣钵土矿与市区之间的位置了。

大器匣钵业从业者共计540人,62户,80厂,包括都昌、抚州、饶州三帮,都帮人数超过总数的3/4。小器匣钵业的行会组织称为"小器匣钵厂道路众",组织结构类似于大器匣钵业,头首10多位,被称为"街师傅",从业人数585人,共162户,其中饶帮占绝大多数,抚帮次之(陈海澄,2004)。

一个大器匣钵厂的额定工人为4人,分别为做匣、利匣、帮工、打杂。其厂房为坐北朝南的3间平房,每间面阔3米,进深9~10米,面积为90平方米。北、东、西三面有墙。屋子内部按照4个生产环节分为4个功能区。西边一间安装做匣车,东边一间为利匣车,中间一间前半间为踩泥场,后半间为晾坯间,屋架为6层木

---

① 两类匣钵在配料上略有区别,比起大器匣钵,小器匣钵的原料多了白土和操家山、张家塘的老土,以此来提高其耐火性能。

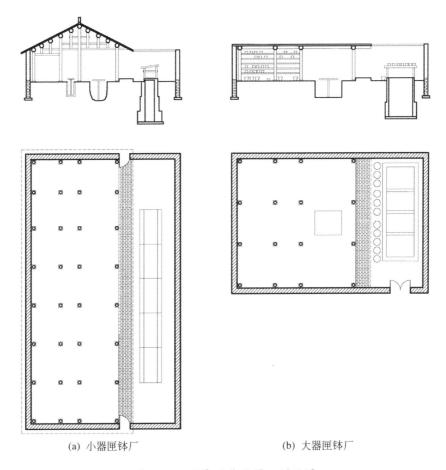

(a) 小器匣钵厂　　　　　　　　(b) 大器匣钵厂

图 5-12　匣钵厂平面图、剖面图

质平架，放置半成品，地面放置没干的成品。屋子南侧为室外院子，院子中间有晒架，高 2 米，用四五条竹木做成，晾晒匣钵。大器匣钵厂工具包括羊角车、琢车、利车、料板、小方板、荡子、竹刀、斗笠筛、木铲、泥码尔、模子等。

一个小器匣钵厂需要人数 3~4 人，分别为把庄、做匣、杂工（1~2 人）。其厂房为 7 间，其中 4 间为生产用房，3 间为原料库房。每间面阔 3 米，进深 9 米，房屋四周没有墙壁，有铁钩挂篾折挡风。屋顶为四坡，屋檐离地面 2 米。

4. 商业建筑

根据规模不同，瓷业类商业建筑主要有行庄和店铺两种。瓷业行庄有瓷行、白土行、柴行、茭草行、钱庄等。瓷业店铺包括工具类店铺（模型店、车盘店、坯刀店、瓷用毛笔店等）、原料类店铺（颜料店、水灰店、金粉店等）、包装类店铺（打络子店、瓷篓店等）和洲店、红店等。由于其他瓷业店铺的建筑形态与红店建筑较为接近，而红店数量多、类型最丰富，故此处以红店作为代表来研究瓷业店铺的典型形态。

景德镇传统商业建筑主要是砖木结构。建筑高度主要是一层或二层。商业建筑立面有两大类，即一类是传统木质立面，一类是徽派风格或受到西洋风格影响的砖石立面。木材质立面的建筑层数有 3 种——一层、一层带阁楼、两层。红店建筑以两层的木门脸建筑为主：第一层是可以拆下的木板立面，每块木板宽 40 厘米左右，晚上木板封闭以防盗，白天拆下为室内彩绘作业提供光照；第二层有的为挑出的木质花格窗，有的是较高敞的木质栏杆，有的是低矮的美人靠（图 5-13）。

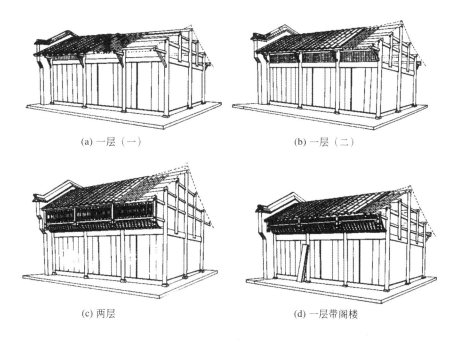

(a) 一层（一）　　(b) 一层（二）

(c) 两层　　(d) 一层带阁楼

图 5-13　商业建筑临街立面

（图片来源：2002 年《景德镇老城区保护更新规划》）

根据资本大小不同，红店建筑的规模也不同。面宽尺寸以3米（一间）左右为模数，可以有6米、9米、12米、15米等不同尺寸。进深的尺寸有6米、9米、12米、15米，相应地有1~2个天井。

红店建筑的主要功能是釉上彩瓷器的彩绘、烤制和售卖，建筑的后部通常兼作老板和工人的居所，因此，红店是兼有生产、商业、居住等功能的建筑。小黄家弄36号红店可以说明红店建筑的典型平面布局。该建筑坐南朝北，面宽3.2米、长9.1米，一层为推板木门，二楼有木结构阳台。在中后部靠近侧墙位置有一处天井，下有若干象鼻形木雕托梁。建筑沿街的部分兼有彩绘作坊和产品展示功能，东西墙壁处设有壁柜，展示本店生产的瓷器商品，壁柜之间放置桌椅，进行彩绘作业。建筑南侧围绕天井形成起居空间和厨房、卧室，厨房、卧室设有木板隔断。起居空间旁有木楼梯，可以通往二层储物空间（图5-14）。

另外有一些红店建筑规模较大，在建筑后部设有锦炉，瓷器在经过釉上彩彩绘之后，在炉中施以烤花工艺，以获得釉上彩瓷器产品。根据当地老艺人介绍，拥有锦炉的红店建筑占1/10~1/5，因此在一条街上常常分布有几家带有锦炉的红店，其他若干户无锦炉的红店共同租用一处锦炉。

此外，景德镇生活服务类店铺类别包括油行、炭行、树行、南货店、米谷行、猪行、钉鞋铺等。这些建筑的功能虽然多种多样，但其立面和平面形式却类似于红店建筑，通常以木质门脸为主，也有少量店铺是砖石立面。平面布局为前店后

 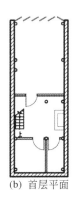 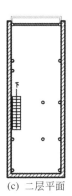

(a) 屋顶平面　　(b) 首层平面　　(c) 二层平面

图 5-14　小黄家弄36号红店

宅。建筑的尺寸也遵循红店建筑的模数规律,以3米及其倍数为面宽,进深则依据店铺的规模而不同。如图5-15所示为太平巷店铺立面,图5-16所示为花园里4号瓷行。

5. 居住建筑

景德镇建筑朝向(或轴线方向)往往由所临的街巷走向决定,建筑轴线方向垂直于所临的街巷方向。临东西走向巷弄的民居以坐北朝南或坐南朝北居多,临南北走向巷弄的民居则以坐东朝西或坐西朝东居多。但是,当民居所在的地块在

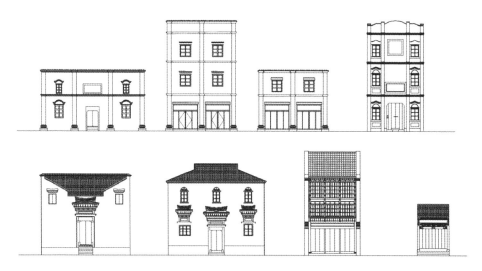

图 5-15 太平巷店铺立面

(图片来源:清华同衡名城所《景德镇太平街保护规划》)

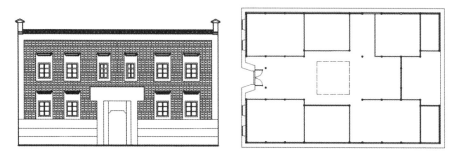

图 5-16 花园里4号瓷行

垂直于巷弄的方向尺寸较小，不便于作为建筑主轴线方向时，建筑轴线会调整为平行于所临街巷的方向。这时，入口位于建筑山墙面上，入口空间位于对着天井的厢房位置。这种建筑朝向的灵活性表现出因地制宜、对建筑布局效率的重视。

笔者对景德镇民居建筑的平面进行了测绘和分析，按照平面组合方式，将民居建筑分为 4 类（图 5-17）：A 类，基础型；B 类，入口导向型；C 类，混合功能型；D 类，大型院落型。不同类型的建筑代表了不同社会阶层的居住状况与生产生活方式。

A 类，基础型民居。景德镇平均建筑规模较小，这体现了景德镇普遍的社会阶层特征。除了少数窑户老板或官员的宅邸之外，景德镇居住建筑大多为二进院，建筑规模通常在 200 平方米以下，属于 A 类基础型，仅够一个小家庭居住。古代景德镇的居民以来自江西和安徽的农民为主，他们常常是在灾年伴随着农业破产而流落到景德镇学习手艺维持生计。由于从事陶瓷业工作辛苦、环境恶劣，且受到中国传统社会重农思想的影响，在景德镇获得足够资金之后，也常常会离开景德镇返乡，在家乡置地建房，重新从事农业生产，维系耕读传家的本业。因此，景德镇虽然是财富集中的工商巨镇，但规模较大的院落建筑很少。清末民初之后，工商业逐渐摆脱"末业"地位，才逐渐有大商人、大窑户开始定居在景德镇，形成较大规模的院落建筑。

B 类，入口导向型民居。由于景德镇街道围成的街区尺寸较大，而景德镇单个建筑的规模较小，且建筑的地块形成较为随意，导致一些非临街位置的民居，在进入天井式的空间之前，需要通过一个相对狭窄的室外空间，这个室外空间和天井民居组合形成 B 类入口导向型建筑。根据用地形状不同，这类入口引导空间可以是狭长的、正方形或梯形等不同轮廓，在入口引导空间中形成垂直于天井建筑的轴线，轴线进入建筑内部在天井处转折。这种入口导向型建筑的普遍存在，是景德镇高密度、自发建设的结果。

C 类，混合功能型民居。景德镇一部分居住建筑呈现功能混合的特性。这种建筑由坯房和民居组合而成，或者由红店和民居组合而成，或者坯房、红店和民居共同组合而成。葡萄架 2 号是由住宅、两层楼作坊及陪屋组成，面积约 630 平方米。其中的两层楼作坊，坐北朝南，一楼为制坯间，二楼为彩绘加工间，由江

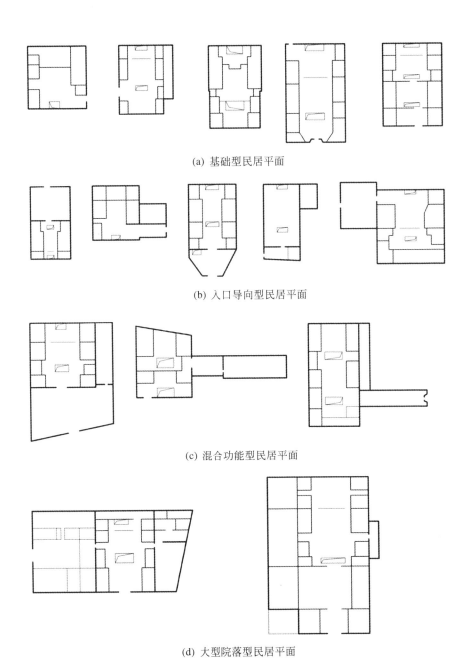

(a) 基础型民居平面

(b) 入口导向型民居平面

(c) 混合功能型民居平面

(d) 大型院落型民居平面

图 5-17 景德镇居住建筑平面图

西都昌人"三尊大佛"第二位余旺青之弟余豪廷兴建。陈家弄民居由一处天井民居和一座坯房组成，系民国时期为江西新建"烧做两行"的瓷业主杨氏住宅。塘塝堨民居由4间红店、住宅和一处坯房组成。这类建筑往往具有一定的资本，雇用相当数量的劳动力从事瓷业生产。

D类，大型院落型民居。民居中比较少的一类是大户住宅，进深3~4进，左右由3路以上建筑组成。这类民居的历史常常在百年上下，表明景德镇开始进入家族定居应当是较晚的。位于风景路社区铁匠弄13号的民居，主体建筑面阔14米，进深28米，连同临街陪屋和东侧书房、院落，合计面积约392平方米；东临风景路，西至中华北路，约建于清末。该宅业主王家琨（1874—1927），是清末民初景德镇烧做两行的大窑户，位列"十八罗汉"之首，牌号"王新发"，以白土行起家而暴富，拥有3座柴窑及几十栋坯坊。

景德镇民居立面以砖石质立面为主，建设年代较早的为传统徽派建筑风格，到清末和民国年间受西方文化影响，立面逐渐增加欧洲建筑的门窗装饰元素。由于材料廉价易得，景德镇建筑普遍使用废弃窑砖砌筑，一些建筑遵循徽派风格施以粉墙，大部分建筑将窑砖材料暴露在外，因此表现出鲜明的地方材料特色。除此之外，相当数量的建筑同时使用青砖和窑砖，并且建筑立面被赋予了阴阳五行的观念。例如，葡萄架2号住宅部分，立面上部大量使用青砖，下部使用窑砖；花园里1号瓷行，立面仅在上部使用少量青砖立砌（因为青砖成本要高于窑砖）。根据当地多名老居民介绍，灰砖颜色呈蓝色或灰色，五行属水，窑砖颜色发红色或紫色，五行属火，因此青砖在上，表达水克火之意。这种立面特征代表了瓷业城市面对火灾频发的一种建筑文化。

第六章　精神信仰和礼俗空间

1933年6月的一天，一位当地人观看了景德镇最后一次盛大的迎奉窑神童宾的活动，写下了这样一份记录（黄席珍，刘重华，1984b）：

> 前面开路的是书有"风火仙师"的大灯笼一对，再是两面飞虎大旗，后跟军乐队和书有"回避""肃静"的执事牌。之后是一百多架抬阁，那些身穿戏衣戴满首饰的童男童女，一个个珠光宝气，五彩纷呈。其中针匙行业扎的"吹箫引凤"更是别开生面，是用一支支白色调羹摆成的一片片羽毛，栩栩如生。尾随的是几十条各色纺绸长龙，以及舞狮、打蚌壳、踩高跷、赶旱船。最后是香亭宝鼎，鼓乐笙箫，恭请祖师及各脚师傅的坐轿内，童宾等神像一尊尊都金光熠熠，满目生辉。众信士弟子骑马坐轿、捧香背烛，紧随其后。迎一次窑神的耗用，就一百二十来家烧窑户说，平均每户二至三百元，连同成百上千的"大小做"窑户，粗略估计银圆五六万元，相当于当时一万二千担米价。

从这份笔记我们能够知道，迎神活动不仅热闹而且奢华，对窑神毫不吝啬的供奉，证明这座城市瓷业经济的繁荣，也表明陶瓷手工业者信仰的虔诚。事实上，这座城市供奉的神祇远不止窑神童宾这一个，熙熙攘攘的10万陶民供养着7座不同陶瓷祖师和6座不同水神的寺庙，以及数量可观的同乡会馆、行业公所中的各色神祇；这些"专业分工"的神祇庇佑着不同细分行业的手工业者、不同帮派的船夫商民、不同地域的移民人口。虔诚祷祝的香火、迎神赛会的队列，表明景德镇不仅是一个金钱至上的工业城市，更是一座充满信仰的文化之城。

活跃的瓷业经济孕育了景德镇丰富的产业、社会、宗教组织和相关的文化习俗，形成了与景德镇产业活动高度相关、类型丰富的信仰礼俗空间。这些空间为当地居民的生产生活、社会交往、精神文化活动提供了物质载体，成为当地居民日常生活的舞台和背景。景德镇的信仰礼俗空间系统包括服务于地缘共同体的会馆、服务于业缘共同体的行业公会、服务于信仰共同体的寺庙教堂。本章将依次对会馆、行会公所、寺庙教堂的组织方式和建筑遗存进行考察。在寺庙教堂中，将着重考察景德镇特有的陶瓷神庙体系、水神庙体系和外来宗教建筑体系。这3类信仰空间，分别与景德镇陶瓷生产活动、陶瓷物流功能、产业移民文化有密切的关系。

值得注意的是，景德镇的信仰空间体系表现出某种周期性运作的时间规律，因此本章最后将会着重对生产作息与传统节庆进行考察，从而探索信仰空间的时间运作模式。陶瓷生产工艺对温度、湿度、气压、降雨有一定的要求，因此景德镇形成了与二十四节气等传统历法有关的陶瓷生产作息制度和做会酬神活动。在以农历年为周期的时间循环中，至少几十座瓷业行帮、同乡会馆、寺庙教堂会在不同时间进行公共集会和宗教活动，这些公共空间就像一颗颗明灯，在每年的不同时间依次点亮又渐次熄灭，形成了以年度为周期的礼俗时空网络。这种时间的单元性还会突破一年的周期，在更大的时间尺度上（如3年、5年、10年、20年等）呈现出来，进行诸如行业招徒开禁、神像开光等迎神赛会的活动，这些活动会串联会馆、行会、寺庙等公共建筑以及城市街道等开放空间，从而形成礼俗空间路线。

一、同乡会馆

1. 会馆的发展历史和组织模式

明清时期，景德镇商贾云集，工商业繁荣，外地人到此采购、经营、做工，促进了会馆的发展。明末景德镇已经有都昌会馆，清前期有6所会馆，中期增至14所，到1949年新中国成立前，景德镇有清代和民国初建设的会馆建筑27所（方李莉，2000）。① 会馆中尤其以都昌、徽州两帮实力最强。晚清时期，浮梁县保甲局（原为支应局）为了方便征收捐税，将手工业者分为三大块，包括都帮、徽帮、杂帮。把都帮、徽帮之外的工商业从业者统称为"杂帮"（梁聚淦等，1995）。其中，都帮为江西都昌人经营的烧窑业和圆器业；徽帮为主要由安徽徽州人经营的商业、金融业；杂帮则包含琢器、红店、与瓷器相关的服务业等。

会馆承担着乡党宗族联系的职能，并且对维护社会稳定起到了一定作用，其功能具体体现在：其一，会馆服务于同乡、同行甚至同族等群体，防范外籍、外行或外姓人欺压；其二，团结群体内部，对团体内的困难人员给予物资、工作机会等形式的援助；其三，解决群体内部商业纠纷；其四，调节该群体内部或家庭内部纠纷；其五，举办公益慈善事业，如资助办学、捐资救灾，收留弃婴，资助育婴堂等。会馆通常由总会首领导，根据不同县乡、行业、姓氏设有会首，构成主要的管理层。如都昌会馆是由二十四姓筹建的，因此常设二十四会首。而奉新会馆的会首为"五行头"，五行头分别从事饭业、豆干业、面业、米业、糖业等。

以县为单位兴建的会馆有8座，如都昌会馆、石棣会馆、丰城会馆（图6-1）等。以府为单位的会馆有9座，如南昌会馆、瑞州会馆、饶州会馆、徽州会馆、临江会馆、吉安会馆、建昌会馆等。由毗邻地区合建的会馆有3座，如泾县、宁国、太平等县合建的宁国公馆，广州府、肇庆府合建的广肇会馆，苏州和湖州合建的苏湖会馆。以省为单位的会馆有4座，包括山西会馆、湖南会馆、湖北会馆、福建会馆。江西省所属地区的会馆有12座，占到会馆总数近一半。

会馆经费主要来源于基金捐款、临时捐款和房产、田租的租息收入。基金捐款是指同乡筹集形成的房屋、田产、现金等大宗捐款。基金捐款是会员入会和买牌位时交的款项，临时捐款则是遇到特殊情况（如大灾祸、会馆大修等）时的捐款。会馆的常年经费主要靠房产、田租的租息收入。一些会馆的资产巨大，所持有资产的类型也与该同乡从业类型有关，例如，徽州会馆（即新安书院）拥有大

---

① 《传统与变迁：景德镇新旧民窑业田野考察》和《景德镇文史资料》（第四辑），认为景德镇有会馆24座。但在陈海澄的《景德镇瓷录》第218页，认为有25座会馆，多增加了青石街的"浮梁公所"。在《景德镇市·瓷业志》第765页认为，景德镇有会馆、书院、公所27座，但未加以详细说明。据笔者考察，景德镇当地尚有"天宝公所""鄂城别墅"等具有会馆性质的同乡聚集公共场所。故景德镇实际的会馆数量不下27座。

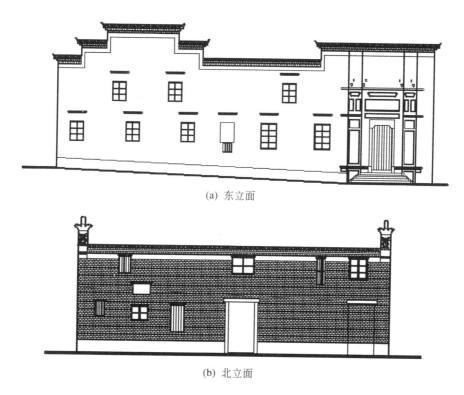

(a) 东立面

(b) 北立面

图 6-1 景德镇丰城会馆

片田产和 130 幢房产，以街面店铺为多，年收入租息 9900 两银元以上（景德镇市地方志编纂委员会，2004）；婺源会馆拥有 81 幢房产，其中主要是红店建筑；都昌会馆拥有 188 幢房产，主体是圆器坯房；抚州会馆拥有 91 幢房产，以琢器坯房为主；苏湖会馆拥有 75 幢房产，以瓷庄建筑为主；南昌会馆拥有 100 幢房产以上，大部分集中于泗王庙等南昌人聚居的地带（汪维培，1987）。

从布局来看，景德镇会馆在御窑厂周围最集中，其中都昌会馆与徽州会馆位于地势较高的珠山以北，杂帮会馆位于城南地势低洼处和珠山西麓一带。这与都昌籍、徽州籍的移民在景德镇占据主要行业、拥有较多财富是一致的。

2. 会馆建筑

景德镇会馆建筑根据规模大小可以分为两种：第一种为规模较大的会馆，由若干进院落组成，结构坚实、空间高敞；第二种规模较小，会馆只是依据地形所限租用几间毗邻的民宅改建而成，如奉新会馆、浮梁公所等。

规模较大的会馆有湖北会馆、饶州会馆、徽州会馆、福建会馆等。大部分建造在南北走向商业街（前街、后街）的两侧，会馆建筑面向街市；会馆内部分区清晰，中轴线上布置客厅、正堂和祭祀、接待等空间，两侧轴线布置居住、服务等空间。多数会馆是开3个门，包括头门和左右辕门。

这些会馆的细节和布局常常具有鲜明的地方特色，如南昌会馆供奉许真君，山西会馆拜奉关帝大圣，婺源会馆拜奉朱熹神位，临江会馆祀奉肖菩萨，奉新会馆立有"令公神位"。湖北会馆建有"黄鹤楼"，其主体建筑尚存，由坐东朝西的戏台院落、义祭祠、二层栈房、古井组成。福建会馆又名天后宫，正殿供奉天后娘娘立像，两厢供奉"顺风耳神"与"千里眼神"神祇，藻井为八角圆芯叠斗藻井，由精细的斗拱旋转组合而成，装饰包括了外海海浪、水兽帆船的图案，形成其沿海文化特色。徽州会馆大门口立有一对石狮和两面石鼓，头进书有"五凤阁"，其部分建筑现存于西河人民公园（汪维培，1987）。建于民国时期的丰城会馆，建筑风格融合了徽派和西洋风格，外墙为徽派五山风火墙，门楣、窗楣有西洋线脚装饰。

景德镇会馆中，华丽精致的藻井是一个非常重要的特点。目前留存的会馆藻井遗构有两处：一处是徽州会馆的藻井，在今人民公园五凤阁处；另一处是福建会馆（天后宫）的藻井，现位于龙珠阁顶层。

二、行业公所

景德镇服务于行业的行会组织大致经历了两个发展阶段：

第一个阶段为明清时期，这一时期景德镇商品经济发达，瓷业生产繁荣，具有行业工会性质的团体已经出现。但这一时期的行会常常采取"某某窑""某某社""某某道路众"等名称，组织完全由民间社团自发形成，而且具有强烈的地缘、血缘色彩，施行传统行规。这一时期的行规常常有较强的地方保护特征，技艺只能传授给同乡甚至同族人士。

第二阶段为戊戌变法之后，在天津、上海成立行业公会的影响下，景德镇成立了若干现代行业组织。尤其是1909年之后，景德镇成立了"景德镇商务总会"，订立章程和管理制度，并且相继成立了不同行业的工商业行会。这一阶段的行会组织受到进步人士影响，行业规章具有较强的开放性，传统行会也开始向近现代行业组织模式转型。但许多行会虽然由传统会社之名改易为"同业公会"，但仍然受到了传统行规的强大影响。例如，民国时同仁窑改名为琢器同业公会，但行规并未发生太大变化。

1.明清时期的行会组织

景德镇陶瓷各行各业甚至生产小组都有自己的行帮团体，较早见于资料的有明代的"风火仙"组织，明嘉靖年间的"陶庆窑"等，至清末，大致按八业三十六行分类，在八业中都有手工业主结成的行帮，如装小器业的"五府十八帮"，匣业中的"道路众"，茭草业的"九仙八大位"，洲店的"破碗公所"等。这些手工业主行帮大部分是和工人同一行帮的，而这些行业中的窑帮，则是由小业主和厂主为基础组成的，具有垄断性的手工业主行帮。

窑帮是瓷器制作与烧炼行业的业主帮会总称，其中以都昌窑帮为主，经营圆器业和烧炼业，以抚州窑帮为辅，经营琢器业。明嘉靖年间，已经有陶庆窑和三窑九会的组织。其中，"陶庆窑"行帮是由烧柴窑的窑户发起成立，其实力、势力最大，独树一帜。三窑九会包含3个主导性的支柱产业（三窑）和9个小业主行业（九会）。"三窑"包括烧槎窑业（陶成窑）、造古器业（允成窑）、造灰可器业（裕成窑）。"九会"也以产品类别为界限，包括脱胎器业（玉庆社）、二白釉业（永庆社）、四大器业（同庆社）、四小器业（义庆社）、饭贝与、酒令盅业（合庆社）、八九寸业（福庆社）、七五寸业（古庆社）、冬青器业（集庆社）、博古器业（聚庆社）。

三窑九会的办公和集会地点分布在各自行业聚集的区域，陶成窑的集会地点在武举弄，裕成窑的集会地点在太白园附近的华佗庙，后迁至朱里弄下弄。九会集会地点在绣球上弄，后迁至石鼓里。

陶成社（陶成窑）是槎窑业窑户和工人们祭祀祖师童宾的场所，地点在钟家下弄北侧的武举弄。明代，槎窑业选择了槎窑较集中的地段，于同治年间建造了陶成社。陶成社坐北朝南，是一幢土库屋，门楣用青石镌刻"陶成社"三字。神龛内供奉祖师童宾。神像系武官打扮，豹头虎眼，神采奕奕。底座部分神火自起，取材于童宾为了烧龙缸在窑火中牺牲之典故。两边有把桩、做重工夫、打大锤、收纱帽、端匣钵、红半股、黑半股、小伙手、打杂等诸位师父塑像。这些神像皆头缠扎巾，身披搭肩。庙宇香火也曾兴盛过一个时期，随着槎窑从100多座减少到几十座，香火也随之衰落。

风火仙师庙是烧窑业集会、办公的地方。正堂为窑工所用，会名"童庆社"；东边屋内为烧窑户所用，会名"陶庆窑"；戏台上为装小器工人所用，名曰"五府十八帮"；台底下为装大器工人所用。

窑帮中还有琢器"同仁窑"，由抚州人经营。"同仁窑"琢器，包含七大社和两小社，七大社包括隆议社，从事粉定业；保庆社，从事大件业；长庆社，从事官盖业；长青社，从事滑石业；信议社，从事淡描业；合兴社，从事雕镶业；复议社，从事描坛业。两小社包括针匙业的"同福社"，雕削业的"合兴社"。工人以工种形成不同的行会组织，分为5个社，称为"五行头"，包括洪源社（做坯）、兴义社（利坯）、义胜社（雕削）、乐礼社（画坯）、聚英社（草鞋帮）。五行头每社下会从资方中推举工人出身的人士作为会首，称为总老板、副老板，老板下还会根据姓氏再设头首。

这些不同的行会根据各自行业民俗，供奉不同的神像或神位，例如，景德镇钱庄及杂货业、绸缎业供奉"财神"，屠宰业祭祀"桓侯位"，药材业尊奉"神农"，酒馆拜祭"詹王"。

2. 清末民国的行业公所

戊戌变法之后，天津、上海等商埠相继成立行业公会。在此影响下，景德镇三帮的代表人物陈庚昌（都帮）、康达（徽帮）、吴简廷（杂帮），在宣统元年（1909）发起成立景德镇商务总会，地址在花园里江西铁路瓷股劝捐局隔壁。1909—1949年，景德镇商务总会共存在41年，其中，徽帮人士担任会长达20年，杂帮达14年，都昌帮达7年（陈海澄，2004）。

在景德镇商务总会之下，各行各业相继成立了行业公会。涉及的行业包括陶瓷生产行业、原料物流行业、陶瓷商贸行业和生活服务行业。一些在明清时期就存在的行会在这一阶段进行了现代化建设。例如，民国二十年（1931），原三窑九会拆分为上下两个公会，以十八桥为界，九会联合公会设在枯树庙，三窑联合公会在石鼓里。我们根据现有资料对景德镇的行会及其建筑进行了梳理。

民国二十五年（1936），红店老板的组织包括"景德镇瓷器红店同业公会"和"景德镇黄家洲瓷器红店同业公会"，红店工人的组织为景德镇饰瓷业职业工会，同业工会维护本阶级的利益并彼此斗争。"景德镇黄家洲瓷器红店同业公会"的前身下洲店帮，会名"破碗公所"，设祭祀祠，地点在大十字弄44号（夏巧亭，1992b）。

瓷行行会组织成立的历史较早，在明末清初"瓷商八帮公所"成立，位于苏湖会馆。民国初年，改称"全国旅景瓷商联合会"，会址迁往花园里，其中瓷商以各籍和邻籍为单位，分为25个帮。现存的近10家瓷行建筑集中在花园里、五间头、何家洼一带，位于苏湖会馆与花园里之间的巷弄中。

柴行行会的代表为保槎公所和保柴公所。保槎公所在登科下弄河边，两层的砖木结构建筑，土库立面，楼下有厅堂和厢房，楼上为客房和员工宿舍，旁边有厨房和小花园，20世纪50年代马路拓宽时拆除。保柴公所于20世纪10年代成立，设在方家下弄15号的砖木结构民房内。保柴公所负责制定窑柴交易条款、收取窑柴贸易管理费，维持景德镇窑业运转所必需的数量巨大的窑柴供应。它采取委员制，由窑帮（窑户）、行帮（窑柴行）、客帮（柴客组成）3组委员组成。全面抗日战争爆发前，在生产的柴窑有108座，年耗窑柴200余万担，当时有窑柴行80余家（罗仁霖等，1995a），其中70多家集中在中渡口至毕家弄地段，戴家弄一带开设10多家。都昌人有柴行20多家，抚州、南昌、鄱阳、吉安、浮梁、祁门均涉足此业（罗仁霖等，1995b）。

一些行业并没有为成立行会而专门建设行会建筑。他们使用该行业的主要族群的会馆进行活动。这一点在属于小本生意的生活服务业中较普遍。景德镇商务总会成立之后，"鞋皮业同业公会"也相应成立，订立了相关规定保护行业利益，但没有为此建设专门的行会建筑，而是选择南昌会馆作为其活动场所，每年7月在南昌会馆聚会。

此外，钱业公所的地点在陈家上岭。白土行同业公会的地址设在塘塝坳。坯刀职业工会的会址设在瑞州会馆，每年农历八月十八日为做会的日子，全瑞州府同乡均在此吃酒聚会。细金店同业公会组织"诚善会"，每年要拜奉两位祖师，清明、冬至拜炳南师傅，重阳拜葛仙翁。模型业同业公会的集会地点在河西旸府寺内，每年农历四月二十八日在寺庙内集会。民国时期的其他同业公会还包括窑柴行同业公会、篾业公所、红车公所（下辖车盘业）、船帮客商联合会、船行商业同业公会、浮梁民船船员公会等，但其确切地点不详。

三、瓷业祖师庙和水神寺庙

景德镇宗教崇拜包括本土宗教和3种外来宗教。本土宗教如佛教、道教和儒教建筑均有，共有30座以上的佛教、道教建筑。外来宗教涉及基督教、天主教、伊斯兰教。白光华在《景德镇老城区漫谈》中对寺庙情况进行了较为完整的梳理和总结。这些宗教或信仰活动中，由于陶瓷生产活动、陶瓷物流功能、产业移民文化的滋养，分别形成了独具特色的瓷业祖师崇拜系统、多样的水神崇拜系统和外来宗教系统。下面，笔者将着重对陶瓷神庙、水神庙和外来宗教建筑3类建筑进行梳理和研究。

1. 瓷业细分行业的神祇、庙宇

景德镇有11座与陶瓷崇拜相关的庙宇，其中有8个供奉6种陶瓷业祖师，形成了独特的陶瓷崇拜体系，包括供奉风火仙师的寺庙3座，以及师主庙、祭师祠、钱大将军庙、郑大元帅庙、陶王庙各一座[①]。此外还有3座由非陶瓷类神祇转化而来的与瓷业崇拜密切相关的庙宇，如陶王庙、五王庙、真武庙。以上供奉的不同的陶瓷神祇分别掌管着陶瓷生产的不同环节，因此成为不同细分行业的祖师和保护神（图6-2）。因此，这些陶瓷神庙成为陶瓷业中不同专业化群体的公共集会场所。

---

① 此外，景德镇郊区还存在高岭土神崇拜，传说何召一指点村民在高岭村找到了高岭土，因此供奉何召一为瓷土神。此种崇拜现象主要位于景德镇郊区、高岭土矿附近，在城区中并未发现此种崇拜迹象。

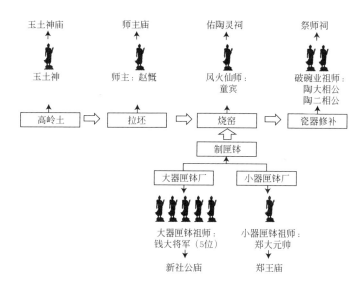

图 6-2 景德镇不同陶瓷生产环节形成的细分行业神祇和庙宇

师主庙中供奉赵慨为成型业的祖师，风火先师童宾为烧窑业保护神，祭师祠中供奉彩绘和瓷器修补业的神祇陶大相公、陶二相公，新社公庙供奉大器匣钵业的祖师钱大将军，郑王庙中供奉小器匣钵业祖师郑大元帅。在一个产业高度专业化的社会中，当地的行业神祇也出现了类似于世俗世界的专业化分工，这是传统手工业城镇中，社会管理和精神寄托的客观需要。

陶瓷崇拜建筑的位置与其所属行业的聚集区域有很大关系。黄家洲地段为下脚料瓷器店聚集地，因此有祭拜修补类祖师的祭师祠。马鞍山工人新村附近，大量匣钵厂聚集于此，因此有拜奉的匣钵业祖师钱大将军的新社公庙。

笔者根据相关文献和实地测绘，绘制了 4 座同比例尺的陶瓷庙宇平面（图 6-3）。其中祭师祠是完整保留的，因此是基于测绘的平面；笔者测绘了五王庙现存戏台，其余部分毁于火灾，根据居民口述推测；新社公庙、火神庙并无遗存，但是有较为准确的尺寸记载，因此这两个建筑是有一定依据的复原图。笔者可以得出如下结论。

第一，这些寺庙常常作为某一陶瓷帮派的集会、议事场所，因此具有行业公所职能。例如，火神庙为柴窑帮派"陶庆窑"和装小器行业的"五府十八帮"提供了集会议事的场所。

第二，戏台在这些建筑中是比较普遍的，师主庙、火神庙、五王庙和新社公庙都有戏台，这体现了陶瓷神庙的集会和娱神功能。每逢节庆日期，寺庙中进行戏曲表演以娱神，同时也成为增强社会团体内部身份认同的文化活动。

第三，较为大型的正祀陶瓷寺庙一般采取坐北朝南的方位，例如火神庙、师主庙都是如此，但民间庙宇如新社公庙、五王庙、祭师祠则取东西朝向，这似乎与景德镇昌江在西、五龙山在东的自然环境以及南北向的主干交通道路有关。

此外，寺庙的大小与帮派的力量有密切关系，即寺庙的物质实体是帮派社会经济权力的有形化。火神庙和新社公庙远大于其他的陶瓷寺庙，这体现了窑户和匣钵厂在景德镇陶瓷业中具有很强的话语权。下面我们就对这些出现在老城区中的陶瓷神祇及其庙宇的情况依次进行探究。

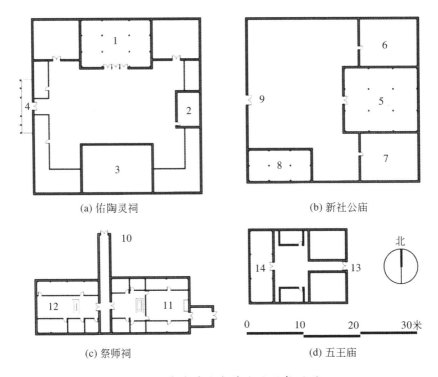

(a) 佑陶灵祠　(b) 新社公庙　(c) 祭师祠　(d) 五王庙

图 6-3　景德镇陶瓷神庙平面复原图

1—主殿，祀童宾；2—东厢房，为陶庆窑活动场地；3—二层为戏台，一层为五府十八帮集会地；4—入口门廊；5—主殿，祀钱大将军；6—厨房仓库；7—守庙人住所；8—戏台；9—寺庙入口；10—入口和走廊；11—东殿；12—西殿；13—一层为入口，二层为戏台；14—主殿，祀华光菩萨

1）做坯业庙宇：师主庙

师主庙供奉成型师主赵慨。师主赵慨在景德镇瓷业神灵中是最早受祭拜的本土神灵，明朝之前已有民间祭拜（杨丰羽，2012）。据《重建敕封万硕侯师主佑陶庙碑记》，师主赵慨为东晋时浙江青瓷烧造技术传入江西的瓷业祖师之一，为陶瓷成型工艺做出了贡献。据当地传说，赵慨来景德镇时，遇到瓷窑烧造不成而祭祀陶神，赵慨发现窑通风存在问题，拔剑猛刺窑神某个部位，烧制出青色瓷器（陈婧，2010）。元末明初，景德镇瓷业尚待恢复，烧造难度和数量不断增加，御窑任务难以完成，从此赵慨被人们尊为"佑陶神"，承载了瓷器生产顺遂的愿望。明成化年间，景德镇官窑瓷业进入继明宣德之后的又一个高峰期，前来督陶的太监邓原重新发掘当地的师主信仰，为方便民众祷祀，将师主庙迁出御器厂，可见民间对师主信仰的认同，此时师主开始成为景德镇陶工所信奉的瓷业神灵。清代以后，师主信仰保留，但其地位逐渐被风火仙师取代。

根据明代詹珊《师主庙碑记》所记载，师主庙在洪熙年间由少监张善建造，成化年间迁出御器厂，嘉靖时历任官员重建。据黄席珍、刘重华的《师主庙与风火仙》一文记载，师主庙位于御窑厂东侧，与风火仙神庙相隔一条街。

关于师主庙建筑的情况，在《景德镇瓷录》中记载较完备，明成化庚申年（1500），在督陶官陈公主持下，师主庙扩充修葺，占地达1000多平方米，庙门朝西开，西侧临街院墙正中为大门，门楣上有石刻"护国佑民师主庙"7个字，院落内北侧为大殿，大殿两侧为廊舍，南侧为戏台。庙堂中间供奉赵慨坐像，东西偏殿里分列打杂、做坯、印坯、利坯、挖坯、剁合坯6位师傅的站立神像，清代还增加了为陶工谋福利而献身的英雄蒋四知的牌位（杨丰羽，2012）。建筑在民国时随着后街拓宽而缩小，全面抗战后临街地块出卖给红店小业主建设"推板屋"，在1953年随着市公安局消防队的建设而彻底拆除。

2）烧窑业庙宇：风火仙师庙

风火仙师庙也叫佑陶灵祠或火神庙（图6-4、图6-5），其中供奉的风火仙师童宾为烧窑、满窑、挛窑业师祖。景德镇原有供奉童宾的庙3处，一处在御窑厂，最为著名，是柴窑从业者供奉。另两处在城南，窑岭上有一处，每逢初一、十五

图 6-4 乾隆年间的御窑厂火神庙 ①

（资料来源：耿东升，2007）

图 6-5 民国时的御窑厂火神庙

（资料来源：陈海澄，2004）

燃香鸣炮；武举弄有一处"陶成社"，为槎窑业和灰可器业的行会建筑。此外，在所有的柴窑中窑囱附近都供奉风火仙师神位，重要年节、挛窑和暖窑神时都有拜奉和庆祝活动。

乾隆年间的宫廷画册《陶冶图说》画了风火先师崇拜的由来和盛况。据传，童宾本是当地窑工，因为明代造龙缸数年不成，童宾投身窑中而缸成，于是建祠纪念他。风火仙师信仰自雍正以后地位提升，至清末民国成为几乎被全体瓷工信奉的最主要神灵。佑陶灵祠始建于明万历年间，供奉童宾塑像，两旁供烧炼工各脚师傅牌位。风火仙师庙不仅是宗教活动场所，也是窑工集会、娱乐、聚餐地点，具有窑业工人的行会性质，其活动经费来源为房产租金和搭坯户的募捐。黄席珍、刘重华《师主庙与风火仙》中有记载："佑陶灵祠前，有庭院一方，东西长约七八丈，南北广约三四丈。……庙之东偏，有土库棋盘屋一栋，为陶庆窑的烧窑户集会场所，庙对面有戏台一座，为五府十八帮，各有围墙一道，东墙外为大街（后街），西墙外为御窑厂走道。"窑厂工人每年都有统一集会，农历四月十五日，地点在风火仙师庙，唱戏酬神，饮酒聚餐。有劳资纠纷而公会理事长决定罢工时，

---

① 乾隆三年（1738），乾隆命宫廷画家绘制《陶冶图说》。其中详细地记录了御窑厂的生产状况，并详细描述了官窑瓷器生产的 20 道工序。"祀神酬愿"是陶瓷生产中最后也是极其重要的一道工序。图片描绘了火神庙中"祀神酬愿"的场景。图片来源于耿东升《清乾隆珐琅彩荣华富贵灯笼尊》，文物出版社。

看庙人用写有命令的竹牌通知全行业工人罢工（刘贤诚等，1994）。每年初冬一过，各瓷窑举办暖窑神活动，窑主、窑工集资在窑内烧香、献贡、燃炮，祭窑神童宾、祈求烧窑顺利，活动后聚会饮酒，请戏班联欢。

原风火先师庙现已不存，位于御窑厂遗址公园中新建的寺庙，布局、位置和朝向，均与原庙宇有很大不同。考察清同光年间瓷桌面和乾隆年间的《陶冶图说》，我们能对其原貌有一定的判断。根据同光年间瓷桌面，其位于头门与二门之间东侧，坐北朝南，正殿庑殿顶，建于高台之上，庙前有戏台和较大空场，作为唱戏酬神和窑工集会的场所。

1949年，景德镇市总工会进驻此庙，随后的1953年，在御窑厂东、西辕门之间兴建市政府办公大楼，火神庙被拆除。寺庙大门上的唐英手书"佑陶灵祠"4块瓷板收藏于景德镇陶瓷馆。

3）瓷器修补业庙宇：祭师祠

清代早中期，一些江西都昌迁入的贫苦民众聚集在黄家洲，提篮贩卖瓷器次品，或摆摊搭棚，称为"洲店"。后来此类经营者逐渐增多并汇集成一大瓷帮，俗称"破碗公司"。该行业的主要活动场所在祭师祠，也叫破碗公所，建筑内供奉该行业的师祖陶大相公、陶二相公等。

祭师祠位于昌江街道十字弄44号，由东、西两栋天井式建筑毗邻组成。建筑有北侧和东侧两个入口，其中北侧为主入口，上面镶嵌青石碑刻，上书"光绪拾柒年辛卯秋月吉旦祭师祠黄家洲二、三图磁帮纠首重建"。进门为一南北向走廊，通往东西两栋建筑。两栋均为两进三开间的砖木结构建筑。其中，西侧建筑坐西朝东，面阔10米，进深12米。东侧建筑坐东朝西，面阔10.2米，进深14.8米，部分梁架、窗扇可见精致的贴金木雕装饰，如宝瓶三戟、花草、人物等。东侧建筑以东为拱门，经由小院落通往小黄家下弄。

4）匣钵业、匣钵土业庙宇：钱大将军庙和郑大元帅庙

匣钵业、匣钵土业庙宇有两座：一座是钱大将军庙，也叫新社公庙，供奉钱大将军，是大器匣钵厂从业者的集会场所。据传，钱大将军是发明大器匣钵的第一代师傅，有兄弟5人，因此成为大器匣钵业祖师（方峻山，1992）。另一座是郑大元帅庙，也叫郑王庙，是匣钵土业和小器匣钵厂的集会场所。庙宇位于老城东侧的罗家坞，有戏台和主体建筑，主体建筑面积24平方米，中为四角飘檐的神龛，上书"皇帝万岁万岁万万岁"。庙内左右供奉两尊一模一样的郑大元帅像，一尊为匣钵土子土户拜奉，一尊为小器匣钵厂拜奉，神像身披盔甲，两手各持板斧，坐在轿内（陈海澄，2004）。文献中对郑大元帅庙的记载非常有限，但钱大将军庙（新社公庙）的相关资料比较充足，笔者进行了考证研究如下。

新社公庙位于老城区东南部，马鞍山解放路原陶瓷窑具厂行政大院内。马鞍山一带有制造匣钵所需的匣土等原料，因此是匣钵从业人员集中居住和从事生产活动的地方。根据1950年《最新景德镇市详图》，我们可以对新社公庙周围环境进行梳理。庙宇建于右马鞍山山脚下的坡上，居高临下，庙前的道路为新社公庙弄，巷子向西一直通往青峰岭，可见寺庙选址考虑到以马鞍山为镇山，青峰岭为案山。新社公庙两侧若干支路，通往牛屎岭、方井头等匣钵厂聚集的区域。

该庙宇庙门朝西，庙门由木栅栏杆制成，正面无照壁；正殿3间，进深14米，面宽12米，无隔墙；两侧陪屋为储藏室、厨房和守庙人住房。庙前有戏台，戏台坐南朝北，戏台前设有较大的空场地。庙内供奉社公、社母、催生娘娘、杨泗将军等，主要供奉钱大将军（由5尊菩萨组成）。此庙原来为菜农所建，由菜农供奉，后被匣钵厂工人强占。

庙宇中除了日常供奉之外，在每年的固定日子会有酬神活动。据《景德镇陶录图说》载，民国十七年（1928）大器匣钵业的匣户行会组织为"大器匣钵厂匣户道路众"，而工人行会组织为"大器匣钵厂道路众"，工人行会在总会之下又分为"都帮大器匣钵厂道路众""抚帮大器匣钵厂道路众"和"饶帮大器匣钵厂道路众"。每年在农历四月十六、四月十七、四月十九分别是都帮、饶帮、抚帮匣户做会的日子，四月十八是全会做会的日子，地点都在新社公庙，演饶河戏或瓷偶戏。

每隔3~10年，遇到生意，大器匣钵厂就要为钱大将军开光，把菩萨重新油漆装金，并在庙内举行仪式，这个仪式会将寺庙与周围匣钵业聚集的巷弄和自然环境之间建立某种关联。活动由总副老板和头首邀请道士来完成。先请道士退神之后，取出神像中的腹脏，重新油漆并装金。之后连续3晚雇请道士在半夜举行招兵买马的仪式，神像立在庙前的空场上，在其5个方位，用桌子搭小台起五猖神，在附近的山上为退神后的将军竖起招兵幡。每晚用轿子抬神像到庙前空场，摇叉放炮，点火把和灯笼，道士骑马奔跑于山上、河边、街巷之中招收兵马。最后一天的仪式活动则超出社公庙及其周边的范围，而是进行全城性的游行活动（方峻山，1992）。

2. 瓷业家庙和非陶瓷类神祇转化的陶瓷神庙

1）都昌冯姓陶瓷业家庙：陶王庙

明末，都昌县南峰乡冯姓人士聚居在杨家坞西北段，集资修建陶王庙，起初为冯姓家庙祀奉，随着冯家生意扩大，陶王庙更加受到瓷商的尊崇。后来形成里弄，弄以庙而命名，新中国成立后改名为陶瓷弄。陶王庙坐北朝南，为3间式土库屋，中有神龛，龛中有文官打扮的陶王塑像，双手执笏而坐。清代以后，陶瓷弄附近人烟稠密，香火旺盛一时。至全面抗日战争期间，庙成了民房。20世纪50年代中期，红星瓷厂扩建厂房时拆除此庙。

庙内供奉的是陶王宁封子。陶王的传说最早出现于《列仙传》，《列仙传》中记载："赤松子者，黄帝时人也，世传为皇帝陶正。有人过之，为其掌火，能出五色烟，久则以教封子。封子积火自烧，而随烟气上下。视其灰烬，犹有其骨。"陶王事迹后来在《搜神记》《广皇帝本行记》《仙苑编珠》有所记载（陈婧，2010）。

2）非陶瓷类神祇转化的陶瓷神庙：五王庙、真武殿

五王庙始建于唐光启年间，后损毁，明代五王庙建在青石街与龙船弄交叉口。据明代余象《南游记》，华光神是佛教神祇，能降妖伏魔。据推断，景德镇民间的五王信仰是由德兴或徽州传入（陈婧，2010）。明代时，最初五王庙与瓷业无关，至隆庆五年（1571），御窑任务繁重紧急，陶工在此祈祷，烧造期限得到宽限。地方开始支持五王信仰，官民共同修葺五王庙。至此，瓷业和五王庙联系起来。经以曹天佑为代表的文人阶层重新解释五王与瓷业之间的联系神话，五王信仰在当地的地位得到巩固。庙内供奉五王塑像，乡镇民众来此祈雨求愿，元宵节庙前有舞龙灯庆贺活动。

五王庙在 20 世纪 90 年代发生火灾后，现在只存其戏台。根据居民口述，我们也能对其建筑形制有大致了解。主殿建筑坐西朝东，有南北两厢房和东侧倒座戏台。戏台为两层砖木结构建筑，一层中部开门为庙宇入口，二层为戏台。戏台面阔 13.5 米，进深 7 米，用材为杉木。

五王庙供奉真武大帝玄武，又称北帝、玄天上帝，为水神。《景德镇陶录图说》中记载："厂内神祠三，曰佑陶灵祠，曰真武殿，曰关帝庙。"宋代中原工匠南迁，玄武信仰传入，明代随着官方倡导而达到高峰。因对外陶瓷贸易活跃，祈求保佑航运安全，真武成为景德镇瓷业的保护神。又因景德镇瓷窑众多，长期供奉司水御火的真武，以求防止火灾。从明万历年间至清嘉庆年间，真武殿长期存在于御窑厂内。一般而言，真武大帝与瓷业无必然关联，但在景德镇的瓷业发展历史中，逐渐演变为瓷业倚重的神祇之一（詹嘉，2010）。

3. 水神庙

除了特色的陶瓷神崇拜之外，景德镇的水神崇拜也颇具特色。景德镇老城区中有 9 座水神庙，包括晏公庙、三间庙、水星阁、泗王庙、水府庙、哪吒庙、龙王庙（有两座）、天后宫等（图 6-6）。景德镇的水神庙供奉了 7 个不同的水神，这些庙宇成为不同地域的船帮和商帮祈求水运安全和进行社会交往的重要场所。

这些水神崇拜建筑普遍选址于昌江沿岸或者远离昌江但地势较低洼的地带。这些寺庙中的神祇有两个作用：第一，保佑船帮的水运安全；第二，因为景德镇老城毗邻的昌江在历史上数次发生洪涝灾害，因此居民祈求水神保佑，免受洪涝之灾。

笔者对老城进行考察发现，现存的景德镇水神庙仅有三间庙和泗王庙，其余水神庙均在历史变迁和城市建设中消失，我们只能在景德镇古代地图和文献中找到它们的踪迹。

1）泗王庙

泗王庙位于江西省景德镇市昌江街道四旺里 5 号，三进三开间，二层砖木结构建筑。建筑正立面有 3 个门洞，中间为青石门框，两侧为拱形窑砖入口。建筑面阔 12 米，进深 30.5 米。庙内供奉杨泗将军，根据当地村民叙述，杨泗将军是

图 6-6 陶瓷祖师庙和水神庙分布图

浮梁农村普遍信奉的神祇,可以避免水患、镇压邪魔。在过去普遍采用船运的时候,景德镇当地船工挑夫在每年六月初六会在泗王庙上香祈求平安。

在民国程言所作的《景德镇河东河西图》中,可以看到泗王庙的庙门前两处旗杆与空场,空场之前为很宽敞的大台阶,延伸到昌江河下。这处大台阶就是景德镇著名的南门渡码头。

泗王庙所在的地段为"南门头",是明代形成的景德镇地名,可见在当时此处是"南门"所在,南门以西则通向泗王庙和南门渡,因此,泗王庙与南门头、南门渡形成了一组颇具特色的滨水空间模式。

2）三间庙

三间庙又称忠洁侯庙，根据《景德镇文史资料》记载，原来供奉三闾大夫屈原、许真君、杨泗将军和催生娘娘，其中催生娘娘居右，杨泗将军居左，许真君居屈原前方下部（图6-7）。

三间庙坐西朝东，东西长17米，南北宽9.2米，庙内一个方形天井，西侧为上堂，供奉神像，东侧为下堂，连接正堂与入口，天井南北为两厢。外墙为三山马头墙，正殿是抬梁式三间五架屋架，木构件显示晚清民国特征。三间庙正门外设台阶十余级，台阶前正对着10米深的场地平台。在端午节时，三间庙与周边村子举行龙舟赛，会有村民和周围村镇的居民聚集在寺庙前面的平台和码头。三间庙与其古码头、三间庙栅门、清代古街在内的一系列空间要素清晰地展现了水神庙周边的物质空间形态。

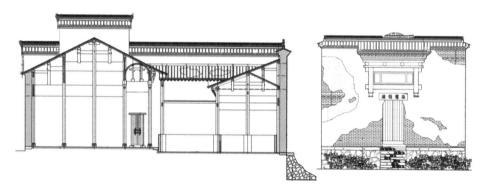

图 6-7　三间庙剖面和立面

（资料来源：《三间庙修缮工程设计》）

3）水星阁

水星阁供奉水星。水星属五曜之一，是道教中地位很高的神灵，又称为水德真君。景德镇频发火灾，而水星可消弭火灾。嘉庆年间，在知县倡导下，市民商贾捐资建设水星阁。荒废的白马茶庵内建有水星阁，茶庵外建有财神殿。清朝郑廷桂的《陶阳竹枝词》第二十九首有关于水星阁的描述："杨梅墩上古樟春，白马茶庵旧迹新。妙有刘侯起高阁，水星未拜拜财神。"原诗有注："杨梅墩、白马茶庵久废，嘉庆辛未邑侯刘克斋先生倡建水星阁，外建财神殿，构茶亭，以存茶庵旧迹。"（韩晓光，2004）

另外，清朝龚鉽《景德镇陶歌》："徽说形家是火龙，水星一阁镇高峰，商民熙攘纷如织，消受清凉五夜钟。"其中点明了水星建在高峰（杨梅墩）之上，用来镇压火龙，保佑景德镇免受火灾。

在1950年版的《最新景德镇市详图》中，水星阁记为"水仙阁"，建于一处高于周边农田的台地上。主殿建筑坐西朝东，入口在从景德镇向北去往浮梁的道路上，道路两侧为"白马古迹"，结合《景德镇文史资料》的记载和上述地图，可以推测，其中东侧建筑为财神庙，西侧建筑为白马茶庵的入口，进入茶庵大门，拾级而上，就是位于高处的水仙阁了。

4）其他寺庙

景德镇水神崇拜复杂多元，除上文提及的庙宇之外，还有晏公庙、哪吒庙、龙王庙、水府庙等，今大多不存且无详细文字资料记载。但是在1950年《最新景德镇市详图》中，笔者细细寻觅，找到了其中一部分水神庙宇。

龙王庙在景德镇有两处：一处在莲花塘南侧观音岭附近，后来演化为一处巷弄名称；另一处位于景德镇东南郊，成为该地的重要地标。从龙王庙向4个方向延伸出4条道路，向西经过菱角塘和筶笋塘之间的农田延伸到杨家坞，向北延伸到秀水桥，这两条路是通向景德镇建成区的，另外两条则通往东南郊区（其中一条向东通向里村，一条向东北通往马鞍山）。龙王庙矗立于4条道路交叉口，成为东南方向进村的重要地标性建筑。

哪吒庙位于景德镇南侧的哪吒渡的河西位置，应为坐西朝东。晏公庙位于景德镇北郊，是去往浮梁道路旁的建筑，建筑从东侧进入，应为坐西朝东。据传，晏公是江西船帮广为祭祀的地方性水神。

4. 外来宗教建筑形成的公共空间

景德镇外来宗教包括基督教、天主教和伊斯兰教，由外籍人员和少数民族传入。老城区中外来宗教建筑包括耶稣堂、圣母堂、圣公会、福音堂、天主堂和清真寺。天主教、基督教和伊斯兰教建筑普遍位于老城的繁华地段，以方便传教布道。

天主教建筑包括天主堂和圣母堂。天主堂建于1897年，位于今中华北路太平巷，由法籍传教士主持建造，用地由国外教会出资收购，包括房屋百余间、土地几十亩和背后的两座圣山。天主堂室内外均为哥特样式，气势雄伟；立面用红砂石砌筑，正面有大面积彩色玻璃窗，尖屋顶；内部为麻石砌筑，有圆拱顶，总体可容纳800余人；除哥特式主体外，另建有诸多小厅堂、四合院住宅和花园圣山等景观。圣母堂建于1901年，与天主堂相对。圣母堂为二层楼房，占地2740平方米，旁边设育婴堂。外立面由红石、麻石砌筑。圣母堂内有圣母玛利亚瓷制塑像。图6-8为景德镇圣安东尼大教堂的总平面图、西立面图和南立面图。

基督教建筑包括耶稣堂、圣公会、福音堂。耶稣堂位于市区前街珠弄口（今中山南路38号），为景德镇内地会大教堂。内地会由1900年传入景德镇，耶稣堂1901年建成。建设用地原为染布作坊，由上海英籍牧师祝康宁和中籍牧师王久则用英国差会经费收购。建筑面积约748平方米，砖木混合结构。前栋中堂为布道场所，两侧供教职人员居住。后栋楼上为礼拜堂，能容纳300人集会，楼下为更衣、会议、居住、饮食功能。

圣公会堂位于中心公馆岭（今珠山中路56号），归属新教圣公会教堂。建造于1927年，建造和土地收购资金来自美国圣公会，名为"成德堂"。圣公会堂为3层砖木混合结构，可容纳400人聚会，并设置有客房和部分教会人员住所。1931年会长张秉炎创办宏道小学，包括教室和教师用房，并向弄口扩建操场和教室。

福音堂为景德镇卫理公会（原美以美会）基督教信徒集会场所，位于汪家街（今中华南路342号）。土地收购和建造由美国美以美会出资，1917年建成。建筑为砖木混合结构，主体2层、局部3层，占地面积约600平方米。内部容纳大小会堂、办公室和教会人员居所，曾设有福音小学。

外来宗教在景德镇社会中扮演了很重要的角色，在经年累月的发展中甚至与当地陶瓷生产传统相融合，与陶瓷生产产生了深层次的关系。明末清初，景德镇开始生产圣经故事等宗教题材的定制瓷器，这被西方学界称为"耶稣会瓷"。目前无资料可以佐证"耶稣会瓷"是否产自基督教徒的瓷器作坊，但16世纪以来

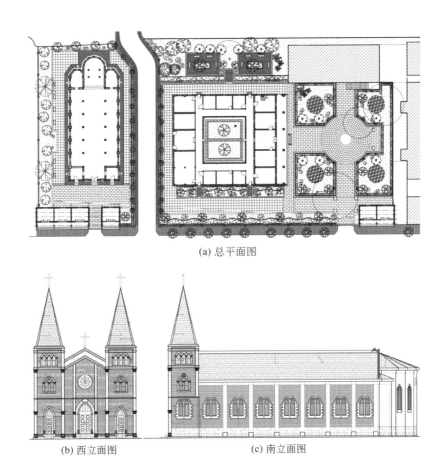

图 6-8 景德镇圣安东尼大教堂

(图片来源：苏州市文物古建筑工程有限公司，《天主堂保护修缮方案》)

发生在基督教会和景德镇瓷器行业之间的跨文化交流，值得关注和研究。

外来宗教和景德镇教民的联系，为景德镇瓷器提供了题材创新和扩大销售的机会。20世纪20年代，临川人范乾生兄弟两人以百元大洋启动资金创立"范永胜瓷号"，该店以天主教圣品瓷生产为主，兼产高级重工粉彩瓷，曾驰名海外。民国十二年（1923），上海地区的天主教神职人员会议上，景德镇教区的何神父提出瓷制圣像可解决当时石膏圣像易潮、易脏等问题，范乾生由此获得了创作圣品的机会。范乾生和制作人物瓷器的教友李长生合作，设计出坯型，后仅做少许修改，即经上海教区通过。圣品瓷经过5月圣神降临大瞻礼后，投入批量生产，由上海教区向罗马教皇汇报，并向国内所有天主堂发函，北京、上海、广州三大教区可办理订购手续，后经教皇许可，面向世界各国天主教会接受订购业务。12月，范永盛首批外销圣品瓷200箱抵达海外，经12月25日"耶稣圣诞"大瞻礼，范永盛名声随着出口圣品瓷誉满全球。范永盛圣品瓷持续畅销15年，鼎盛时期资产达百万大洋，范永盛瓷号后又从毕家上弄乔迁至天主堂隔壁进行生产经营，场地扩大了1/3。在此期间，范乾生专注于天主教慈善、教育事业，"从未忘记扶植他事业成功的天主教会"（杨丰羽，2012）。

景德镇的基督教慈善救助机制，在一定程度上填补了官方社会保障的缺失。传教士殷弘绪记载有1707年瘟疫对镇民信仰基督教的促进作用。据记载，瘟疫在景德镇地区肆虐，被家庭抛弃的病患得到基督徒的关心和照料，病患得到药品和帮助的同时，开始信仰基督教，而市民将病患康复视为奇迹，原不信教的人们开始接受洗礼。明清时期，景德镇依托瓷业规模扩大，成为移民城市，大量外来瓷工缺乏社会保障。景德镇的基督徒中，瓷工和工匠占有较高比例，也有部分瓷器作坊的窑户。基督教成为信教瓷工的精神寄托，在瓷工生病或失业等困难时期，教徒之间的相互照顾，对于瓷工生活和社会安定都有重大意义。

四、传统生产作息与社会节庆

1. 农历年为周期的瓷业生产节律

根据笔者考察，陶瓷生产表现出以年为单位的节律性，形成了与二十四节气有关的陶瓷生产作息制度，这有两方面原因：第一个原因，是由于陶瓷生产工艺对温度、湿度、气压、降雨等天气情况有一定的要求。例如，当地民谚中有"七死八活九翻身"的说法，据当地文史专家解释，农历七月本地副热带高压最强，气流多变，对陶瓷烧成的稳定性影响很大，八月到九月气压渐趋于稳定，陶瓷烧成率较高，到冬季大寒前后，胎泥结冻难以塑形，只得等待来年开春再生产。第二个原因，在于陶瓷烧制所依赖的瓷业原料和燃料，只能通过昌江从外地运入景德镇，而原料、燃料的开采、加工和运输受到季节性降雨的影响。

例如，就瓷业燃料而言，在镇区上游的山区采伐松木、判山出售多在农闲时节，通常为立冬以后到第二年春分之前（农历十月到次年二月），农民从事采伐、挑运的副业，此时窑柴被堆积到柴山附近的小河边。直到次年春季，雨量逐渐丰沛，河流涨水，将松柴翻入江中顺水而下。这样，从四面八方山区翻入的松柴，顺着支流小溪在下游栅口处统一收集、堆放，等待柴船统一运输，这样运输的松柴，当地人称之为"放水柴"。又如，就瓷业原料而言，瓷土矿山生产切忌雨水干扰，而瓷土运输却依赖雨水丰沛的河流。每年农历九月到次年二月的枯水期，矿山使用打钻、爆破等方式开采瓷石，但这一时期无法利用水能加工和运输原料，因此镇区的原料只消耗而无法补充。农历三月到八月，雨水丰沛，沿着溪流的水碓可以利用水能将瓷石舂碓为瓷土，加工为不子，并且利用丰水期船运到达镇区为窑业提供原料。景德镇窑户也多在这一时期购买和囤积瓷土。因此每年的农历九月到次年二月的6个月时间里，窑柴和瓷土供应是停止的，这就客观上造成了窑业冬季停烧。

烧窑业在清明前后开始工作，到腊月末结束放假。期间每烧一窑的周期是三四天，包括装坯、烧窑、开窑3个阶段。腊月二十四是烧"撞火窑"的日子，所有未烧的坯统一烧完放假。之后直到元宵节前，为窑禁时期，特殊情况烧窑的话，称为"春窑"。

小器匣钵业的生产周期是4~5天。其中，五月到八月工作3天，放假1天，其他月份是工作4天休息1天，为了维持行业权利减少供给，行帮规定只能少做不能多做。大器匣钵业的工作时间从二月二十五日开始到十月底截止，中间以端午节和中元节为两个节点，将工作期分为上、中、下3季。最多可以延长到腊月十五休息。规定工作4~6天放假1天。

圆器业从农历二月十五开工，到腊月十三停工。其中，清明、农历五月十三、中秋、冬至各休息1天，端阳和七月半"变工节"各休息3天。琢器业从农历二月十五开工（当地人称为"长窑"）到腊月二十四停止生产，期间三月、五月和七月各休息1次。这3次休息之后需要办起手酒，窑户为窑工请客（景德镇市地方志编纂委员会，2004）。

在景德镇当地流传的瓷业《十二月歌》（陈海澄，2004），很好地反映了当地的陶瓷生产和生活的年度作息规律。其中，"二月里潼台分别"，表示二月瓷行开工，工人前往景德镇。"三月里山伯访友，四月里四九问路"，表明三、四月寻找合适的瓷业工作。五、六月是第一个工作密集阶段，"五月里英雄聚会，六月里夜访白袍"正是描述瓷厂开工、运输繁忙、各业繁荣的样子。"七月里徐庶荐葛"描述的是变工节（中元节）当日劳资关系调整的情形，"八月里游龙戏凤，九月里夜打登州"描述的是第二个工作密集阶段，八、九月瓷业生产强度大、收入高、经常需要加夜班。到十一月、十二月和次年正月则是瓷业休息期，因此有"冬月里海螺丝打瓜精，腊月里四郎探母，正月里机房教子"的说法①。

综上所述，景德镇窑业的节律性在烧窑业、匣钵业、圆器业、琢器业这些核心行业是很典型的，大体是从清明到腊月，在这一时间段内，端午、中元、中秋、冬至等重要的传统节气或节日常常就是行业假期，将一年当中的工作时段又分成不同的工作期段。生产密集时期，烧窑业每窑的时间单位为3~4天，通常装、烧、开各占1/3左右的时间。小器匣钵业的生产时间也是以4~5天为一个生产时间单元，通常是做三休一（五月到八月，这段时间为瓷业生产密集时期）或做四休一。大器匣钵厂的时间以5~7天为一个生产时间单元，做四休一或做六休一。比较这三者的时间，我们能够得出古代窑业②生产的基本时间单元就在3~7天之间。密集生产期也不可能少于3天，而窑业不密集的时期也大致每7天会有一窑烧成。因此这几个行业都是以4~7天为一个生产周期来彼此配合的（图6-9）。

2. 酬神做会、瓷业曲艺的时间分布特征

与陶瓷生产作息制度同时产生的，是每年的做会、酬神等传统节庆活动（图6-10）。在以年为周期的时间循环中，至少几十座瓷业行帮、同乡会馆、寺庙教堂会在不同时间进行公共集会和宗教活动，这些公共空间就像一颗颗灯塔，在每年的不同时间依次点亮又渐次熄灭，形成了以年度为周期的社会时空网络。传

---

① 景德镇瓷业工人非常喜欢看饶河戏，因而当地人巧用月份加戏名的方式编成歌谣，将一年中的12个月的瓷业劳动和生活的基本时间规律展现出来。
② 这里的"窑业"包括烧窑、匣钵业和做坯业。由于受到烧窑业时间节点的影响，做坯业不可能有太大库存，且需要前往窑厂取回搭烧的产品，因此做坯业的生产时间单元也应该相仿。

第六章 精神信仰和礼俗空间

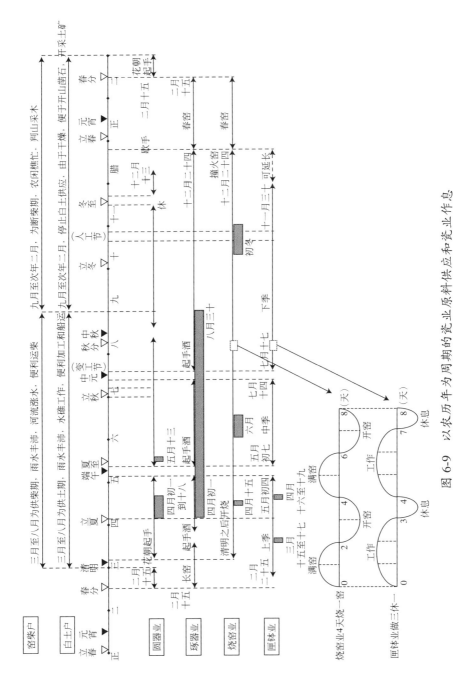

图 6-9 以农历年为周期的瓷业原料供应和瓷业作息

资料来源：笔者将陈海澄《景德镇烧录》《景德镇市瓷业志》第 763~780 中关于瓷业行规的内容按照时间整理后，自行绘制而成。图中灰色条带表示该行业的主要节庆时间。

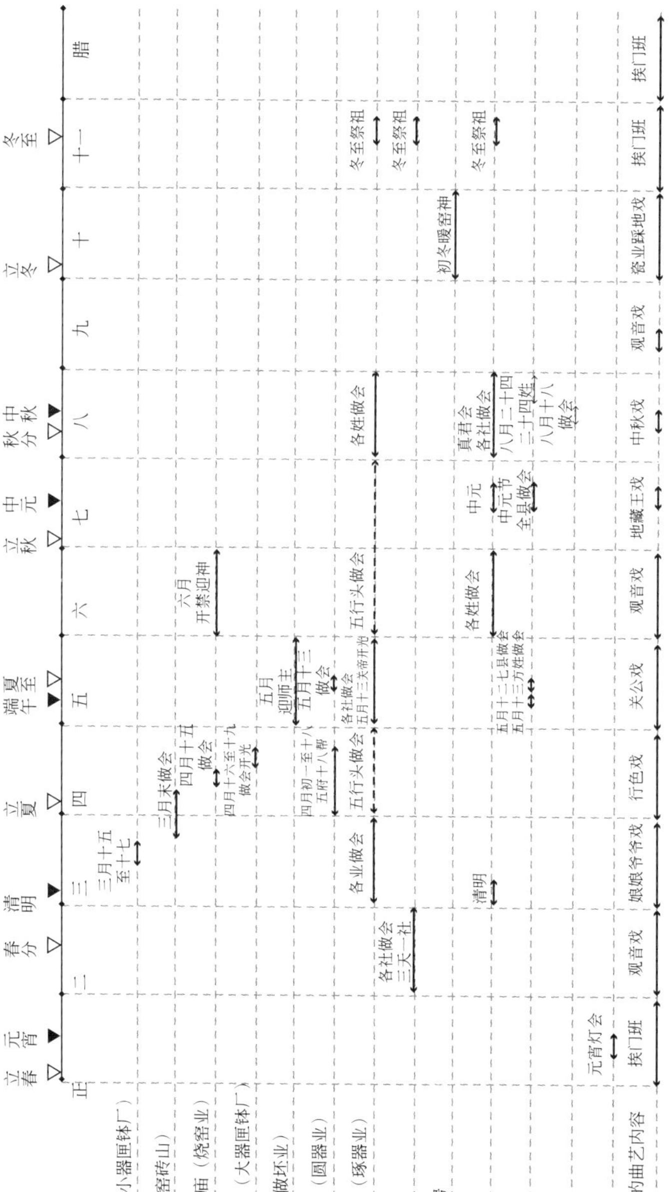

图 6-10 景德镇以农历年为周期的瓷帮酬神、会馆做会和曲艺内容

（笔者将《景德镇陶录》《景德镇市瓷业志》《景德镇文史资料》酬神做会的相关内容按照时间顺序整理，在此基础上自行绘制而成）

统节庆可以分为 3 个大的类别，第一类是陶瓷业"酬神"，第二类是会馆"做会"，第 3 类是传统年节。

瓷业酬神的时间选择体现了瓷业特色和五行思想，酬神具体集中在两段时间：第一段是在三月到六月的夏季瓷业圣诞活动，陶瓷神的圣诞多集中在这一段时间似乎与夏季五行属火有关；第二段是初冬的"暖窑神"活动，这似乎与五行相克的概念有关，因而要特别娱神以求保佑。

瓷业酬神活动的时间先后顺序体现了帮派实力和权力关系，必须由主导性的帮派先酬神。每年三月十五到十七，小器匣钵业开始首演，戏台设在马鞍山。其中第一天为专售匣土的子土户，第二天为小器匣钵厂道路众，第 3 天为小器匣户道路众。三月底窑砖山行业开始酬神，在十八渡做戏。烧窑业在农历四月中，地点在御窑厂前风火仙师庙，由柴窑的行会陶庆窑、槎窑的行会陶成窑"酬神包日"之后，各行业、各会馆方能开台。冬季的暖窑神顺序也体现了权力关系，御窑厂风火仙师庙烧窑业先演戏，酬"风火仙师"窑神童宾，然后各窑才能进行"暖窑神"踩地戏的演出。祭祀费用由搭坯户按照生产规模上缴费用，每座窑可以收到 50~80 银元。

会馆祀神日的酬神活动，当地人称为"做会"。七月到九月是会馆做会最集中的时间，做会的时间长短、做会的次数多少反映了该会馆在景德镇的实力。会馆中实力最大的是都昌、抚州、徽州、饶州、南昌等帮，做会时间持续很久。例如，抚州人在景德镇人口数量大，所辖六县、各行业、姓氏做会数量多，从四月初持续到八月三十，还需要向会馆缴纳费用"买日子"，而五月中为期 3 天的关帝圣诞更是其中的重要会日（杨仲春，1995）。又如，都昌会馆四月初一到四月十八由装小器业的五府十八帮轮流做会，因此又被称为"初一帮"到"十八帮"；某月为各姓做会时期，都昌会馆有二十四大姓，一姓一天，有"牛（姓）开台，马（姓）关门"之说（陈海澄，2004）。徽州会馆在农历二月，从"三把刀"[①] 开始，会馆所属行业会社每社做会 3 天（曹时生等，1993）。饶州会馆有 4 个做会日，

---

① 旅居景德镇的徽州人掌控了景德镇的 3 个行业，包括破篾业、剪刀业、屠宰业。因此破篾的篾刀、太平佬的剪刀、屠宰业的屠刀被概括称作"三把刀"。

其中饶州七县在五月十二做会，乐平方姓在五月十三做会，乐平福利社在中元节做会，乐平二十四姓在八月二十四做会（方峻山，1995）。

传统年节是指汉族的一系列大型节日，如除夕、元宵、端午、中元、中秋、冬至等。其中最重要的传统年节有清明、中元节、春冬二祭的祭祖活动。例如，都昌会馆在冬至日设祭祀香案，南昌会馆有清明节烧纸义祭、中元节"打醮度孤"、八月间"真君会"（南昌会馆敬奉许真君）、冬至祭祖等。中秋节景德镇有"烧太平窑"的习俗，用陶瓷渣饼砌筑一人高的渣饼塔，内部填充柴煤等燃料。其他节日如春节、元宵节等，师主庙与佑陶灵寺等寺庙均非常热闹。

景德镇做会酬神的戏种非常多元化，体现了移民融合特色，常演出的有徽戏、楚戏、花鼓戏等，其中有3个最富特色的戏种：第一是与陶瓷行业敬献窑神有关的行色戏。行色戏于明代师主庙首演，清代成为大量会馆、寺庙、临时戏台普遍演出的戏种。第二是瓷偶戏，是在禁戏期间发展起来的以雕塑瓷作为人偶，演出饶河戏曲形成的特色剧种。第三是三角班踩地戏，后来演化为采茶戏，是都昌人中流传演变而来，在暖窑神时不用舞台，而是在窑前空地演出《山伯访友》《七仙女下凡》等剧目。

景德镇做会、开禁时演出的戏曲种类在一年当中也呈现出以农历年为周期的运作规律。正月元宵节之后，下乡演出"挨门班"。三月演娘娘爷爷戏，祈求平安健康，是应对天花、麻疹而形成的供奉活动。"四、五月为瓷业从业者演行色戏、瓷偶戏，五月十三演出关公戏迎接关帝圣诞，二、六、九月的十九日演观音戏，七月十五演地藏王戏，八月为黄家洲、八卦图等地演中秋戏，九月初九演九皇戏，十月以后演许真君戏。"（陈海澄，2004）比较特别的是戏班自己的祖师圣诞，在六月二十四，戏班庆祝戏曲行业的祖师爷老郎菩萨（唐玄宗）圣诞，演出唐明皇戏曲《凤凰山》。

3. 开禁、开光及迎神赛会的时空特征

上文提到会馆和寺庙的酬神、做会等活动，通常是以一年为单位，限定在某一社群内部的活动。在景德镇还有以若干年为单位的、城市级别的节庆活动，这些活动常常形成全城性的文化线路。

1）开禁、开光的时间周期

神像开光一般 3 年举行一次，主要内容为聘请专业塑神匠人给菩萨整容，更换冠、袍、靴等，并在所属会馆或寺庙开演 1~3 天。

行业开禁则是一些陶瓷细分行业为了控制从业人数、保证从业人员待遇而控制带徒弟的周期，这一周期可达 3 年、5 年、7 年、10 年乃至 20 年，开禁对行业发展具有重大意义，因此会伴随节庆活动的举办。

有开禁要求的行业有圆器业中的装大器、装小器，琢器业雕削工种，小器匣钵业，大器匣钵业和茭草业。这些行业大多属于从业者多、劳动供给多而话语权基础薄弱的行业，因此特别需要控制行业从业人数来提高本行业的议价能力。其余行业，如针匙业、满窑业、挛窑业、烧窑业则没有明确的开禁规则，带徒由老板自行决定。开禁有"开红禁"和"开黑禁"（也称为"放脚"）之分，红禁时间较长，为一般情况下的带徒周期；黑禁时间短，是从业者不足时的特殊情况。

例如，圆器业装小器"开红禁"周期为 20 年，即每隔 20 年才能带一届徒弟，开禁时有学徒挑红篮游街的活动。"开黑禁"周期则有 3 年、5 年、7 年。圆器业装大器红禁周期为 10 年（景德镇市地方志编纂委员会，2004）。琢器业雕削工种红禁周期为 5 年，黑禁周期为 3 年。小器匣钵业开禁周期为 3 年。大器匣钵业开禁周期为 1 年。茭草业开禁周期为 4 年，每次收徒严格控制不多于 105.5 个（2 年合一个）。

以上时间周期的指定服从几个基本规则：第一，符合劳动力的控制和发展规律。例如，装小器业 20 年开禁周期，大约相当于一个壮劳力可以提供劳动力的最长时间，20 年基本保障了从业者的职位和待遇，又刚刚能够与新的劳动力相衔接。第二，开禁、开光的时间周期，与中国传统时间认知有嵌套关系。中国的一轮 12 年是开光、开禁 3 年周期的 4 倍，而 3 年、5 年、10 年、20 年都是一个甲子 60 年的约数，可以说，这些开禁的年数体现了中国特定的时间哲学（朱利安，2016）。

2）迎神赛会的空间路线

"迎神赛会"是指大型开光、开禁活动时的全城性庆典。重要寺庙的神像开光或重要行业的开禁，会伴随着"迎神赛会"活动的举行。其中，"迎神"是指为神像装金、安装腹脏和巡街的全套开光过程,"赛会"一词说明各庙神灵相互竞赛之意。活动可以增加共同体的凝聚力,并在地方社会中增加本帮派影响力,因此一直受到地方势力的重视。迎神赛会有着悠久的历史,清嘉庆年文人郑廷桂在《陶阳竹枝词》中的"五月节迎师主会,六月还拜风火仙""到底五王灵应显,龙灯日夜闹朝阳",提到的是师主庙、风火仙师庙和五王庙的迎神赛会活动。

迎神赛会形成城市级别的游行路线和节庆活动,在路线上会串联城市中主要的空间要素。相当数量的节庆活动除了在各自会馆进行仪式庆典之外,游行队伍大多会行进到御窑厂前举行相关仪式,景德镇当地称之为"先游厂、后游街"。这一活动会串联会馆、行会、寺庙等公共建筑以及城市街道等开放空间。

迎神赛会的规模往往很大,多至百驾抬阁,队伍长达数里。迎神赛会所形成的文化线路也有一定空间规律。这条文化线路通常包括两点一圈,即游行起止点,游行高潮点和二者之间形成的环形游行线路。其中神祇从游行的起始寺庙装金后开始抬阁出巡,最后又回到此处。因为御窑厂空间宽敞,而且一直以来是公共生活的重要场所,所以游行的高潮点通常在御窑厂内的厂前区域。游行线路由前街(中山路)、后街(中华路)、太平巷、十八桥组成,由此形成一个覆盖到景德镇主要道路的闭合环线。不论是都昌五府十八帮开禁迎风火仙师,还是抚州帮为关帝开光、大器匣钵厂业为钱大将军开光或是元宵节神龙开光出巡,都大致依循此线路,只是起始点依据各自所在庙宇有所不同而已。

例如,在《景德镇文史资料》中载有1932年农历五月十三抚州会馆为关帝开光、神阁出巡的盛况:早上人们在会馆聚集,祭拜关帝,馆内鸣爆、撞钟、击鼓;上午十时许开始出巡,旗牌手、土铳手开路,8人抬"关帝"轿,随后有玩狮、龙、蚌壳、花船等杂耍,二十余乘抬阁居中。队伍由会馆出发,经十八轿、陈家街(今中华南路),沿公馆岭(今中山路)转向麻石弄(今中山南路),最后由太白园转回后街返回会馆散会,历时5小时。队伍行进缓慢,街道狭窄,所经地段观众拥挤,商店无法营业。

大器匣钵业的开光酬神活动,路线与抚帮的关帝开光游行路线大体相同。早晨从新社公庙出发,游厂游街,从后街的十八桥向北出发,到达太平巷后向西转入中山路继续向南行进。大器匣钵业的老板、头首要着长衫,手捧盛着檀香炉的托盘,跟在钱大将军像后游街(方峻山,1992)。

第七章　御窑厂空间复原

景德镇曾是中国乃至世界的瓷业中心，御窑厂则是这座瓷业中心的心脏。御窑厂瓷器代表了景德镇瓷业的最高成就，御窑厂的设立和变革对明清景德镇的城市发展和演变有着决定性的影响。御窑厂空间起初是景德镇行政官署和官方生产空间所在，随着清中后期的世俗化转型，又成为城市商业活动和礼俗节庆的核心空间之一。可以说，御窑厂的空间研究不仅关系到景德镇瓷业生产制度的考证，而且对理解这座城市的内在属性至关重要。

御窑厂空间的研究面临两个方面的困难：其一，现代城市建设的占压，清除了其绝大部分古代建筑或建筑遗迹。从20世纪初至今，御窑厂先后被用作浮梁县和景德镇市政府的办公楼、宿舍楼，到2000年前后御窑厂几乎完全被现代建筑占压。20世纪70年代以来，御窑厂附近道路和建筑施工中发现明清御窑瓷片，尘封已久的御窑厂开始受到考古专家的关注，景德镇市陶瓷考古研究所、江西省文物考古研究所、北京大学考古文博学院对御窑厂进行了一系列考古发掘，使得明清官窑瓷器和部分生产性建筑的基址被发现，成为今天研究御窑厂窑作布局的重要依据。其二，御窑厂在发展过程中受到数次重大灾难性冲击，其规模、格局发生多次重大变化，其空间演变过程、特别是早期建筑格局成为研究难点。明洪武二年（1369），朝廷在景德镇设立陶厂，明洪武三十五年（1402）改名为御器厂[①]，清康熙年间改称御窑厂，作为管理和组织烧造御用瓷器的行政机构，它一直延续了明清两代500多年，直到清宣统三年（1911）随着帝制被推翻而结束。

2006年以来，御窑厂先后入选第六批全国重点文物保护单位、第一批国家考

[①] 御器厂创建时间有两种说法：明洪武二年或者明洪武三十五年。由于洪武二年创建的说法不仅有文献记载也有考古证据，所以本文采信第一种说法。依据为：江建新主编的《御窑史话》第11页，"1990年9月，珠山东麓……发现了明代早期遗物……这些遗物成为洪武二年设置官窑的有力证物"。

古遗址公园,其陶瓷考古和遗址保护方面已经取得了很大的进展,但是景德镇御窑厂的部分建筑重建工作,大体是在薄弱的复原研究基础上进行的,现在御窑厂内复建的地面建筑(如御窑厂头门、佑陶灵祠等)也与历史情形不符。本章旨在对御窑厂历史格局和建筑形制进行研究,对御窑厂空间单元的保护、展示、利用有所借鉴。

一、御窑厂相关文献资料和历史变迁

御窑厂建筑格局复原研究的基础,在于历史文献资料的收集。本书收集的文献包括:第一,历代文献中对景德镇御窑厂的文字描述5种;第二,景德镇御窑厂陶瓷画作5种;第三,以景德镇御窑厂为主题的纸本画作6种。

1. 复原御窑厂的文字类文献版本比较

涉及御窑厂建筑格局的文字类历史文献有明万历二十五年(1597)《江西省大志》、明万历二十七年(1599)瓷板、清乾隆四十八年(1783)《浮梁县志》、清嘉庆二十年(1815)《景德镇陶录图说》等(表7-1)。这些文献的编纂时间跨越明清数百年,后代文献参考和传抄前代文献的情况是比较普遍的。考证这些文献的传抄关系,是判断文献中可信度的重要依据。

表 7-1　文献中对御窑厂设厂年代和范围的记载

文献名称	明万历二十五年(1597)《江西省大志》	明万历二十七年(1599)《万历青花瓷碑残片》	清乾隆四十八年(1783)《浮梁县志》	清嘉庆二十年(1815)《景德镇陶录图说》
关于御窑厂设厂年代的记载	洪武三十五年始开窑烧造,解京供用,有御厂一所,官窑二十座	—	明洪武二年设厂制陶以供尚方之用	明洪武二年(《江西大志》作三十五年)就镇之珠山设御窑厂
关于御窑厂面积的记载	—	(万历年)厂之基延袤三四(里)……上有弧柏凌霄,之傍有抱胜台	明洪武二年……规制既宏,迨后基益扩垣,周五里许	(嘉庆年)御窑厂,厂跨珠山,周围约三里许

一般认为，明代《江西省大志》是关于御窑厂记载的最早文献，其他文献皆传抄于此。然而，乾隆版《浮梁县志》与万历《江西省大志》相比，在记载御窑厂上有非常显著的不同。关于御窑厂设厂年代就不相同，前者记载为明洪武二年设厂，后者记载为明洪武三十五年设厂。《浮梁县志》中也出现若干在明《江西省大志》中未提及的信息，如御窑厂四门的名称、明万历镇民激变、厂署毁于火灾等，说明《浮梁县志》的编纂是建立在《江西省大志》之外的其他材料基础上的，因此尽管《浮梁县志》的记载晚很多，但依然成为考察御窑厂的重要材料。

嘉庆《景德镇陶录图说》则是在同时参考《浮梁县志》和《江西省大志》基础上编纂的，该书的编纂者注意到了二者在资料来源上的不同。如其中有"明洪武二年（《江西大志》作三十五年）就镇之珠山设御窑厂"，对于御窑厂的格局记录，在沿袭《江西省大志》中关于"中为堂，后为轩……"的基础上，写道："桂按《邑志》：厂大堂旧题曰秉成……"，这充分体现了《浮梁县志》和《江西省大志》对其产生的影响。而关于御窑厂面积的记载则揭示了不同年代御窑厂面积变化的情况，后文将对御窑厂范围变化进行详细的分析论证。

2. 御窑厂历代图录汇总

本书收集了 5 种景德镇御窑厂陶瓷画作，包括北京故宫博物院藏嘉庆粉彩制瓷图折腰碗、山西省博物馆藏嘉庆粉彩窑工制瓷图瓶、故宫博物院藏道光粉彩御窑厂图大瓶、巩义博物馆藏咸丰粉彩御窑图方斗杯、清同光年青花瓷桌面。还收集了以景德镇御窑厂为主要表现内容的纸本画作 6 种，包括康熙版《浮梁县志》景德镇图、乾隆版《浮梁县志》景德镇图、嘉庆版《景德镇陶录图说》清御窑厂图、台北故宫博物院藏嘉庆时期御窑厂画、宣统元年《江西全省舆图》景德镇图（表 7-2）。

表 7-2　御窑厂历史图像汇总（文献来源：作者收集整理）

名称	年代	材质	馆藏位置
嘉庆粉彩制瓷图折腰碗	嘉庆	陶瓷	北京故宫博物院藏
嘉庆粉彩窑工制瓷图瓶	嘉庆	陶瓷	山西省博物馆藏
道光粉彩御窑厂图大瓶	道光	陶瓷	北京故宫博物院藏

续表

名称	年代	材质	馆藏位置
咸丰粉彩御窑图方斗杯	咸丰	陶瓷	巩义博物馆藏
景德镇御窑厂青花瓷桌面	同治、光绪	陶瓷	首都博物馆
康熙版《浮梁县志》景德镇图	康熙二十一年	纸质	景德镇市图书馆藏
乾隆版《浮梁县志》景德镇图	乾隆四十八年	纸质	景德镇市图书馆藏
嘉庆版《景德镇陶录图说》清御窑厂图	嘉庆二十年	纸质	—
嘉庆时期御窑厂画	嘉庆	纸质	台北故宫博物院藏
《江西全省舆图》景德镇图	宣统元年	纸质	景德镇市图书馆藏
御窑厂遗址示意图	民国初年	纸质	—

3. 明清御器（窑）厂发展的 6 个时段

清乾隆四十八年（1783）的《浮梁县志》分别在"衙署"和"陶政"两章中（程廷济，1784），对明代御器厂有以下描述：

> 建于里仁都珠山之南，明洪武二年设厂制陶以供尚方之用，规制既宏，迨后基益扩垣，周五里许，永乐间部使祁鸿浩事至厂建堂曰秉成，立门四，东曰熙春，南曰阜安，西曰澄川，北曰待诏。洪熙元年建秉节制度坊于南门，天顺间珠峰建阁曰朝天，北门废。天启间改东门为迎曦，考以上名迹半就湮废，惟厂署规制如旧。①

> 明嘉靖四十三年毁，复建。万历二十五年，巡检方河以内监委督厂事，刑村镇民，激变，民放火烧门坊……三十年，布政分司各县合银盖造。鄱阳县丞刘岳带管厂务，督立牌坊，重建堂庑，颇称壮丽。②

综合两者看，我们可以得出明代御器厂的 3 个发展阶段：第一阶段，洪武至永乐年，规模初创和格局形成阶段（周五里许，立门四）；第二阶段，洪熙至天顺年，格局调整阶段（建坊、废北门）；第三阶段，嘉靖、万历年及之后，劫后复建阶段（发生两次毁灭，进行两次重建）。

---

① 清乾隆四十八年刻本，程廷济修、凌汝绵纂《浮梁县志》（卷二），第五页。
② 清乾隆四十八年刻本，程廷济修、凌汝绵纂《浮梁县志》（卷五），第五页。

清朝御窑厂格局的演变受到中央财政和地方军事活动影响很大。清代的御窑厂存在的260年间[顺治八年（1651）到宣统三年（1911）]，以嘉庆、道光年间的财政削减和咸丰年间太平天国对景德镇瓷业破坏作为两个重要时间节点，御窑厂的发展分为以下3个阶段。

第一阶段，顺治到乾隆年的鼎盛时期。从顺治八年（1651）江西地方官员奉造龙碗开始，清代的御窑厂便开始存在。康熙十九年（1680），清廷正式恢复了御窑厂，使皇室得以获得稳定的御用瓷器来源。康熙、雍正、乾隆三朝是官窑生产鼎盛时期，平均每年用银量约1万两，以维持其正常烧造活动（王光尧，2004a）。

第二阶段，嘉庆、道光的萎缩时期。受到嘉庆时清廷财政萎缩影响，御窑厂烧造经费出现急剧下滑，嘉庆四年（1799）降为5000两；道光二十年（1840）受到鸦片战争爆发影响，御窑厂加速衰败。道光二十七年（1847）后烧造经费已经下降至2000两（喻木华，2011）。

第三阶段，同治到光绪的中兴时期。咸丰时期，太平天国运动爆发，至咸丰五年（1855），江西卷入大规模战争中，御窑厂被迫停止烧造活动。在战争期间，太平军先后若干次攻占景德镇。驻景德镇九江分道、饶州分府官署、浮梁知县行馆和御窑厂的厂署、窑厂均毁于太平军占领时期。时任两江总督的刘坤一在给皇太后的奏折中称："查景德镇地方，连遭兵燹，官民窑厂，停歇十有余年，老匠良工散亡殆尽。"（曹济仁，2014）直到同治五年（1866），御窑厂生产才得以恢复，而恢复生产的主要目的是为烧造同治皇帝大婚用瓷。同治五年，清廷拨出13万两白银专用于御窑厂的重建恢复工作，并恢复每年用银1万两的旧制。在清宫庆典用瓷的推动下，同治、光绪年间御窑厂呈现出前所难见的繁荣局面，瓷业中兴之势十分明显（喻木华，2011）。直至宣统三年（1911）随着帝制解体，御窑厂改制为江西瓷业公司。

4. 早期御器厂范围的发展变化

如前所述，乾隆四十八年（1783）《浮梁县志》记载："明洪武二年（1369）设厂制陶以供尚方之用，规制既宏，迨后基益扩垣，周五里许。"在明洪武年创立陶厂之初，御器厂的周长应当有五里之长。因此，笔者认为明早期御器厂远远大于现在的范围。

笔者实地踏勘了景德镇御窑厂国家考古遗址公园的外墙，南到珠山中路，北到彭家上弄，西到东司岭，东到中华北路的范围，其周长为1.1千米，远远小于"周五里许"的描述。笔者以现状的御窑厂和珠山为中心，向四周拓展，绘制了周长2.5千米的方形范围。这个范围南到珠山中路，北到斗富弄，西到昌江沿河，东到建国瓷厂罗汉肚、葡萄架一带。这很有可能是洪武年间陶瓷厂的大致范围，其面积是现状考古公园的3倍，覆盖了大量明清民居建筑和城市肌理。一般情况下，这一范围内是不应当有民居建筑的，如何解释这个矛盾呢？笔者通过对景德镇明代城市格局和建筑的信息收集而推测认为，御器厂范围在明代中晚期发生了较大变化。

《景德镇市地名志》中"大南门头"和"泗王里"词条，提供了明早期御器厂西南界和南门的位置信息。"大南门头"词条记载，在明朝此地是御器厂的头门，靠珠山中路南侧瓷城饭店处，原有一石门，门楼上有"大南门"三个字（景德镇市地名委员会办公室，1988）。此处是通往南门渡的要道，御器厂瓷器多从此水运外出。"泗王里"词条记载，紧靠南门渡的位置，明代有一庙，紧靠河边，内供水神杨泗将军。这两条记载揭示了明代御器厂南大门外，南门渡和泗王庙毗邻分布的格局，也证实了御器厂西界毗邻昌江的推测。

《景德镇市地名志》中对龙缸弄、风车弄的记载，为明早期御器厂东界提供了依据。其中"风车弄"词条记载（景德镇市地名委员会办公室，1988），"宋景德年间奉帝命烧造龙床，瓷工日夜不停终于烧成，上交期限迫近，龙床难以冷却，故聚集风车鼓风冷却"。"龙缸弄"词条记载，明万历年，御器厂龙缸搭龙缸弄民窑烧制，弄内共有6座窑。这两条记载尽管并非明早期，但其共同指向了御器产品的烧造。这反映了此区域与御器厂的密切关系，以及社会知识中对于这一密切关系的认知。一种可能的情况是，在明早期这里也处在御器厂范围内，但这一猜测仍需进一步考古发掘的支持。

以上记载支持或侧面印证了明早期御器厂范围的推断。相反地，祥集弄上弄三号、九号民居的位置，则与明朝御器厂范围的推断相矛盾。这两栋住宅梁柱粗大、造型古朴，大约建于明成化二年（1466），据猜测原屋主为富户豪商。这个建筑出现在明早期御器厂范围内，表明这里已经成为私人用地，成化年的御器厂范围已经大大缩小了。明万历二十七年（1599）《新建后山亭瓷板》中记载："新建御器厂后山……镇马山之环者如盘龙，水之远者如游蛟……命中官马公建厂于是，以董烧造，厂之基延袤三四（里）……上有孤柏凌霄，之傍有挹胜台……"①第十行所书"己亥之岁"，当为万历二十七年，可证潘相建成环翠亭于万历二十七年之时，御器厂范围"延袤三四里"。此时的御器厂已经比洪武时期小很多了。御器厂的范围变化见图7-1。

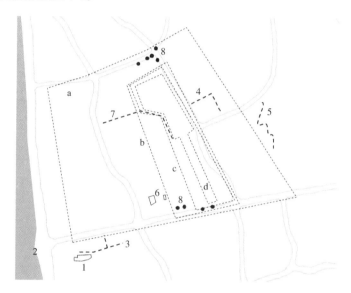

图 7-1　御器厂范围变化示意图

（文献来源：作者综合《景德镇市地名志》和历史建筑、街巷位置自绘）

1—泗王庙；2—南门渡；3—南门头；4—龙缸弄；5—风车弄；6—祥集弄明代住宅；7—毕家上弄；8—明代御器厂陶瓷遗存；a—明早期御器厂估计范围②；b—明中后期御器厂估计范围；c—清早期御窑厂范围；d—清中后期御窑厂范围

---

① 珠山御窑厂遗址曾出土《万历青花瓷碑残片》，即是潘相自撰的瓷制环翠亭碑记，残片照片参见《景德镇出土陶瓷》图276，景德镇陶瓷考古研究所藏。
② 图中标识的"明早期御器厂估计范围"，依据乾隆版《浮梁县志》中"明洪武二年（1369）设厂制陶……周五里许"的记载，结合《景德镇市地名志》的"南门头""龙缸弄"等词条绘制。这一范围周长5里，笔者猜测这一范围土地在明初隶属于御器厂，但很可能并没有完整的衙署建设活动。这一猜测目前只是依据文献资料，有较大不确定性，仍需更多的考古信息揭示之后，才能有较清晰的结论。

关于御器（窑）厂面积的记载则揭示了不同年代御窑厂面积变化的情况，在明万历二十七年（1599）《青花瓷碑残片》记载"（万历年）厂之基延袤三四（里）"，嘉庆二十年（1815）《景德镇陶录图说》记载："（嘉庆年）御窑厂，厂跨珠山，周围约三里许。"可见，御器（窑）厂范围经历了逐步缩小的过程，其中尤其以明洪武年到万历年范围缩小最明显。

清康乾到嘉庆年间，御窑厂再次缩小，这在《浮梁县志》景德镇图中得到印证。乾隆版《浮梁县志》中围墙将整个御窑厂范围包裹，并在头门影壁处合围，但不论是在嘉庆《景德镇陶录图说》御窑厂图，还是台北故宫博物院藏嘉庆时期御窑厂画、故宫博物院藏道光粉彩御窑厂图大瓶显示，围墙只是将御窑厂后部围合，在仪门处围拢。厂前区域没有围墙，只有头门、东西辕门和由若干建筑围拢的一条长长的甬道。这条甬道两侧，原本是御窑厂的范围，却被景德司署、佑陶灵祠、关帝庙和民房商铺侵占。种种图画表明，御窑厂由早年的方形用地缩小为"凸"字形用地。

二、御器（窑）厂主体建筑格局复原研究

御器（窑）厂格局的变化共分为明清6个阶段，依次为明朝格局形成、格局调整、劫后复建3个阶段和清朝康乾鼎盛、嘉道萎缩和同光中兴3个阶段。6个阶段的变化表现为范围大小的变化和主体建筑格局的调整。对于这些变化的原因与机制，笔者认为有几个因素是值得注意的：

第一，御器（窑）厂格局变化常常和景德镇地方的政治军事条件或其他灾害情况有密切关系。明代两次重大的变化均与火灾有关，特别是万历年间陶民反抗压迫而火烧御器厂使得重建后的御器厂范围大大缩小了。清朝的两次重大变化中，太平天国战乱与御窑厂厂前空间的世俗化有密切关系。

第二，御器厂从明代创建以来范围逐渐变小，这与其财政情况和烧造制度密切相关。明嘉靖以前，御器生产过程都在御器厂中完成，明后期开始逐渐实行"官搭民烧"制度，清朝以后，实行完全的"官搭民烧"制度，御窑厂只负责成型、彩绘环节。特别是清嘉庆、道光年间的御窑厂面积缩小与财政紧缩和御窑停烧有关。

第三，中轴线上的主体建筑和其他重要建筑的布局受范围变化、礼仪制度、官祀活动而时有调整。明朝废北门、建南坊强化了御器厂南北轴线。西辕门的废立则与御器厂西部边界的调整有关。御器厂内神祠的兴替则表现出地方信仰的更替。

1. 洪武到万历：礼制称盛的御器厂

《浮梁县志》中的记载表明，明早期御器厂在洪武年间确定了大体规模和范围，永乐年间呈现出中心对称的空间布局模式：周长5里的范围内，秉成堂居中，东西南北各有一门（图7-2）。明中期，对中轴线上的主要建筑进行了调整，南侧建设秉节制度坊，北部废北门而建设朝天阁（图7-3）。

值得注意的是，考古发掘与文献资料相结合，揭示了明中期御器厂北部格局变化的原因。权奎山（2013）在《景德镇明清御窑遗址的考古发现和研究》中讨论了御器厂明代窑炉的发掘情况，他认为，"在珠山北麓发现的七座，均为葫芦形窑……这七座窑炉遗迹的年代为明代洪武至永乐时期。"但随后，他在同一篇

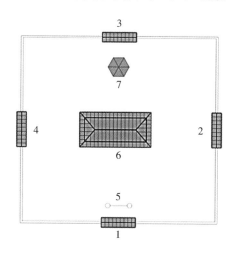

图7-2　明早中期御器厂模式图①

1—阜安门；2—熙春门（天启年改迎曦门）；3—待诏门（天顺年废）；4—澄川门；5—秉节制度坊（洪熙年建）；6—秉成堂；7—朝天阁（天顺年建）

---

① 根据清乾隆四十八年刻本，程廷济修、凌汝绵纂《浮梁县志》（卷二）第五页对御器厂的描述，笔者自绘。

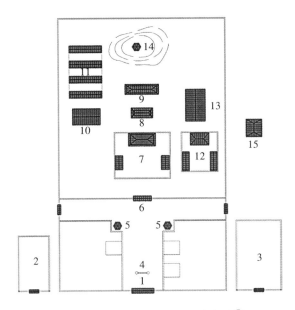

图 7-3 明中后期御器厂模式图①

1—头门；2—公馆；3—九江道；4—坊；5—鼓楼；6—仪门；7—堂；8—轩；9—寝；10—西库；11—工厂作坊；12—官署；13—东厂；14—亭；15—神祠

文章中指出："永乐以后这里的设施（窑炉）、建筑（院落）被废弃，成为堆放瓷业堆积和掩埋落选御用瓷器的场所。"在珠山北麓发现洪武至永乐年间窑炉，印证了永乐年间御器厂北侧的空间格局：7 座葫芦窑的窑房位于珠山北麓，北门"待诏门"位于葫芦窑以北，北门承担着为 7 座葫芦窑提供物料、运送瓷器的功能。而永乐年以后珠山北麓从窑作到瓷业垃圾堆放处的转变，恰恰印证了《浮梁县志》中对天顺年御器厂北部格局调整的文献记录。由于珠山北麓窑炉停烧，北门失去运送物料、瓷器的交通功能而荒废。珠山上建设朝天阁，山体四周成为御器瓷业垃圾倾倒处（刘新园等，2007），珠山很可能成为具有垃圾填埋功能的相对独立的园林环境。

在明万历《江西省大志》（王宗沐等，1560）中，明后期御器厂毁灭后重建的格局，有详细的记载：

---

① 根据清乾隆四十八年刻本，程廷济修、凌汝绵纂《浮梁县志》（卷五）第五页对御器厂的描述，笔者自绘。

> 洪武三十五年始开窑烧造，解京供用，有御厂一所，官窑二十座，宣德中以营缮所丞专督工匠，正统初罢，天顺丁丑仍委中官烧造，嘉靖改元，诏革中官，以饶州府佐贰督之。
>
> 廨宇，按陶政录载。
>
> 御器厂中为堂，正厅三，后为轩，穿堂一，为寝，后堂三。寝后高阜为亭，扁曰兀然，今改为纪绪。堂之旁为东西序，各厢房三，东、南有门，三。堂之左为官署，大门三，厅堂三，东西廊房六。堂之前为仪门，三，为鼓楼，三，为东西大库房，各六，内外库八。为作，二十三：曰大碗作，房七间，小泥房七间，曰酒钟作，房三间，曰碟作，房八间，小泥房四间，曰盘作，房七间，小泥房四间，曰钟作，房七间，小泥房四间，曰印作，房十间，小泥房四间，曰锥龙作，房一间，曰画作，房一间，曰写字作，房一间，曰色作，房七间，曰匣作，房三十三间，曰泥水作，房一间，曰大木作，房五间，曰小木作，房五间，曰船木作，房二间，曰铁作，房四间，曰竹作，房二间，曰漆作，房三间，曰索作，房一间，曰桶作，房一间，曰染作，房一间，曰东碓作，四十六乘，曰西碓作，一十六乘，为督工亭，三，改为楾舍，为狱房，一。厂之西为公馆，东为九江道。为窑，六，曰风火窑，曰色窑，曰大小烂磺窑，连色窑共二十座，曰大龙缸窑，十六座，曰匣窑，曰青窑，四十四座。厂内神祠三，曰玄帝，曰仙陶，曰五显。厂外神祠一，曰师主。甃井二，一在南门内，一在锥龙作。为厂二，曰船柴厂，屋十间，曰水柴厂，屋九间。放柴房，八十七间，烧窑人役歇房，八间。

《江西省大志》对御器厂建筑的描述，主要集中在衙署建筑和工厂。其中对御器厂内部的许多重要建筑进行了描述，在纵轴线上，包括鼓楼、仪门、堂、轩、寝、亭等一系列建筑，在轴线两侧有官署、库房、作坊、祠庙等建筑。继承和发展了明早期御器厂的横纵两条轴线。

值得注意的是，该书记载了明后期有六式窑，58座；作坊23组，133间（不包括碓作），这表明御器厂内部生产性空间面积是非常大的。这些明后期御器窑房、作坊是如何分布的呢？根据"东西大库房""东碓作""西碓作"的记载，生产性空间也大体是左右对称布置的。但关于其具体位置，目前有两条考古发现与此有关：第一，权奎山在《景德镇明清御窑遗址的考古发现和研究》中指出，"在珠山南麓发现的一组是十四座；均为馒头形窑。这批窑炉遗迹的年代为明代宣德至万历前期，最上层的八座有可能是明代嘉靖至万历前期的。"这14座窑炉存在的100多年间，经历了《浮梁县志》中记载的明代两次御器厂毁灭（权奎山，2013）。第二，2014年在御窑厂遗址公园中部偏西、龙珠阁以南进行探方，发掘出了正德到嘉万时期的釉上彩制瓷作坊遗址（江建新等，2016），这表明明后期在御窑西半部有窑房和作坊。其余数量庞大的窑和作坊位置则需要进一步考古发掘来证实。

2. 康乾到嘉道：御窑厂格局微调

对于清代御窑厂建筑格局的描绘，最早出现在康熙二十一年（1682）《浮梁县志》收录的《景德镇全图》和乾隆四十八年《浮梁县志》的文字描述中。

清乾隆四十八年的《浮梁县志》"陶政"章，几乎照抄了明代王宗沐《江西省大志·陶书》中对御窑厂的格局描述。比较可能的情况是，清乾隆年间的御窑厂与明嘉靖年相比，主体建筑格局并未发生重大变化。这一点在康熙、乾隆年《景德镇全图》中得到了印证。这也表明，清代早期不仅在管理体制上沿用了明制，在建筑格局上也大体沿袭了明制。

康熙和乾隆年的《浮梁县志》中《景德镇全图》（图7-4、图7-5）表明，康雍乾时期的御窑厂与明代相比有如下几个特征。第一，康熙、乾隆版的县志景德镇图中，御窑厂仅在东、南设门，而不同于明代早期的四门或三门的设置，这符合《江西省大志》中关于明代中后期御器厂设东门、南门的记载。随后的道光年间景德镇图中，西门重新出现，恢复了三门的配置（图7-6）。

第二，图7-6符合《江西省大志》"中为堂，后为轩，为寝。寝之后高阜为亭，堂之旁为东西厅，各厢房三"的叙述，以及"堂之前为仪门""厂之西为公馆，东为九江道"等主体建筑的描述（康熙年仍称九江道，乾隆年改称分防署）。

第三，《江西省大志》中关于御器厂附属建筑的记述在《景德镇全图》中并未反映出来。例如，"堂之左为官署"并未得以在《景德镇全图》中描绘，包括作坊、

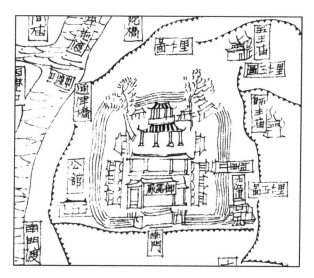

图 7-4 清康熙《浮梁县志》中《景德镇全图》①

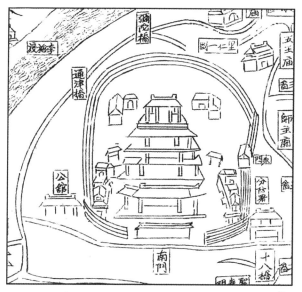

图 7-5 清乾隆《浮梁县志》中《景德镇全图》②

---

① 图片采自清康熙二十一年刻本,王临元修、曹鼎元撰《浮梁县志》。
② 图片采自清乾隆四十八年刻本,程廷济修、凌汝绵纂《浮梁县志》。

图7-6 北京故宫博物院藏道光粉彩御窑厂图大瓶和瓶上御窑厂图
（图片来源：王光尧.中国古代官窑制度[M].北京：紫禁城出版社，2004）

库房、督工亭、狱房在内的《江西省大志》中提及的众多附属建筑也并未出现。这可能是由于《景德镇全图》绘制较简略，而将这些对象省略。也有可能表明这些附属建筑的位置在清代有所调整。

"乾隆去世后，嘉庆下令将御窑厂费用从以前的每年10 000余两削减到每年5000两，嘉庆十一年（1806）又降到2500两，到了嘉庆十五年（1810）十二月干脆下令御窑厂终止运作。"（周思中等，2011）鸦片战争以后，御窑厂衰败更加明显，到道光二十七年（1847），烧造经费已经下降至2000两（喻木华，2011）。嘉庆二十年《景德镇陶录图说》中的御窑厂图与康乾时期有很大不同，历经15年的经费削减乃至终止运作，景德镇的御窑厂格局发生了重大变化（图7-7、图7-8）。

嘉庆年《景德镇陶录图说》中对御窑厂的文字描述如下（蓝浦等，1815）：

> 御窑厂，厂跨珠山，周围约三里许……又东；为官署、为东西库房、为仪门、为鼓亭、为督工亭、为狱房，今废。为陶务作二十有三……厂内神祠三：曰佑陶灵祠、曰真武殿、曰关帝庙。厂外神祠一：曰师主庙。厂之西为公馆，东为饶九南巡道行署（今饶州府同知署）。头门外树

161 | 第七章 御窑厂空间复原

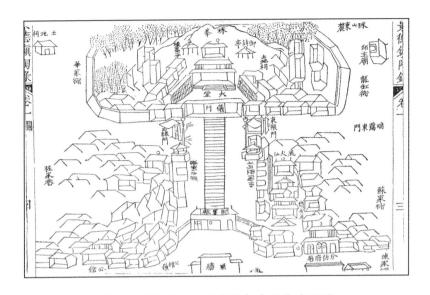

图 7-7 《景德镇陶录图说》中的御窑厂图

（图片来源：蓝浦原著，郑廷桂增补《景德镇陶录图说》，山东画报出版社（2004年）出版）

图 7-8 嘉庆时期的御窑厂

（图片来源：台北故宫博物院藏《景德镇陶图记》十四册页之二）

屏墙一，有东西二甬通市街……珠山上有朝天阁，有冰立堂，有环翠亭。今并改替，惟厂署规制如旧，环翠亭犹存。

由此可见，嘉庆与康乾时相比，格局调整主要表现在如下两个方面：

第一，西辕门的恢复和辕门位置的调整。在嘉庆御窑厂图中，较康熙版和乾隆版《浮梁县志》，多出了西辕门。东西辕门位置回缩于仪门两侧，因此在围墙转角处，景德镇仍留下"东门头"的地名。由于御窑厂面积缩减、辕门位置回缩，西辕门的设置成为可能，西辕门之外有甬道通向毕家弄和东司岭。此外，四角攒尖的鼓亭第一次出现在御窑厂图面上，与辕门毗邻布置，立于高台之上，监管进出人等。

第二，御窑厂一些重要祠庙建筑的调整。明万历年的"厂内神祠三，曰玄帝，曰仙陶，曰五显。厂外神祠一，曰师主"改为清嘉庆年"厂内神祠三：曰佑陶灵祠、曰真武殿、曰关帝庙。厂外神祠一：曰师主庙"。除师主庙仍在厂外，厂内的庙宇改为佑陶灵祠、真武殿和关帝庙。根据《景德镇陶录图说》御窑厂图，佑陶灵祠和关帝庙位于头门和仪门之间甬道东侧，真武殿未见标注但也应在此附近。景德司署位于佑陶灵祠对面。仪门之后为厂署，再后为御诗亭、环翠亭、土地祠。

3. 同光到民国："厂前"空间的世俗化

咸丰年间，太平天国数次攻占景德镇，捣毁了御窑厂和若干窑场，对景德镇的生产活动和社会构成都产生了很大影响。同治五年（1866），清廷拨出13万两白银专用于御窑厂的重建恢复工作。清宫庆典用瓷促成了同治、光绪御窑厂的再度兴起，光绪末年景德镇陶瓷产值的最高数额为600万元，折合白银400万两。

重建后的御窑厂在格局上与嘉庆、道光年间并无多大区别，但空间的使用却在很大程度上世俗化了（图7-9）。反映这一时期御窑厂格局的有两幅图，一幅为清同治、光绪年青花瓷桌面[①]，另一幅为宣统元年《江西全省舆图》景德镇图。

[①] 此桌面的创作年代学界存在争议，首都博物馆的展陈标注为道光年间，但根据李一平《景德镇明清御窑厂图像与首都博物馆藏"青花御窑厂图圆桌面"的年代》考证，此青花桌面应是清同治五年（1866）至光绪三十四年（1908）之间的遗物。笔者采信李一平的研究结论。

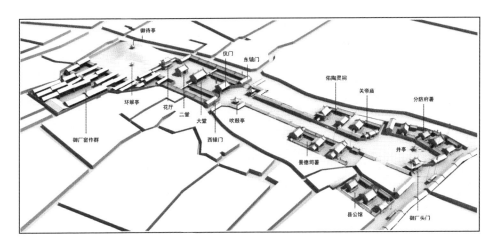

图 7-9　晚清御窑厂格局复原示意图

宣统元年《江西全省舆图》景德镇图中，御窑厂位于画面中央，照壁两侧为保安军防营、同知署、县公馆，照壁以北为头门、仪门，仪门两侧为巡检署、佑陶灵祠和工作厂。这基本沿袭了嘉道年格局。清同光青花瓷桌面是一幅采用青花料绘制的以御窑厂为中心的景德镇图，御窑厂中轴线上是三进院落的衙署建筑，东西两侧为制瓷作坊形成的偏院，院内工人从事坯体加工和彩画、烧窑等生产活动。"头门之外设有照壁，形象龙舌，照壁之前，立有一对旗杆，似龙须两道。头门以北到二门之间，为街道相连，中间走道，青石铺路，正中微凸，犹如龙脊，两侧砌以大型鹅卵石，图案美丽，如点点龙鳞。"（黄席珍等，1984a）仪门东西两侧，是 3 间四柱三楼的东辕门、西辕门。仪门和东、西辕门之间，是世俗化的生活场景和写着"看相""赛会""茶局""测字""戒烟"招幌的店铺和摊贩。头门、仪门间有关帝庙、火神庙、景德司署，头门两侧有县公馆、饶州府同知署。

辛亥革命以后，御窑厂随着清王朝的崩溃而解体，厂前空间也进一步商业化，成为摊贩云集之地。头门之内，各色摊贩聚集，有戏剧用的头盔衣甲店，陶瓷用的水笔、棕印店，清茶馆、小吃店，另有卖药、拔牙、医卜星象以及婚丧执事等。头门沿下是流浪汉和乞丐的栖身之所，便于随时听叫唤去做婚丧喜庆的执事佣人。逢年过节，厂前增添许多临时摊贩，如"卖酒糟的，卖风筝的，打糖菩萨的，看西洋景的，变魔术做把戏的"（黄席珍等，1984a），熙熙攘攘，更加热闹。

从御窑厂厂前空间的变化可以看出，随着官营手工业的衰落，市民势力自发进入原有官制场所，官制建筑经历了从局部到整体的逐步面向市民开放的过程，成为全城中公共性程度极高的市民空间。

御窑厂位于景德镇旧城区几何中心处，历来是城市重要的公共空间。御窑厂头门到仪门的范围，被当地人称为"厂前"，厂前随着清中后期御窑厂财政困难和礼制懈怠，迅速世俗化为全镇最热闹的城市商业中心，也成为景德镇古代城市风景绘画中着重描绘的对象。后来，当地人用"厂前"一词来指代市中心的商业区。这一行政空间的世俗化趋势从历史角度来看，并非偶然，而是景德镇陶瓷业从官办经济向市场经济转变的一个缩影。明代建厂时，礼制规范，格局规整；清初普遍推行"官搭民烧"制度，御窑厂周边民窑迅速发展；清中后期到民国时期，御窑厂厂前空间逐步世俗化。

三、重要建筑形制考证与复原

1. 御窑厂衙署和园林建筑

衙署建筑及其附属园林建筑是御窑厂中地位最高的部分，其中衙署建筑包括头门和影壁、东西辕门、吹鼓亭、仪门、大堂、二堂。园林建筑包括花厅、环翠亭、御诗亭等。

笔者根据上文提到的 11 种地图、图画类文献，对以上建筑形制进行比较和分析。这些图画涉及康熙、乾隆、嘉庆、道光咸丰、同治光绪、宣统 6 个时间点，总体来看，6 个时间点的建筑形制无太大变化，建筑风格和形制是大致统一的。

衙署建筑中属于厂前区域的包括头门、仪门、东西辕门、鼓吹亭等，共计四门两亭。头门面阔三间，悬山屋顶，有左中右三门，两侧为八字门。头门外是三山跌落式影壁，影壁墙前有旗杆两个。仪门面阔三间，悬山屋顶，前有柱廊，门墙设在中柱之后，墙上设有三门，正门两侧有高大的石鼓，门前有四步台阶。辕门类似四柱三间的牌坊，柱子前后设有斜撑，中间一间较宽，有可以开关的木栅栏，门楣写有"东辕门""西辕门"字样，上部为坡屋顶，屋脊上有宝瓶装饰。吹鼓亭建在一个高台之上，四扇窗扇可以打开，屋顶为四角攒尖顶，顶部有宝瓶。

仪门以后是衙署建筑的私密部分，包括两进院落。具体来说，包括大堂、二堂、厢房。其中，大堂建在高台之上，前有四步台阶，屋架面阔三间，前有柱廊，立面是开敞式的，屋顶为悬山顶，屋脊有宝瓶。仪门与大堂之间的东西厢房，是三间（或九间）硬山，立面为木栅栏，内部应当用作存放仪仗用品。二堂的位置与大堂非常靠近，三间悬山顶，高度和面阔都小于大堂。

御窑厂衙署建筑后部是附属园林，包括花厅和环翠亭、御诗亭。花厅是衙署建筑序列的收束，也是通向园林区域的过渡性建筑，建筑面阔三间，有两层，可供登楼眺望，屋顶为重檐歇山顶，屋脊有宝瓶装饰。御诗亭和环翠亭点缀在珠山上，前者为歇山小亭，位置也位于衙署建筑中轴线上，后者是四角攒尖顶。在民国时期，珠山顶部被削平，上建龙珠阁。

2. 厂前的署馆祠庙：三署一馆、两庙一祠

在清乾隆四十八年（1783）程廷济修、凌汝绵纂《浮梁县志》中，对厂前衙署建筑进行了详细的描述，对象涉及三署一馆，包括饶州府同知署（简称同知署）、景德镇分防署（也作分防府署、由九江道公馆改建）、巡检司署（后更名景德司署）和县公馆。三署大约是在康熙年间先后从浮梁迁往景德镇，以加强地方治安、弹压民变，建筑的改建、扩建大多发生在其后，在乾隆年间规模壮大。公馆是明嘉靖时所修。

其中关于同知署有记载，"国朝康熙三十二年，奉文移饶州府同知驻迁景德镇厂署及今，部使时临，同知另创衙署。"

关于分防署有记载，"同知署康熙二十二年，饶州府军捕厅奉文，移驻分防景镇弹压地方，因未建有厅署，租赁民房。于乾隆十年……将景镇旧有巡道公馆改为厅署。头门三间，左右班房各三间。二门三间，西东科房各三间。大堂三间，二堂五间，书房签押房各三间。三堂楼屋五间。自头门至上房共三进。"[①] 在经历了租赁民房若干年之后，在乾隆年间，将原九江道公馆进行改建为景德镇分防署，

---

① 清乾隆四十八年刻本，程廷济修、凌汝绵纂《浮梁县志》（卷二），第五页。

形成二门二堂一楼共计五进、科房班房齐全的大型院落式衙署。

"巡检司署……万历四十一年知县马鸣起重修。后移往景德镇，移建年代旧志未载。乾隆二十六年重建大堂内署，三十二年改换景德镇巡检司字样印信，三十六年添建二堂。"可见巡检司署（景德司署）在乾隆二年主要建筑包括大堂和二堂，为两进的院落式建筑。根据同光年间青花瓷桌面显示，同光年二堂后增建一处小院，共计三进，其大门为一间，坐西朝东，大堂、二堂坐北朝南，厢房供奉土地神、财神等，院落中有两个旗杆。

"布政分司中为堂，有轩，有后堂，有东西序……府馆制视布政分司而略小……公馆在景德镇，制视府馆，明嘉靖二十一年知县修。"[①]县公馆的规制效仿府馆，府馆又效仿布政分司而略小，而布政分司为三进院落。所以公馆是两进院落的可能性较大。

同知署的建筑格局不仅在县志中没有描述，而且其名称也不见于清朝历次县志的景德镇地图中，大体是因为其紧邻分防署且规模很小，所以被地图作者仅以分防署的标识统一代替。

景德镇陶瓷生产相关的信仰崇拜活动非常丰富，御窑厂作为官方的瓷业生产管理机构，其官祀活动一直十分兴盛。明王宗沐（1560）在《江西省大志》中对师主庙记载："厂内神祠三，曰玄帝、曰仙陶、曰五显。厂外神祠一，曰师主。"师主庙为明洪熙年建，原在厂内东侧，成化时迁出。从《景德镇陶录图说》御窑厂图中可看出，清嘉庆年间，御窑厂所祀神灵与明代几乎截然不同，厂内有佑陶灵祠（风火仙师庙）、关帝庙，厂外东侧供奉师主庙。对于关帝庙，笔者根据地图推断，它是一进院落，大门正对御窑厂头门，面阔三间，屋顶为悬山顶。佑陶灵祠和师主庙在第六章中进行了非常详尽的考证。

---

① 清乾隆四十八年刻本，程廷济修、凌汝绵纂《浮梁县志》（卷二），第六页。

第八章 瓷业街区单元

笔者在辨识历史城区的遗产系统基础上，在"系统"和"要素"之间置入"瓷业单元"的分析性概念，来形成整合性的、尺度合宜义相对独立的研究分析对象。这种瓷业单元中聚集着特定的建筑类型，拥有特定的产业功能和用地形态，类似于我们通常所说的"历史街区"。本书使用"瓷业单元"这一词语，意在强调它不仅具备"街区"外在的历史环境和风貌，而且形成了一定规模的、具有内在联系的地方共同体，其内部是由自然环境要素、空间形态要素（土地利用和基础设施）、经济要素（产业和建筑）、社会要素（信仰礼俗）等内容构成的空间网络。

依据瓷业功能，街区单元可分为行政综合性单元（御窑厂）、生产型单元、商贸物流型单元三大类，景德镇现存的街区单元和历史建筑如图8-1所示。在第七章中，已经对御窑厂单元进行了详尽的考证，本章就生产型单元和商贸物流型单元进行详尽研究。

基于对窑址、作坊的详尽踏勘，生产型街区单元根据其土地利用形态可以分为产业链型、细胞型、自由型、紧凑型等4类，这4类土地使用形态是在不同的资本规模和生产组织方式下形成的，其坯房建筑类型也有区别（表8-1）。

表8-1 景德镇生产型街区

街区名称	形态类型	生产组织方式	资本规模	主要坯房类型
罗汉肚街区	细胞型	窑坯合股	大中型资本	院落型
薛家坞街区、江家坞街区	自由型	窑坯合股	大中型资本	一字型
御窑厂西街区	产业链型	全产业链	皇家（大型官僚）资本	院落型
抚州弄街区	紧凑型	家庭手工业	中小型资本	紧凑型

图 8-1 景德镇历史城区现存的街区单元和历史建筑

一、细胞型生产单元：罗汉肚街区

罗汉肚街区，位于龙珠阁东北 300 米处，地处莲花岭山下。据《景德镇地名志》记载，在唐朝时，此地形成弄巷。明代时，这里已经是窑火密集之处，考虑到龙缸弄就在此街区中，这里很可能是明代御器厂的一部分。清代，它是御窑厂之外距离御窑厂最近的生产型街区之一。罗汉肚街区历史悠久、瓷业兴盛，尽管新中国成立后瓷厂的建设拆除了大量老窑厂、老作坊，极大地改变了罗汉肚的原始城市形态，但一组位于罗汉肚中央、保存完好的窑作群成为理解罗汉肚街区形态的关键。

1. "一窑十坯"的用地模式

这组窑作群由一座窑房遗址（徐家窑）和 10 间坯房建筑组成，其中 9 个坯房形成 3 个院落，位于老罗汉肚巷北侧，占地 3000 平方米。窑作群大致轮廓呈方形，若将此窑作群划分为田字格，3 个坯房院落和 1 座窑房分别位于其 4 个象限中，其中窑房面向西南方开门，窑炉位于窑房北侧，在一号院中有 1 口水井，为各坯房共用，各坯房三合院由东、西、北 3 间坯房组成，坯房对院子开敞，院子中间设晒架塘，院子向街巷开门，其中二号院的院门处设两层住宅，供老板居住。基地位于莲华岭南麓山势缓慢的山坡上，大体处在二级阶地上，院落就着山势自东北向西南跌落。

由于建国瓷厂的建设和原有作坊的拆除，该"一窑十坯"是我们在罗汉肚区域看到的唯一完整实例。但是通过对当地窑址的梳理和对相邻两街道距离的测量，笔者认为这种空间单元在罗汉肚地区是一种普遍的生产空间组织形态。根据《景德镇文史资料》（第八辑）中提及的 1924—1949 年景德镇瓷窑名录，罗汉肚街区至少有 13 座窑房①。这些窑房较均匀地分布在罗汉肚区域内，将罗汉肚划分为规

---

① 笔者对建国瓷厂原工人姚国旺师傅进行访谈后，整理得出。罗汉肚街区的窑房包括施家窑、老龚家窑、马栏窑、易山窑、徐家窑、欠班窑、道凤窑、老罗汉肚窑、樟树下窑、新罗汉肚窑、电灯背窑、龙缸弄窑、新坦家窑。这些窑房位置在《景德镇文史资料》（第十辑）之《都帮》中得到证实（P14-15）。

模大致相近的 11 个组团，每个街块组团规模平均为 65 米 × 54 米，可以推测得知，这些组团与徐家窑情形相近，此区域包含了这样一系列细胞组团（图 8-2）。

事实上，"一窑十坯"生产单元，早在宋代《陶记》中就有类似的表述。宋蒋祈《陶记》："陶甿食工，不受艺佣，埽赁窑主，以相附和谓之'甥（shuǎng）'"。大意为，一个窑户由几个坯户来搭烧的组合称为"甥"。宋代景德镇瓷业从业者特地发明和使用"甥"字，用以描述一种特定的瓷业生产关系，这表明窑户与坯户的组合关系在当时已经相当普遍。而徐家窑作坊群的存在，则说明"甥"可能暗示了一种基本的窑作空间模式。

"一窑十坯"的空间模式，可能是在大规模资本主导下形成的一个独立的产权单位。笔者推测，这种空间模式应该与御窑厂的生产制度有关。明代设立御器厂时，官府采用匠役制，即官府雇用工人在国有的窑场进行生产，在明后期，有六式窑，58 座；作坊 23 组，133 间。此时罗汉肚窑房有可能就是其中的官式窑场，因此呈现出较完整的、似乎是被规划过的形态。到清代、民国时期，似乎这一区

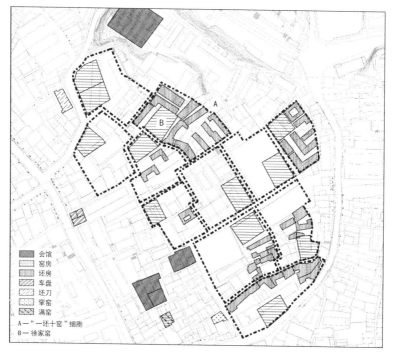

图 8-2　罗汉肚街区建筑功能分布图

域经历了窑业资本的碎片化过程,原本可能存在的"一窑十坯"的独立产权单位解体、分散为私人业主所有。

2. "窑业—辅助业"功能结构

在坯房、窑房两种建筑之外,街区中窑业辅助业的建筑是非常重要的建筑类型。窑业(包括烧窑业、做坯业)与窑业辅助业建筑共同构成了细胞型生产单元的功能结构。这个功能结构的中心枢纽是为窑业提供技术服务和辅助设备的专业化店铺,结构的外围是窑业细胞(即"一窑十坯")(图8-3)。

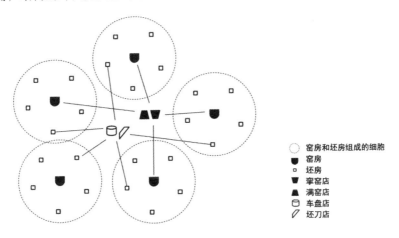

图 8-3　罗汉肚街区功能结构示意图

由于景德镇瓷业规模大,窑业辅助业分化成为独立的专业化行业,虽然这些店铺数量不多,但在窑业中地位显著、必不可少。辅助业店铺包括两大类:一类是服务于烧窑业的技术型店铺,包括挛窑店[①]、满窑店[②]等,挛窑店、满窑店分别为柴窑提供砌筑和烧造服务;另一类是为坯房生产提供设备和工具的店铺,如坯刀店、车盘店、模型店等,坯刀、车盘[③]、模型是做坯业必不可少的工具。根据笔

---

① 挛窑是指专门为柴窑、槎窑砌筑窑篷(烧造瓷器的窑体)的技术行业。挛窑店是为柴窑、槎窑提供劳动力和相应技术的机构。
② 满窑是将装坯后的匣钵排放在柴窑或槎窑窑弄中准备烧制的过程。满窑店是为柴窑、槎窑的满窑环节提供劳动力和相应技术的机构。
③ 车盘是圆器作坊、琢器作坊、模型店、大器匣钵厂主要使用的成型工具。

者推测，这些店铺大致存在服务半径的概念，即这些店铺会就近于窑业活动区分布，并且服务一定范围内的作坊、坯房。

根据《景德镇文史资料》之《都帮》记载，龙珠阁有两家车盘店，龙缸弄、彭家上弄各有一家挛窑店，几家店铺就是窑坯单元的技术性功能节点，其位置靠近商业活力旺盛的后街附近，功能辐射到罗汉肚街区。

二、自由型生产单元：江家坞街区

江家坞街区位于罗汉肚街区东南方向，但与罗汉肚街区相比，这里呈现出不同的形态特征。此处的窑房和坯房没有形成细胞式的组织模式，窑房和坯房各自分类聚集，形成一个彼此分离的特定区域，因此形成坯房集中区、窑房弄、富户商住（商业、居住混合）街、瓷用工具店铺四大要素完整的瓷业生产生态系统和空间结构（图 8-4）。

1. 窑坯分离、商住街居中的功能结构

江家坞街区中，除新磨鹰窑、新木匠窑、老木匠窑外，其他窑房遗址均已不存。根据《景德镇文史资料》（第八辑）中所提及的民国景德镇瓷窑名录（刘贤

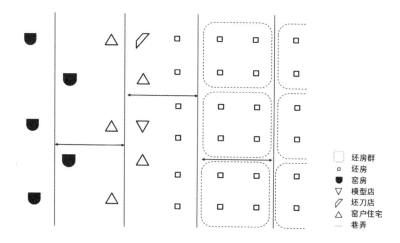

图 8-4　江家坞街区功能结构示意图

诚等，1994），笔者进行实地访谈，确认了江家坞街区中9座民国时期窑房的位置，包括新坦家窑、新磨鹰窑、老磨鹰窑、新坑里窑、老坑里窑、新木匠窑、老木匠窑、风车窑、菩萨窑，它们集中分布在犁头嘴弄到苏家畈弄路段两侧（图8-5）。这两条巷弄南北相接，在260多米的巷弄中密集分布9栋镇窑窑房，是景德镇现存最典型的"镇窑窑房弄"。

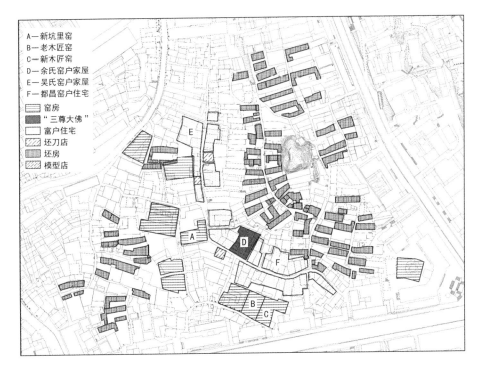

图 8-5　江家坞街区建筑功能分布图

坯房集中分布于两处：一处在枯树弄与农旺弄巷之间，沿着蔡家街、枯树巷、九黄岭，40多间一字型坯房（有些被改建为民居，但其坯房格局犹在）呈行列式分布。这里是景德镇一字型坯房集中分布的典型区域之一，站在观音岭望向四周，能够看到成片的青瓦坯房区。另一处在许家弄、酱油弄、葡萄架一带。类似的区域在薛家坞街区、刘家弄街区也有，但作坊区整体规模较江家坞街区偏小，风貌保存情况也略差些。

窑房弄和坯房弄之间是一条服务于窑房、坯房的商业居住街。这条街为蔡家街与江家坞相连，处于窑房弄和坯房弄之间，为两侧功能提供居住和瓷业配套服务等功能。访谈中，有当地人表明，这里曾经有用作坯刀店①的店铺，模型店②也分布在附近的许家弄中。不同于其他普遍以"弄"相称的名称，这条街被当地人称为"蔡家街"，可见此街在形态和功能上的特殊性。它宽度为2.5~4米，略宽于附近的巷弄，两侧由店铺和富有窑户宅邸组成，社会阶层也较周围以作坊为主的街更富有。它从蔡家街南段向东南继续延伸到江家坞东段，全长230米，两侧建筑较精美，有较多的装饰性细节。与坯房区和窑房区较低成本的建筑材料和粗犷的建筑风格不同，这条街两侧的建筑富有装饰、细节饱满、材料相对昂贵，似乎说明了它们的主人曾经拥有的财富和社会地位。

街道两侧由3种建筑组成：第一种是窑户老板的"家屋"，这是一种沿街为瓷器店、后为居住功能的商住混合住宅。第二种是徽派住宅的宅邸门脸，其住户的财富一望便知。第三种是窑业辅助业店铺建筑，拥有富含当地特色的木质店铺门面。这条街巷中有三尊大佛之首余英泾"家屋"、富有窑户老板吴义和"家屋"、蔡家街12号都昌籍窑户老板住宅。

不同街区的用地形态与其形成时的资本规模有关。《景德镇市地名志》表明，江家坞街区的形成晚于罗汉肚街区，从目前遗留的建筑年代来看，除少数住宅和坯房为清代建筑外，大多数建于民国年间。因此街区的形态大致反映了民营经济繁荣、技术专业化较高的清中后期到民国时期的社会情况。繁荣的商品经济对规模经济的依赖决定了窑户老板、坯房老板各自的空间聚集，以降低各种流通成本，提高瓷业技术和市场信息交流的效率。换句话说，窑坯分离的空间特质，见证了清代到民国年间私人资本追求规模经济的历史。民国时期景德镇制瓷作坊和生产场景如图8-6所示。

---

① 坯刀店专门锻造陶瓷生产用的利坯刀、剐坯刀、钢锉。
② 模型店为圆器坯房业修理和制作瓷用模型。

图 8-6　民国时期景德镇制瓷作坊和生产场景

（图片来源：弗兰克·B. 朗茨（Frank B.Lentz）1920 年摄于景德镇）

2. 一字型坯房建筑及其用地模式

一字型坯房相比于明代典型坯房而言，用地较小、功能布局紧凑。主体建筑（当地称为"正间"）坐北朝南，由半开放式厂房和厂房朝向南面形成的院落共同组成。建筑和院落整体的用地轮廓平均尺寸为东西长边 22 米，南北短边 12 米，院落宽度通常南北方向为 6 米，院内设晒架塘和泥房。晒架塘为长方形，长度通常为正间的 2/3，宽 1.5 米，深度为 2 米，由于通常选址在地下水丰富的区域（前文曾经论述过，坯房选址在"坞"中），水塘中常年有水，用来淘洗原料。晒架塘每 3 米设一窑砖砌筑的拱桥，是工人操作的通道和站立处，晒架塘上部为木质晒架，可以放置需要晾晒的坯体，从水塘中蒸发的水蒸气可以有效调节小气候，防止坯体干裂。

一字型坯房建筑为穿斗式砖木结构，使用窑砖作为建筑和院落的维护结构，坯房朝向院落的一面不设门窗，为开敞式柱廊，便于室内外共同完成手工业操作流程。坯房院落在短边方向的墙壁上设有入口，有的是简朴的小门，较为讲究的也有八字形大门，门楣上角以图案进行装饰。入口直接连通院子，院子中的泥房存放做坯的原料。坯房[①]一般为 6~8 间，每间进深 7 米左右，面宽最窄 2.1 米，最宽 3 米，平均宽度在 2.7 米左右，屋架檐口一般高度 2.2 米，屋脊高 4 米。

一字型坯房建筑的用地模式：街块尺寸一般南北长，东西宽，长度 80 米左右，

---

① 坯房建筑的类型和相关详细研究，详见第五章"三、基于产业类别的建筑类型"。

宽度 50~60 米。一组典型的行列式坯房街块中，含有两列坯房，共 6 行，共计 12 个坯房院落。坯房的入口一般都在沿街的长边，东西朝向，这样从坯房的短边进入院落，可以提高巷弄的人口密度，增加道路交通效率。

3. 窑户宅邸（家屋）和窑户街

景德镇资本较大的烧窑户和做窑户（做坯户），除了拥有窑房、坯房之外，还会有一种称为"家屋"或"家"的房产。这种建筑类型兼有居住和售卖瓷器的功能，在景德镇颇有普遍性。民国年间，景德镇富户有"三尊大佛、四大金刚、十八罗汉"的说法，这当地最富有的 25 人中有 13 人（超过半数）从事瓷业生产行业，他们的住宅就属于"家屋"类型。这类建筑与窑房作坊的分布情况类似，以十八桥为界，主要集中在南北两个区域。北区分布在薛家坞、邓家岭、五龙桥、苏家畈、枯树庙、广益弄等巷弄中。南区分布在戴家上弄、大黄家上弄、石鼓里、陈家弄、烟园里、苦珠山、青峰岭、椿树弄、牛氏弄、牌楼里、金家弄等巷弄中（陈海澄，2004）。窑户街的立面有两种类型，一种是木质推板门，另一种是砖石立面（图8-7）。

这种房产不仅有居住功能，而且有陶瓷经营功能。它同时兼有选瓷、仓储、记账、接待瓷商、主人居住以及为工人提供住宿和做饭的功能。根据《景德镇瓷录》记载，这种家屋通常为四柱三间的两层砖木建筑。立面通常为"推板屋"形态。进门过道两侧为屯瓷和选瓷的空间和木栅围起来的面积较小的账房。屯瓷处用高 2.5 米栅栏式瓷器架，或高 2 米、宽 3 米分为四五层的瓷器橱。选瓷处则用长 1.8 米、宽 0.8 米的"瓷器床"，三面有木栏杆。楼上为瓷业工人的住所，第二进为窑户的

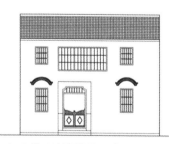
(a) 江家坞7号抚州烧做两行窑户住宅立面

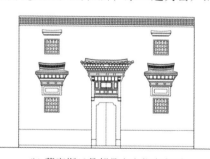
(b) 蔡家街12号都昌窑户住宅立面

图 8-7　窑户住宅立面（作者测量并绘制）

起居会客空间，两侧厢房为居住功能（图8-8）。

在江家坞街区内，江家坞27号民居为一幢典型的富有窑户住宅，其平面功能也符合上述叙述。主人余英泾（1874—1929），位列"三尊大佛"之首，主营烧做二行，并设钱庄，拥有家屋、窑屋、坯房等房产50多幢，牌号"余鼎泰"，为景德镇首富，其逝世后财产由余豪元继承。这栋建筑南与江家坞横弄交界，建于1935年前后。沿街建筑为经营瓷器生意的商业建筑，木质推板立面，店铺以北是一个庭院，庭院北侧是西洋砖石立面的住宅建筑，住宅坐东北朝西南，面阔15.3米，进深30.2米，两层砖木结构，二进二开间布局。住宅西侧是用来储存物料、瓷器的栈房。这户家屋是景德镇最典型的"家屋"之一，功能包括住宅、栈房、商业门房、院落等，面积共计850平方米左右。

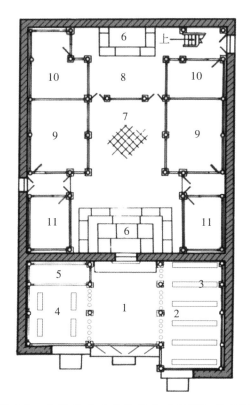

图8-8 典型前店后宅的窑户"家屋"平面图

1—店铺过道；2—屯瓷区；3—瓷器架；4—选瓷区（瓷器床）；5—账房；6—天井；7—正堂；8—后堂（伙房）；9—卧室正房；10—卧室后房；11—厢房

三、产业链型生产单元：御窑厂西街区

御窑厂西街区位于御窑厂西侧，南到祥集弄，北至斗富弄，西达中山路，东与御窑厂西围墙（今东司岭）为邻（图8-9）。此街区北侧部分在明清时期就是御器/窑厂的一部分，街区南侧历来与御窑厂关系紧密，产业活动与御窑厂可能存在某种合作关系。随着辛亥革命后御窑厂解体，此街区成为江西省瓷业公司的配套生产空间及市民生活的空间。

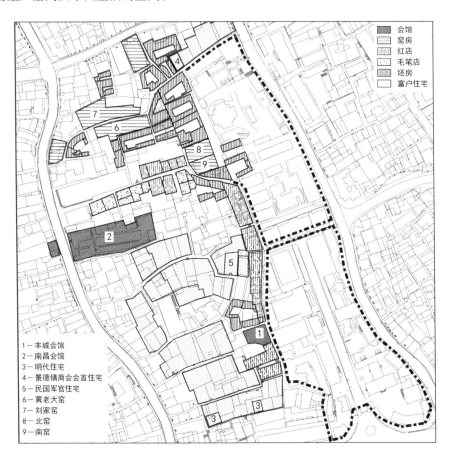

图 8-9　御窑厂西街区建筑和功能分布示意图

1. 产业链形态的功能结构

明清时期御器（窑）厂内部囊括了瓷业生产的几乎所有环节，随着清末帝制解体，御窑厂的生产要素被释放到邻近的西侧街区中，重新组织起了一条产业链。这个产业链包括做坯、烧窑的核心环节，以及画红、制笔的配套环节。产业链型生产单元的功能结构如图 8-10 所示。街区北侧是坯房、窑房集中的区域，包括 13 座坯房和 4 座窑房。13 座坯房中，9 座属于大型院落式作坊，占地尺寸较大，院落空间宽敞，有比较明显的明式作坊特征，根据《景德镇文史资料》中的地图显示，这些作坊包括脱胎坯房 3 间、大件坯房 2 间、粉定坯房 2 间、青花坯房 2 间，此外还有货栈、彩绘、伙房等两排建筑。4 座窑房分为两对毗邻分布，其中一对为黄老大窑和刘家窑，年代较早，应当至少在清代就有烧造活动，而且其中的黄老大窑在民国时期是过街窑形态，一层原被彭家弄到毕家弄的横弄分成两部分，二层为过街楼，在新中国成立后为了方便生产才将横弄堵塞。另一对为南窑和北窑，位于珠山脚下西南侧，为民国时期建设的。

街区东南侧东司岭及其支弄为丰城人开设的红店集中区域，东司岭与程家上弄交叉口处有丰城会馆，建于民国时期。当地人介绍说，从民国开始大量丰城人开始聚集在此，从事"八马"瓷的创作，之后购地建设会馆。东司岭向北延伸到街区中部的毕家上弄，是瓷用毛笔店集中的区域，为做坯业和红店提供瓷画用的毛笔，一说毕家弄的来由正是"笔家弄"的讹传。

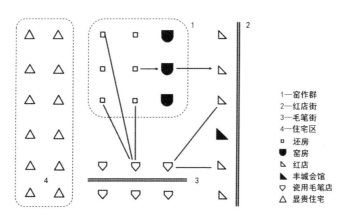

图 8-10　产业链型生产单元的功能结构

街区西南部是景德镇富户、名流的居住区，清代县公馆曾位于此处，规模宏大的南昌会馆正位于詹家上弄与毕家上弄之间，此街区中曾居住有大量南昌籍商人，他们从事的行业包括米业、百货、副食、绸布等生活服务业，这些行业的店铺分布于街区中山北路沿线。

2. 瓷用毛笔店形成的特色街道

东司岭和毕家弄两条街巷首尾相接，总长650米，民国时这两条街巷两侧分布着大量瓷用毛笔店和红店、瓷行。这条街原本是御窑厂西辕门外的繁华商业街，甚至"算得上是全镇最热闹的街市"（李新华等，2007），在新中国成立后由于市政府选址御窑厂而进行改造，这条街仅剩一侧的店铺。

瓷用毛笔是指陶瓷彩绘环节使用的专业毛笔，这种笔蘸的是瓷用颜料，因此与写字和纸画用的毛笔不同。瓷用毛笔品种不下百种，分为画笔和水笔两个大类。画笔可以分为釉上和釉下两类，釉上画笔又分为画笔和填笔。水笔分为圆器水笔和琢器水笔等。制笔店用的材料有毛、麻和小山竹，笔杆需要在篾匠店加工。

民国后期，景德镇有10多家瓷用毛笔店，从业者是抚州临川人和金溪人，非同乡不传。店铺主要分布在公馆岭和汪家街。公馆岭有7家，经营粉彩画笔和水笔为主。汪家街有5家，经营水笔和釉下彩画笔为主。其中有些技艺高超的产品，如画美人眉毛短发需要比头发丝还要细的笔。

瓷用毛笔店聚集的街道上分布了大量红店，这体现了制笔业与红店业的密切关系。现存毕家上弄有一处大型红店历史建筑。它坐北朝南，是两层砖木结构建筑，进深12.7米，面阔11间，每间3.7米，总面积500多平方米，民国时期是加工釉下彩瓷器的作坊。

四、陶瓷加工与包装业单元：瓷器街街区

商贸物流型遗产单元具体包括4种类型：陶瓷加工与包装业单元（瓷器街街区）、陶瓷商贸单元（董家岭街区）、陶瓷原料物流单元（通津桥街区）和生活服

务业单元（三间庙街区）。前 3 种是与瓷业生产紧密相关的上下游行业形成的瓷业配套产业街区，后 1 种则是为瓷业从业者提供衣食住行基础服务而发展起来的非瓷业街区。下文以瓷器街街区为例详细分析陶瓷加工与包装业单元的空间结构。

瓷器街街区位于镇区南部，西临昌江，东到中山路，北到麻石弄，南达戴家弄。面积达 3.8 公顷。《景德镇陶录图说》记载，清代"瓷器街颇宽广，约长二三百武……街两旁皆瓷店张列，无器不备有"，是陶瓷瓷业加工与零售业的热闹街市（图 8-11）。

图 8-11 瓷器街街区的建筑分布图

1. 加工、包装、修补三业聚集形成的功能结构

陶瓷加工与包装业包括瓷器画红、瓷器修补、瓷业包装与运输等一系列环节，会相应形成次一级的功能单元（图 8-12）。瓷器街街区中包括一系列的亚单元：瓷器街、小黄家下弄的瓷器红店业亚单元，黄家洲、何家洼的瓷器修补业亚单元以及黄家洲、财神下弄的瓷器包装业亚单元。每个亚单元通常由垂直于昌江岸线的若干条下弄构成，这些下弄被垂直于下弄的横弄连接起来，其中下弄是瓷业功能，而横弄则往往具有一定的生活服务业和其他配套属性，分布有茶馆、酒楼、颜料店、金粉店等。下面依次讨论瓷器画红业（红店）、陶瓷修补业（洲店）和瓷器包装业的功能模式。

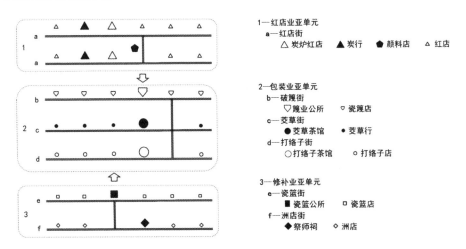

图 8-12　陶瓷加工和包装业单元中的功能结构

1）红店业模式

红店业的生产过程为先彩绘，然后炭炉烤制以形成釉上彩。红店巷弄两侧是一般的红店建筑，从事釉上彩瓷器的画红工序，例如小黄家下弄、黄家洲、陈家下岭、老弄口聚集了大量红店。由于炭炉（当地人称之为"锦炉"）的固定投资较大而租用费用较低廉，所以红店主普遍形成每户各自进行彩绘工序，之后租借别人的锦炉进行烤制的锦炉共享模式。一条巷弄一般分布有两三家锦炉业红店建筑和一家炭行，锦炉业红店建筑内部安装有烤炉，将画好的釉上彩瓷器烤制为成

品，炭行为锦炉业提供特制的燃料白炭。巷弄中还常常分布有一两家副食杂货店，因为画红工人喜爱在夜晚工作，而且还要食用茶点，所以需要杂货店提供点心、蜡烛或煤油。①

垂直于红店巷弄的是陶瓷商业和生活服务业的街巷，例如著名的瓷器街是景德镇著名的热闹街市，聚集大量高档瓷器店，这些店铺资金雄厚，只是卖出买进，调运各处优质瓷器在此买卖。此外还聚集了为红店业提供釉上彩原料的颜料店、金粉店，还有餐厅、茶馆通宵达旦营业。因此，红店业亚单元由红店巷弄和垂直的商业街组成。

2）包装业模式

瓷器包装业包括破篾业、茭草业、打络子三业。破篾店是从事将竹子加工成篾条的店铺，为茭草和打络子提供包装材料。它聚集在刘家下弄、大黄家下弄、枣树下弄等下码头区域。

为瓷行提供包装运输服务的行业称为"三行头"，包括把庄、汇色、茭草，每行均有头首。头首大多是在接到生意之后临时雇工，除同行和亲友推荐之外，一般在茶馆联系。茭草行围绕着4家茶馆分布在大十字弄、里仁弄、土地弄。这4家茶馆位置依次是财神弄口正街正义茶社、正义茶社对面、财神下弄、土地弄，它们是行业工人聚集、进行劳务雇佣的联系点。工人闲时就到茶馆喝茶，待雇主前来雇工。这几家茶馆虽不是正式的行会，但却发挥着行会的一部分功能。

打络子店则是将茭草行包装好的瓷器进一步进行包装，这类店铺集中在当铺下弄一代，并延伸到财神下弄。此外，包装业店铺中也分布有木桶店和其他生活服务业店铺（瓷器打络子之后需要装入木桶，进行长途运输）。例如，麻石弄、大江家弄以出售各种生活日用品而出名②。

3）修补业模式

黄家洲、十字弄中聚集了大量收购、修补和贩卖下脚料瓷器的店铺，景德镇

---

① 笔者于2014年采访了陈家下岭老住户、78岁的王忠富，红店业巷弄的历史情况由其提供。
② 笔者于2014年采访了73岁的景德镇老居民李重人，他在访谈中指出，新中国成立前大江家下弄中有金箔店、布店、木桶店、米店、豆干店等。

当地将此称为"洲店"，属于"下洲店帮"。在第五章中提到的祭师祠正是下洲店同业公会的集会场所，也叫破碗公所，位置在十字弄44号，其中供奉了洲店从业者信奉的陶瓷修补业祖师。

瓷篮店为洲店提供收购和贩卖破烂瓷器时所需的瓷篮，主要聚集在黄家洲、富商下弄的中码头区域。瓷篮与破篾业同属于篾业公会管辖，篾业公会分布在何家洼弄中。

加工业、包装业、修补业的资本门槛低、建筑规模小，因此这种功能建筑集中的地段常常形成面阔三四米、进深10~15米的细长型建筑地块，由此形成的密集出入口的街巷体验也是独特的。尽管很多商铺的木质门脸被大量拆除改建为水泥门脸，但住户更新自己建筑时仍然遵循其原有产权边界，因此这种富有特色的地块划分模式得以延续下来。

第九章 结 论

以上各章尝试提供了瓷都景德镇的城市全景，依次分析了景德镇城市中各个系统的构成和特征，展现了其聚落选址、基础设施、用地模式、建筑类型和信仰礼俗等方面与瓷业生产的深层关联，并以御窑厂、罗汉肚等瓷业街区单元为例，探索了城市的微观结构。本章将对如上系统、单元的讨论进行总结，并尝试将这些认识扩展到对全国城市、工业遗产的一般性认识。事实上，景德镇在中国乃至世界瓷业中独领风骚的地位可能恰恰蕴含着一种潜力，这种潜力就是这一典型案例可能揭示出我国手工业城市与世界工业遗产的某些普世性的价值。从这个意义上讲，在本书的结论部分进行一系列追问是非常必要的。这些追问可能包括但不限于以下问题。

景德镇城市空间结构的探究是否揭示出中国现代早期（或前现代）手工业聚落的一些共性情况，对于其他中国传统手工业聚落的研究具有怎样的方法性与结论性的启示？与入选世界遗产名录的工业遗产对比，景德镇历史城区瓷业遗产拥有怎样的特色、占据怎样的坐标、在哪些方面可能拓展世界遗产的本体类型和内在结构？更进一步，景德镇瓷业遗产体系的建立，能够为文化遗产保护的理论和方法提供哪些有价值的思考和启示？

一、主要结论和工作

本书运用人文地理学和文化人类学方法，通过文献研究、参与式观察，对景德镇历史城区瓷业遗产体系进行了系统性研究。研究涉及自然环境系统、基础设施和用地系统、产业和建筑类型系统、信仰礼俗空间系统，揭示了瓷业聚落遗产的深层结构和文化模式。

瓷业聚落随着时间的推移而变化，不同的聚落表现出各自的个性特征，但本研究表明，瓷业聚落拥有相对稳定的自然环境模式，瓷业聚落的选址、相地和布局模式反映了瓷业功能与堪舆文化交织形成的功能与文化的深层结构。本书首先从景德镇镇区形成前的乡村瓷业聚落入手，观察瓷业聚落选址与自然环境的关系，揭示了宏观尺度的瓷业窑址群游牧现象和微观尺度的窑口选址游牧现象，这种游牧过程体现了早期瓷业聚落对自然资源的依赖以及聚落生态环境的脆弱性。景德镇历史城区形成以后，由山体围合、水系分割形成的自然单元成为瓷业聚落选址的重要参照物，生产、商贸等不同类型的瓷业活动对自然环境的需求不同，因而具有"山坞""洲地"等不同的相地模式。御窑厂由于其皇家背景，形成了高等级、大尺度的堪舆模式，与城市山体形成的"龙抱珠"模式，与城市码头和标志性公共建筑形成"罗盘式"格局，因而其堪舆活动对城市空间的总体结构有巨大影响。

本书对3类基础设施进行了讨论，揭示了基础设施系统与瓷业活动的内在关联。第一类是城市排水防涝设施，景德镇将瓷业垃圾这一城市环境的负面因素转化为城市建设的重要资源，因陋就简、因地制宜地形成了独特的瓷业循环经济模式，并由此形成了建设在窑业废料排水设施之上的巨型市镇。第二类是军事防御设施，景德镇虽无县一级行政建制，但为了保护产业与税收安全，形成了城市门户、城墙、营汛和栅门、过街楼等不同类型的防御设施组成的等级化防御体系。第三类是服务于瓷业生产的水陆交通设施，在瓷业生产和物流需求下形成了不同类型的码头空间和特色巷弄。作者随后研究了街巷划分出的土地利用类型与瓷业功能、城市区位的密切关系。

景德镇瓷业是劳动密集型产业，生产规模大，产业链长，细分产业类型多。本书对景德镇陶瓷业、陶瓷辅助业、生活服务业的细分行业规模、空间分布、建筑类型逐一进行考察。瓷业的各细分行业之间存在特定的规模和比例关系，行业空间分布展现出特定的区位偏好，由此形成了基于瓷业链条的城市功能分区。不同城市功能区内部，分布有不同功能与形态的建筑类型，成为景德镇瓷业高度专业化和多样化的见证。

活跃的陶瓷经济和人口聚集孕育了内涵丰富的信仰礼俗空间系统，这个系统由地缘共同体结成的同乡会馆、业缘共同体形成的行业公会、信仰共同体形成的寺庙教堂等要素组成。其中特色最鲜明的是陶瓷神庙体系、水神庙体系和外来宗教建筑体系，这3类信仰空间分别与景德镇陶瓷生产活动、陶瓷物流功能、产业移民文化有密切的关系。基于传统历法的生产作息与传统节庆，上述信仰空间结成了时间和空间上的整体，不仅表现出特定的周期性运作模式，而且会在重大节庆串联形成瓷业节庆文化线路。

在以上瓷业遗产四大系统的纵向分析基础上，笔者选取了三大类八小类遗产单元进行了横向切片分析。

第一大类是等级最高、形态最特别的御窑厂单元。尽管御窑厂陶瓷考古和遗址保护方面已经取得相当的进展，但是针对御窑厂的建筑和格局复原研究十分薄弱，因此作者对御窑厂的研究着重于对其历史格局与变迁和建筑形制的复原展开研究。研究表明，御窑厂是历史城区的综合性城市中心，是叠加了行政、经济和信仰的多功能复合型公共空间，对御窑厂遗址的保护和利用应当充分考虑其历史功能的延续和可达性、开放性、公共性等维度。

第二大类是生产型遗产单元，包括产业链型、细胞型、自由型、紧凑型4种细分的类型，分别反映了皇家资本、大型资本、中型资本、小型资本下形成的不同街区组织模式。在不同资本规模和生产组织下，生产型街区拥有不同的功能结构、用地形态和建筑类型。

第三大类是商贸物流型遗产单元，包括陶瓷加工与包装业单元、陶瓷商贸单元、陶瓷原料物流单元和生活服务业单元4种类型。前3种是与瓷业生产紧密相关的上下游行业形成的瓷业配套产业街区，后一种则是为瓷业从业者提供衣食住行基础服务而发展起来的非瓷业街区。不同功能类型的街区拥有特色鲜明的功能结构、用地模式和建筑类型。

二、对工业遗产研究的思考

20世纪50年代英国学者开始进行工业考古的相关研究，其后随着国际工业遗产保护协会（TICCIH[①]）的成立和工业遗产类宪章的发布（田燕等，2008），联

---

① TICCIH：The International Committee for the Conservation of the Industrial Heritage.

合国教科文组织将一系列工业遗产列入世界遗产名录，国际工业遗产研究有了长足的进展。传统瓷业遗产是中国传统手工业遗产的重要类型，也是广义的工业遗产的重要组成部分（阙维民，2008）。要想明确景德镇历史城区瓷业遗产体系的核心特色，就需要将它放置在世界遗产的语境下，与其他工业遗产案例进行比较。景德镇瓷业遗产已被列入中国世界文化遗产预备名录，选取其他已成功登录世界遗产名录的工业遗产①作为比较对象并进行全方位的深度比较是必要的，这样可以明确景德镇历史城区瓷业遗产体系在世界性遗产评价体系中所处的位置与坐标。

为了阐明景德镇瓷业遗产的特色和研究意义，笔者综合各方材料绘制出表9-1。在比较案例的选取上，笔者兼顾了不同类别、不同时期和不同地理环境的工业遗产。作为比较对象的6处世界遗产，范围涉及采矿与冶金业、商业与物流运输业、制表业、盐业等行业，包括两处近现代工业遗产和4处传统手工业遗产。为了在东亚体系中进行比较，特别选取了列入世界遗产的日本石见银山遗迹。

表 9-1 世界遗产中的工业类遗产地与景德镇瓷业遗产的比较

项目	勒罗斯	利物浦	拉绍德封和洛克勒	拉默尔斯贝格（戈斯拉尔）	维耶利奇卡和波克尼亚	石见银山遗迹	景德镇
时间阶段	近现代	近现代	前现代和近现代	前现代	前现代	前现代	前现代
产业类型	铜矿	商业运输业	制表业	采矿冶金	盐矿	银矿	瓷业
遗产形态	区域性的矿区圈	历史街区	历史城镇	历史城镇	地下盐矿廊道	区域性的文化景观	历史城镇
核心聚落规模	51.4公顷，3000人	—	37 000人，10 000人	—	—	—	2.07平方千米，10万人以上
主要生产时间	1644—1977年	18—19世纪	1656年至今	16世纪末到19世纪	13世纪到20世纪	1526—1923年	13世纪之前至今

---

① 笔者此处所说的工业遗产仅仅指采矿业和制造业。为了提高与景德镇瓷业的比较性和可借鉴性，对于交通运输业、农副业、建筑业、水利设施类等通常也会被认为是工业遗产的对象，在选取案例时排除了这些类别的项目。

续表

项目	勒罗斯	利物浦	拉绍德封和洛克勒	拉默尔斯贝格（戈斯拉尔）	维耶利奇卡和波克尼亚	石见银山遗迹	景德镇
自然系统	林场、农牧区	—	—	人工池塘	—	山林	地形地貌自然单元
基础设施系统	交通设施	现代码头和运输系统	—	小通道、隧道、地下排水渠、城墙		交通线，港口和港口城镇	码头巷弄防御设施排水设施
用地类型系统	—	—	住房和作坊的平行带，规划适应钟表生产	—	—	—	7种土地使用类型
产业和建筑类型系统	开矿区、冶炼区、居住区	商业、民用、公共建筑	住宅、工作坊、家庭作坊、工厂	矿产、冶炼中心	盐矿、皇家盐场城堡	矿山、矿山小镇、采矿坑道	"瓷业三十六行"和20种以上建筑类型
信仰礼俗系统	教堂	—	—	—	祭坛、教堂、盐雕圣像	寺庙	27个同乡会馆 20个行业公所 9个水神庙 8个陶瓷神庙

1. 对工业遗产和手工业遗产本体类型的思考

崔卫华（2011）曾对2010年以前的世界遗产项目中的50项工业遗产进行统计，其中近现代工业遗产占到了近40项，景德镇瓷业遗产作为一种前现代工业遗产，与机器化大生产的近现代工业遗产相比，其遗产本体的内在结构与属性有很大不同。景德镇瓷业遗产在5个方面与近现代工业遗产有显著差异，因而在一定程度上丰富了工业遗产研究的本体类型。

第一，景德镇的自然环境系统是功能性与文化属性的结合，成为当地瓷业生产和建造文化模式的一个有机组成部分。西方近现代工业遗产虽然也有自然环境要素，但通常是将其纳入产业功能的一部分，自然是去魅的、功能性的客体化对象。例如，勒罗斯铜矿遗产将林场、农牧区纳入作为燃料与粮食提供地，石见银山遗迹将自然山林纳入遗产系统，作为燃料供给地。而受到堪舆文化的影响，景德镇瓷业的自然环境不仅提供了瓷业生产的原料、燃料和水源，而且是作为一种文化模式而存在，并以非功能性的方式影响着瓷业建筑布局选址和瓷业生产与节庆时间的选择，甚至形成了丰富的水神和瓷土神崇拜。

第二，基础设施的属性不同，近现代工业遗产的基础设施是标准化的，而瓷业基础设施是因地制宜的、节俭的，第三章我们展现了瓷业排水设施、城市建设对瓷业垃圾的循环利用模式，前现代的工业设施并不追求标准化，而是更注重对瓷业资源的巧妙利用。

第三，用地特征不同，近现代工业遗产的土地利用模式大多是大规模用地、集中式布局、整体性规划设计，而景德镇瓷业用地是小规模用地、分散型布局、微循环动态更新的用地模式。

第四，信仰礼俗系统是景德镇瓷业遗产的重要组成部分，这在近现代工业遗产中是较难见到的。西方近现代工业发展基于理性主义的技术文明，鲜有神灵与祖师崇拜现象，但景德镇瓷业孕育了兼具神性与人格的瓷业祖师体系和丰富的礼俗时空系统。

第五，近现代工业遗产通常有着有限的生命周期和明确的技术和市场替代过程。但传统手工制瓷业是可传承、可持续性的手工业文化系统，其生命周期是可延展的。采矿业（如世界遗产维耶利奇卡盐矿、勒罗斯的铜矿）会随着矿产的枯竭而终结，近现代制造业（如世界遗产英国德温特山谷纺织厂等）会随着技术革新和产业升级而寿命结束，矿业和现代制造业聚落的技术文化与生产生活方式会失去活态传承的现实基础（格莱泽，2012）。但传统瓷业是基于小微作坊的灵活、分散的手工技艺传承系统，能够很好地适应后福特社会对定制化制造与个性化消费的需求，因此其技术与聚落的生命周期是可延展的（图9-1）。

以上5个特征解释了前工业时代手工业遗产体系与近现代工业遗产的区别。那么，在世界遗产项目中的传统手工业遗产中景德镇具有怎样的特征？或者说，与已经列入世界遗产名录的前现代工业遗产[①]相比，景德镇历史城区瓷业遗产体

---

① 世界遗产中的前现代工业遗产有十余处，包括维耶利奇卡盐矿、勒罗斯铜矿、波多西工业镇、尔斯贝格古镇、班尼卡·佳夫尼察镇、石见银山遗迹、拉绍德封和洛克勒等。

系是否在一定程度上拓展了现有的遗产本体类型呢?

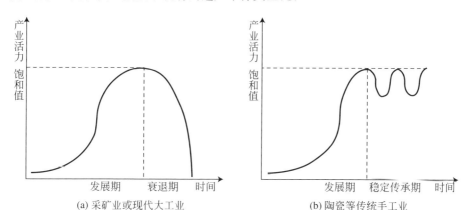

图 9-1　产业生命周期示意图

首先，景德镇历史城区的人口和建成区规模是空前的。前现代的手工业聚落一般规模都不大，即使是进入到近现代产业时期的相关世界工业遗产聚落规模也是有限的。崔卫华（2011）曾对 2010 年以前的世界遗产项目中的 29 项采矿和制造业项目进行统计，其中 17 处为分散型的乡村聚落，12 处为历史城镇或历史街区。但这些聚落的规模与集中度比起景德镇 10 万人以上、2 平方千米建成区范围大多较为逊色，如制表业城市拉绍德封人口为 37 000 人，洛克勒约 10 000 人，勒罗斯的核心聚落只有 3000 人。

其次，景德镇瓷业巨型市镇形成了高度专业化的行业分工，由此形成了丰富的建筑类型和土地利用类型。一些世界工业遗产虽然也包含了不同类型的建筑功能，例如，制表业城市拉绍德封和洛克勒拥有住宅、工作坊、家庭作坊、工厂等不同建筑类型，石见银山遗迹也有矿山、民居、寺庙、衙署等不同建筑类型，但比起景德镇历史城区而言仍是逊色的。

此外，高度分化的行业分工和移民群体，形成的信仰礼俗体系的庞杂程度十分罕见。尽管少数西方中世纪工业遗产也有手工业信仰文化，比如维耶利奇卡盐矿从业者拜奉天主教圣徒圣金嘉（St. Kinga）为盐业保护神，并建设了祭坛、教堂、盐雕圣像来供奉她，但与景德镇分行业的瓷业神谱系相比则简单许多。

2. 对工业遗产体系的要素结构和价值内涵的思考

总体来看，联合国教科文组织对工业遗产对象的评价标准还是以技术价值作为核心导向的（崔卫华等，2011）。入选世界遗产的工业遗产项目中，欧洲项目占到总量的约70%，而这些工业遗产只有不足10%符合第V条[①]，也就是说，欧洲的工业遗产的主要特征是技术价值，而非作为聚落环境的系统性价值（崔卫华等，2011）。相比而言，景德镇瓷业遗产体系的价值内涵体现为手工业聚落的整体价值，其要素系统更丰富，技术要素只是其诸多系统中的一个分支。

根据上文的对比论述，瓷业遗产体系的要素包括大规模、高密度的建成环境，基于自然的环境营造，因地制宜的基础设施营建，灵活多样的用地形态，多元融合的信仰礼俗系统，内涵丰富的建筑类型（图9-2）。

具体而言，景德镇瓷业遗产体系的要素结构分为如下5个方面的系统维度和价值特征。第一，完整的自然环境系统和基于自然环境系统的空间布局和建筑定位与朝向模式。第二，由水陆交通、军事防御、排水防涝设施共同组成的基础设施系统，以及基础设施建设中因地制宜、物尽其用的技术和材料特征。第三，高密度、类型丰富、组合灵活的用地形态系统，以及用地形态与瓷业功能、区位环境之间的对应关系。第四，多元融合的信仰礼俗系统，特别是基于行业分工的信仰和移民文化。第五，类型多样、内涵丰富的建筑类型系统，以及其与产业和技术特征。

3. 对作为城市发展战略工具的遗产体系的思考

在进行瓷业遗产保护时，也应当考虑瓷业遗产系统的更新、重建、强化等。遗产与城市发展密切相关，具有包容性、多义性的城市遗产保护框架能够成为城区可持续发展的重要战略工具。所以制定保护规划时，不仅要重视限制性的保护规划，也应当注重对城市遗产的利用和展示，考虑瓷业遗产的综合战略价值。

[①] 世界遗产第V条标准为："传统人类聚居、土地使用或海洋开发的杰出范例，代表人类与环境的相互作用……"。

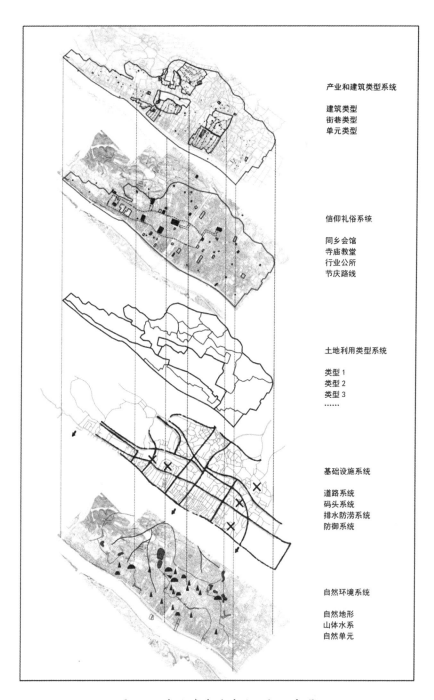

图 9-2 瓷业遗产的系统保护示意图

场域是布迪厄用来讨论行动主体与结构之间关系的工具（Bourdieu，1977），在这里，我们把它用作分析遗产单元保护的工具。历史城区的遗产单元可以看作是布迪厄的"场域"在城市空间上的映射。历史城区中的遗产单元不仅仅是历史性的，也是当代性的；遗产单元可以被当作城市更新和活化的一个具有灵活性、缓冲性的组成部分。在现代社会，传统的行帮、工会、信仰组织力量式微，民族国家的政权结构和自由主义的市场经济成了主导城市发展的动力和机制。一个城市的发展是被一系列具有不同空间影响力的建设实践影响的，这些实践的主导可能是政府、大型开发商，也可能是相对分散的民间资本和个体。从某种意义上，这些力量在构建一个新的场域、一个新的游戏规则。从城市保护与发展的可持续性出发，我们应当尽可能鼓励城市场域的多元性。也就是说，城市遗产保护应当结合政府与民间的力量，政府能够提供基础设施、城市环境、城市品牌等公共物品，民间的参与则为多元的文化提供了可能性。

Bandarin和Oers（2015）认为，城市历史景观可以通过公众参与、知识和规划工具、法规系统、金融工具、城市多样性等手段来达到"管理变化"的目标。景观特色评估的相关理论认为，地方规划部门应当通过景观图则和弹性的规划政策，将保护规划与地方景观发展战略整合起来（吴伟，2008）。

历史城区中由"系统—单元—要素"构成的瓷业遗产体系，为探索具有弹性的、多义的瓷业遗产保护利用框架提供了可能性。刘伯英（2006）对城市工业地段的更新类型进行了总结，不同区位和规模类型的工业地段，可以转化为居住用地、公共设施用地、绿地、道路广场用地等不同的类型，可以由规划、经济、文化、事件、环境等不同因素来驱动，从而形成郊野公园、产业主题公园、城市景观公园、滨水开放空间等不同的特色空间。

依托历史城区遗产体系，可以有3类保护利用模式：①作为展示传统生活的遗产主题公园；②作为容纳当代生活、形成文化创意街区的城市再开发；③重点考虑当地环境品质改善的景观公园。不同类型的遗产单元可以依据其具体情况，制定不同发展目标。江家坞单元保护对象示意图见图9-3。

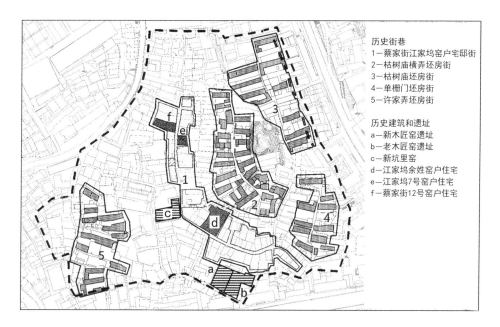

图 9-3　江家坞单元保护对象示意图

遗产本体良好、风貌完整的单元可以发展为以传统生活方式为主的遗产主题工园，遗产质量欠佳、风貌受损严重、成本代价高昂的单元可以适当兼顾经济效益、节约开发成本、形成对重点要素类型化保护的创意街区。在此过程中，应当鼓励民间资本参与，建立公私合营的投融资运作平台，可以依据遗产要素处在系统、单元中的类型和等级，来建立灵活的公共参与模式。对系统与单元之间的节点性要素由政府投入和实施，外围的区域性遗产要素积极引入民间资本进行合作保护和更新。同时建立数字化遗产风险监控系统，实现遗产体系保护与城市规划管理的信息融合。

三、对遗产体系保护展示方法的认识

1. 瓷业遗产保护展示的"单元—系统"方法

张琪（2015）在《泸州酒文化遗产体系及其保护框架研究》中，通过对泸州区域性酒文化遗产的研究，提出"要素—单元—系统"的保护框架，构建了基于功能性、形态性、象征性的单元识别方法。本书借鉴了其中关于系统论与单元性的思考，但由于遗产类型与空间范围上有很大不同，遗产本体的内在结构相异，因此本书的单元与系统内涵也相应发生了变化。

本研究从自然环境、基础设施、产业与建筑类型、信仰礼俗空间等系统维度分析景德镇历史城区瓷业遗产，因此保护对策中的保护要素相比《景德镇历史文化名城规划》（以下简称《规划》）较全面也更具有系统性。在《龙泉大窑保护规划》中，虽然将遗产保护对象分为文物本体、历史环境、可移动文物、非物质文化遗产等4类，对核心生产设备（窑址）及其片区划定了详细的保护范围，但对历史环境的保护建议比较笼统。《规划》将历史环境分为历史地形地貌、历史水系、历史人文环境3类进行保护，但并未对瓷业生产遗址所在的自然环境、瓷业崇拜、瓷业社会组织、瓷业基础设施进行系统性研究。

本书提出的遗产单元不是物质要素的简单相加，而是各种系统要素（如自然要素、产业要素、信仰要素、用地要素等）形成的意义网络的总和。而识别单元的依据可以是用地模式的形态性识别、产业活动与社会群体的功能性识别、自然环境的地理性识别，由此本书提出的遗产单元兼有形态单元、功能单元、地理单元3重属性。

现有的历史文化名城保护规划通常采取"历史城区—街区—文保单位"的三级框架，虽然看上去非常类似于"系统—单元—要素"，但其有着根本的不同（图9-4）。"历史城区—街区—文保单位"的三级框架中，要素与街区之间、要素与历史城区之间的意义关联并未被完全建立起来，只有通过系统性、类型化研究，才能在要素和要素、要素和单元之间建立关系，其中的信息流动、物质流动的管道被刻画出来，文化人类学的方法在这里提供了一套发现并建构意义的工具，尝试建立起"文化意义"与"物质材料"结合的保护框架。

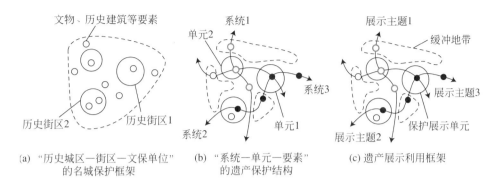

(a) "历史城区—街区—文保单位" 的名城保护框架
(b) "系统—单元—要素" 的遗产保护结构
(c) 遗产展示利用框架

图 9-4 通过文化系统识别要素与单元的内在关联，并形成弹性、多义的保护展示利用框架

2. 有形和无形价值的共生保护展示策略

把遗产分为物质和非物质两类，然后按照其类别来各自进行保护是有明显缺陷的。遗产具有文化空间属性，是物质和非物质的结合。从符号学意义上讲，进行遗产保护的意图在于对意义与情境的织补，而不仅仅局限于对砖石等物质材料的维修。

拉普卜特（Rapopport）（2003）认为，空间环境中包括固定、半固定和非固定等3种特征类型的因素。固定特征因素是指包括我们通常说的物质文化遗产的部分，如街道、建筑、墙面、地面、天花板等。半固定要素包括家具、陈设、绿植、沿街的设施、广告招幌、商店橱窗等能够迅速改变的要素。非固定特征因素是指场所的使用者或居民的行为、语言、感情等。半固定特征要素和非固定要素属于我们通常认为是非物质遗产的部分，其传递的环境意义有时不亚于固定要素。

在生产型遗产当中，如果只是保护固定因素，是很难深入解释遗产的文化意义的。例如，除了坯房和窑房之外，景德镇为数众多的工商业类建筑，从其固定要素的角度来看，建筑形态与天井式民居并没有什么差别。但是从其半固定要素的角度讲，这些工商业建筑的差别是巨大的：他们所属工商业门类不同，功能使用、家具陈设、行业设备、内部装饰、沿街招幌有明显的区别和丰富的类型。从非固定的要素角度看，当地人对城市空间的使用，如传统瓷业技艺、瓷业节庆活动等，构成了某些遗产类型的独特内涵。

因此，瓷业遗产的保护展示需要同时结合物质遗产与非物质遗产的内容。根据《景德镇市历史文化名城保护规划（2009—2030）》，景德镇现有非物质文化遗产52个项目，其中国家级2项，省级7项，市级43项。但是在规划中并未对其产生的空间环境进行研究，因此无法将非物质遗产与其物质空间环境作为一个整体来进行保护和展示，非物质遗产面临脱离环境和地点真实性的威胁。经过前述各章的研究，则能为解决这一类问题提供思路。要将非物质遗产还原到真实的历史场所中进行保护，把文化行为及其无形价值与历史环境作为一个整体对待。

笔者将与景德镇历史城区有关的21项非物质文化遗产提取出来，并对各项非物质遗产的历史场所进行考证（图9-5）。发生于柴窑、可以结合柴窑的历史环境进行展示的非物质文化遗产有4项，包括景德镇传统瓷窑作坊营造技艺（国家级传统手工技艺）、景德镇传统制瓷柴窑烧成技艺（市级传统手工技艺）、景德镇传统颜色釉瓷烧制技艺（市级传统手工技艺）、景德镇传统影青瓷烧制技艺（市级传统手工技艺）。发生于坯房、可以结合坯房的历史环境进行展示的非物质文化遗产有8项，包括景德镇传统特殊工艺瓷制作技艺、景德镇传统雕塑瓷制作技艺、景德镇传统玲珑瓷制作技艺、景德镇传统珐琅彩瓷制作技艺、景德镇传统古彩瓷制作技艺、景德镇传统粉彩瓷制作技艺、景德镇传统青花瓷制作技艺、景德镇传统薄胎瓷制作技艺（以上8项均为市级传统手工技艺）。发生于红店、可以结合红店的历史环境进行展示的非物质文化遗产有2项，包括景德镇传统陶瓷书法（市级民间美术）、景德镇民窑陶瓷美术（省级民间美术）。发生于瓷用工具店的非物质文化遗产有2项，包括景德镇瓷用毛笔制作技艺（市级传统手工技艺）、景德镇传统制瓷工具制作技艺（市级传统手工技艺）。发生于原料店（白土行、水灰店、珠明料点、颜料店）的非物质文化遗产有1项，为景德镇传统制瓷原料加工配制技艺（市级传统手工技艺）。发生于祠庙、公所、会馆的非物质文化遗产有5项，包括景德镇瓷业习俗（省级民俗）、乐平古戏台建筑工艺（省级民俗）、景德镇民间器乐曲35首（市级民间音乐）、景德镇曲艺音乐59首（市级民间音乐）、景德镇民间瓷乐艺术（市级民间音乐）。

2000年，《欧洲景观公约》（*European Landscape Convention*）在佛罗伦萨签

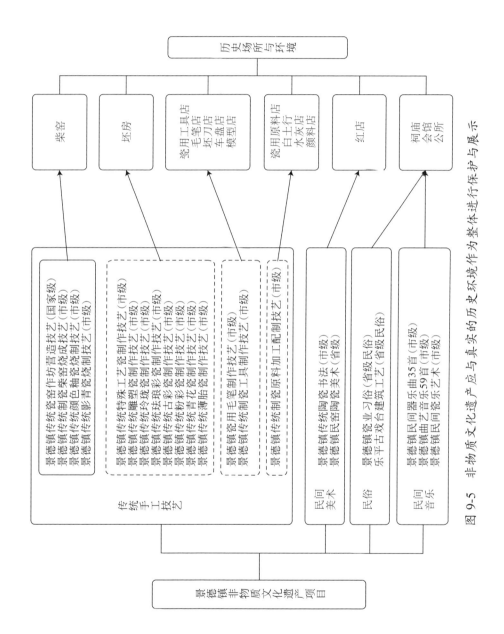

图9-5 非物质文化遗产应与真实的历史环境作为整体进行保护与展示

署,该公约特别强调了可持续性、民主、公众参与和共有的平民遗产概念(Graham,2008)。景德镇尚存一些社会习俗,需要规划师、设计师在保护遗产的物质空间时,考虑容纳当地人礼俗仪式和社会活动的可能性。如当地人在沿江的古代码头举行"买水"①仪式和龙舟赛,这种对物质遗产的使用,产生了丰富的社会意义(图9-6)。景德镇不少私人窑口在烧窑时,仍然会举行拜窑神的仪式。如果能够在瓷业遗产保护、相关工程的规划设计中考虑当地人的使用方便,尊重当地人的文化传统和生活习惯,就能避免相关工程对当地人日常生活的干扰和驱逐②。

(a) 龙舟队伍在三间庙码头举行仪式并下水　　(b) 在码头举行的"买水"仪式

图 9-6　景德镇居民对三间庙码头的使用

---

① "买水"是景德镇老城区居民出殡前一天在昌江码头举行的告慰亡灵的仪式,笔者在2016年5月在三间庙码头曾参与并观察当地居民的买水仪式。"买水"的码头,昌河以西的亡者一般在三间庙码头,昌河以东则在里氏渡到中渡口一代的码头。买水是一种当地居民的社会交往行为。这样的活动让生者的回忆被唤起,愁绪得以疏解,邻里的关系更为紧密。三间庙前小广场、三间庙码头和街道,构成了一个非常重要的社会交往空间,为当地人提供邻里融合、家庭凝聚的社会资本。由此老城区码头具备了一种无形的社会文化价值。景德镇的端午节龙舟赛,由民间自发组织,属于一种村际交往行为。由附近的三间庙村、昌江村、西河村、青塘村、东王庙村进行龙舟比赛。划船的范围是瓷都大桥到中渡口。里氏渡码头、三间庙码头、西河码头等几处位置,会分别有船下岸、进行补给、燃放鞭炮等。

② 2000年以来的沿江水利工程,虽然提升了昌江、景德镇老城区的水利安全和沿江交通便利性,但是在工程中没有考虑当地人对码头的使用,因此拆除了绝大多数码头遗址。现在仅存两处码头遗址,当地人与码头的亲密关系日渐衰微。

参 考 文 献

一、古籍文献

陈育,1989.浮梁县志[M].台北:成文出版社.
程廷济,凌汝绵,1783.浮梁县志·物产志·陶政篇[M].刻本.
龚轼,1824.景德镇陶歌[M].中国书店校印本.
寂园叟,1991.陶雅[M]// 中国陶瓷名著汇编.北京:中国书店,87-138.
蓝浦,郑廷桂,1815.景德镇陶录图说[M].异经堂.
蓝浦,郑廷桂,2004.景德镇陶录图说[M].济南:山东画报出版社.
刘坤一,沈葆桢,1909.江西全省舆图:卷八饶州府属卷[M].石印本.
柳宗元,1991.柳河东全集:卷三十九[M].北京:中国书店.
内务府,文璧,等,2000.总管内务府现行则例·广储司:卷一[M]// 故宫博物院.故宫珍本丛刊.海口:海南出版社.
乔桂修,贺熙龄,游际盛,1832.浮梁县志:卷三[M].刻本.
沈嘉徵,1832.窑民行[M]// 乔桂修,贺熙龄纂,游际盛增补.浮梁县志(卷三).刻本.
宋濂,王祎,1976.元史·百官志(卷八八)[M].北京:中华书局.
宋应星,1637.天工开物:中卷[M].涂绍煃刊本.
唐英,孙祜,周鲲,等,1993.陶冶图说[M].北京:中国书店.
王宗沐,陆万垓,1560.江西省大志·陶政篇[M].刻本.
徐松,1810.宋会要辑稿卷一九〇[M].刻本.
赵之谦,1881.江西通志·经政略·陶政:卷九十三[M].刻本.
郑廷桂,1832.陶阳竹枝词[M]// 乔桂,贺熙龄,游际盛.浮梁县志(卷三).刻本.

二、近代著述

外文文献

BARBARA B, 1993. Landscape: Politics and Perspectives[M]. Oxford: Berg.

CHAO K, 1986. Man and Land in Chinese history: An Economic Analysis[M]. Stanford: Stanford University Press.

COSGROVE D, 1984. Social formation and symbolic landscape[M]. Wisconsin: University of Wisconsin Press.

COSGROVE D, 2002. Landscape and the European sense of sight[M]//ANDERSON K, DOMOSH M, PILE S. Nigel Thrift. Handbook of Cultural Geography. London: Sage Publications: 249-268.

CRESWELL T, 2002. Landscape and the Obliteration of Practice[M]// ANDERSON K, DOMOSH M, PILE S. Nigel Thrift. Handbook of Cultural Geography. London: Sage Publications: 269-282.

DAVID H, 2001. Heritage Pasts and Heritage Presents: Temporality, Meaning and the Scope of Heritage Studies[J]. International Journal of Heritage Studies, 7 (4): 319–338.

DAVID U, ROY B, 2000. Contemporary issues in heritage and environmental interpretation[J]. Annals of Tourism Research, 27(4):1071-1074.

DING H, JIE ZH, 2016. Vernacular Uses and Cultural Identity of Heritage: Trade of Antique Fragments in the Chinese Porcelain Capital [J]. International Journal of Heritage Studies, 22(10): 844-856.

FAIRCLOUGH G, HARRISON R, SCHOFIELD J, et al, 2008. The Heritage Reader[M]. New York: Routledge.

FRANCESCO B, VAN OERS R, 2015. Reconnecting the city: the historic urban landscape approach and future of urban heritage[M]. London: Wiley-Blackwell.

FRANCESCO B, VAN OERS R, 2012. The Historic Urban Landscape: Managing Heritage in an Urban Century[M]. New Jersey: Wiley-Blackwell.

HARRISON R, 2013. Heritage: Critical Approaches[M]. London: Routledge.

ISTVAN B, 1993. Communicating the arcane: a conceptual framework for environmental interpretation[D]. Washington: University of Washington.

MICHAEL H, 2015. Heritage and Corruption: The Two Faces of the Nation-state[J]. International Journal of Heritage Studies, 21 (6): 531–544.

PETER U J, ROBERT L H, 1999. Archaeology and anthropology of landscape: shaping your landscape[M]. London: Routledge.

PIERRE B, 1977. Outline of a theory of practice[M]. Cambridge: Cambridge University Press.

ROZMAN G, 1973. Urban networks in Ching China and Takugawa Japan[M]. Princeton: Princeton University Press.

SHARP C, 1969. The manager, interpretation's best friend[J]. Rocky Mountain- High Plans Parks and Recreation Journal, 4(1):19-22.

SMITH L, WATERTON E, 2009. Heritage, Communities and Archaeology[M]. London: Bloomsbury Academic.

SMITH L, 2006. Uses of Heritage[M]. London: Routledge.

THOMAS Z, 2008. Des memoires orphelines de patrimoine. "Finding the spirit of place – between the tangible and the intangible" [C].16th ICOMOS General Assembly and International Symposium.

WILLIAM R. HANKOW, 1984. Commerce and society in a Chinese city 1796—1889[M]. Stanford: Stanford University.

中文文献

阿尔弗雷德·申茨，2009. 幻方：中国古代的城市 [M]. 梅青，译. 北京：中国建筑工业出版社.

安克·玛丽·路易，2014. 世界遗产保护地勒罗斯矿区的扩展及外围建筑保护项目 [M]// 王景慧，等. 衡与变——当代中欧城市保护的理论与实践. 上海：同济大学出版社：47-52.

巴琦，余小荔，2012. 恢复·改造·延续——关于景德镇古街里弄建筑及其文化保护的探究 [J]. 设计，2：102-103.

白光华，2014. 景德镇老城区漫谈 [M]// 艾春龙. 景德镇文化. 北京：中国文史出版社.

北京艺术博物馆，2013. 中国吉州窑 [M]. 北京：中国华侨出版社.

卜琳，2012. 中国文化遗产展示体系研究 [D]. 西安：西北大学.

曹济仁，2014. 慈禧与景德镇御窑厂 [J]. 景德镇陶瓷，24（1）：46-47.

曹建文，徐华峰，2009. 近年来景德镇元代青花窑址调查与研究 [J]. 故宫博物院院刊，6：78-88.

曹时生，黄林元，1993. 米业徽商 [M]// 中国人民政治协商会议景德镇市委员会文史资料研究委员会. 景德镇文史资料（第九辑）：39-42.

曹时生，汪锡侯，王国梁，1993.徽州会馆与群众团体[M]//中国人民政治协商会议景德镇市委员会文史资料研究委员会.景德镇文史资料（第九辑）：231-235.

曹颖，吴婧姝，史芳，2012.青花瓷韵——瓷文化在景德镇里弄改造中的再现及重构[J].工业建筑，1：74-77.

曹颖，张培，2011.景德镇里弄改造中的窑房保护和改造设计[J].工业建筑，2：133-137.

陈海澄，2004.景德镇瓷录[M].景德镇：中国陶瓷杂志社.

陈海澄，2001.御窑厂[J].景德镇陶瓷，3：33-37.

陈婧，2010．明清景德镇瓷业神灵信仰与地域社会[D]．上海：复旦大学．

陈水金，严惠，1995.当年瓷器行[M]//中国人民政治协商会议景德镇市委员会文史资料研究委员会.景德镇文史资料（第十一辑）：145-149.

陈新，2012.从地名变迁考述景德镇城市空间演变[D].景德镇：景德镇陶瓷学院.

崔卫华，宫丽娜，2011.世界工业遗产的地理、产业分布及价值特征研究[J].经济地理，31（1）：162-165.

丹尼·L.乔金森，2008.参与观察法[M].龙筱红，张小山，译.重庆：重庆大学出版社.

当代景德镇市城市建设编辑室，1987.当代景德镇市城市建设[M].内部印发.

丁景春，余静寰，1995.昔日红店[M]//中国人民政治协商会议景德镇市委员会文史资料研究委员会.景德镇文史资料（第十一辑）：195-201.

董鉴泓，1988.中国古代城市建设[M].北京：北京建筑工业出版社.

段进，邱国潮，2009.国外城市形态学概论[M].南京：东南大学出版社.

范增辉，1995.范永胜红店的崛起[M]//中国人民政治协商会议景德镇市委员会文史资料研究委员会.景德镇文史资料（第十一辑）：212-219.

方峻山，1992.大器匣钵厂与新社公庙[M]//中国人民政治协商会议景德镇市委员会文史资料研究委员会.景德镇文史资料（第八辑）：206-212.

方峻山，1987.旧时里村[M]//中国人民政治协商会议景德镇市委员会文史资料研究委员会.景德镇文史资料（第四辑）：203-216.

方峻山，1995.饶州会馆[M]//中国人民政治协商会议景德镇市委员会文史资料研究委员会.景德镇文史资料（第十一辑）：336-339.

方李莉，2000.传统与变迁：景德镇新旧民窑业田野考察[M].南昌：江西人民出版社.

傅舒兰，西村幸夫，2012.日本矿业遗产概况及其保护趋势[J].中国园林，7：38-43.

格莱泽·爱德华，2012.城市的胜利[M].刘润华，译.上海：上海社会科学院出版社.

耿东升，2007.清乾隆珐琅彩荣华富贵灯笼尊[M].北京：文物出版社.

郭育民，2006.窑神庙追记[M]//袁西成.陈炉窑.北京：中国画报出版社.

郭豫斌，2008. 陶瓷 [M]. 北京：北京出版社.

韩晓光，2004. 景德镇古今诗抄 [M]. 北京：作家出版社.

韩晓光，2014. 珠山古今诗词选 [M]. 北京：华夏翰林出版社.

贺鼎，李鑫瀚，2016. 日常生活视角下的文化遗产研究与实践 [J]. 住区，3：18-27.

贺鼎，王蔚，杜頔康，2016. 景德镇景仰书院 [J]. 住区，3：90-95.

贺鼎，张杰，夏虞南，2015. 古代景德镇城市空间变迁及其机制研究 [J]. 建筑学报学术论文专刊，13：94-100.

贺鼎，2016. 我们需要更多批判性遗产研究的声音 [J]. 世界遗产，3：22-23.

洪爵杰，1995. 星子高岭土 [M]// 中国人民政治协商会议景德镇市委员会文史资料研究委员会. 景德镇文史资料（第十一辑），89-91.

黄席珍，刘重华，1984a. 御窑厂 [M]// 中国人民政治协商会议景德镇市委员会文史资料研究委员会. 景德镇文史资料（第一辑）：3-5.

黄席珍，刘重华，1984b. 师主庙和风火仙 [M]// 中国人民政治协商会议景德镇市委员会文史资料研究委员会. 景德镇文史资料（第一辑）：6-9.

建德市第三次全国文物普查办公室，2012. 建德古窑址：建德市第三次全国文物普查成果之二 [M]. 杭州：西泠印社出版社.

江建新，秦大树，徐长青，2016. 2014年景德镇御窑遗址考古发掘主要收获 [J]. 故宫博物院院刊，2：37-43.

江建新，1991. 景德镇窑业遗存考察述要 [J]. 江西文物，3：44-50.

江建新，2014. 御窑史话 [M]. 青岛：中国海洋出版社.

江思清，1936. 景德镇瓷业史 [M]. 北京：中华书局.

江西省历史学会景德镇制瓷业历史调查组，1963. 景德镇制瓷业历史调查资料选辑 [M]. 内部印发.

江西省轻工业厅陶瓷研究所，1959. 景德镇陶瓷史稿 [M]. 北京：三联书店.

江西省陶瓷工业公司，2011. 当代官窑——景德镇是达瓷厂陶瓷工艺美术成果集 [M]. 南昌：江西人民出版社.

景德镇市地方志编纂委员会，2004. 中国瓷都·景德镇市：瓷业志 [M]. 景德镇：方志出版社.

景德镇市地名委员会办公室，1988. 江西省景德镇市地名志 [M]. 内部印发.

景德镇市文化（文物）局，2007. 景德镇文物志 [M]. 北京：北京常青藤印务有限公司.

景德镇市志纂委员会，1989. 景德镇市志略 [M]. 上海：汉语大词典出版社.

景德镇市珠山区地方志编纂委员会，2010. 景德镇市珠山区志（1970—2003）[M]. 南昌：江西人民出版社.

景德镇陶瓷历史博物馆，景德镇市建筑学会，1981. 景德镇明代建筑图录 [M]. 景德镇市建筑学会.

康泽恩，2011. 城镇平面格局分析：诺森伯兰郡安尼克案例研究 [M]. 宋峰，译. 北京：中国建筑工业出版社.

拉普卜特，2003. 建成环境的意义——非言语表达方法 [M]. 北京：中国建筑工业出版社.

李松杰，李兴华，肖绚，2011. 景德镇昌江水域文化景观的构建和衍变 [J]. 安徽农业科学，21：12968-12970.

李文彬，1995. 昌江水运 [M]// 中国人民政治协商会议景德镇市委员会文史资料研究委员会. 景德镇文史资料（第十一辑），157-165.

李文彬，汪锡侯，1993. 徽商绸布业 [M]// 中国人民政治协商会议景德镇市委员会文史资料研究委员会. 景德镇文史资料（第九辑），5.

李新华，叶道春，2007. 碎片——碎瓷片上的寻觅 [M]. 北京：中国文化出版社.

李一平，2003. 景德镇明清御窑厂图像与首都博物馆藏"青花御窑厂图圆桌面"的年代 [J]. 文物，11：5-6.

理查德·格林，2011. 城市地理学 [M]. 中国地理学会城市地理专业委员会，译. 北京：商务印书馆.

梁聚洤，冯志华，李文彬，1995. 景德镇杂帮初探 [M]// 中国人民政治协商会议景德镇市委员会文史资料研究委员会. 景德镇文史资料（第十一辑）：1-20.

梁聚洤，1995. 水灰与水灰店 [M]// 中国人民政治协商会议景德镇市委员会文史资料研究委员会. 景德镇文史资料（第十一辑）：109-111.

梁淼泰，1981. 明代后期景德镇制瓷业中的资本主义萌芽 [M]// 南京大学历史系明清史研究室. 明清资本主义萌芽研究论文集. 上海：上海人民出版社.

梁淼泰，1991. 明清景德镇城市经济研究 [M]. 南昌：江西人民出版社.

刘伯英，2006. 城市工业地段更新的实施类型 [J]. 建筑学报，8：21-23.

刘朝晖，2010. 明清以来景德镇瓷业与社会 [M]. 上海：上海书店出版社.

刘峻宇，2013. 双杭与苍霞保护区保护价值研究——类型与形态学视角 [D]. 北京：清华大学.

刘凯，2010. 晚清汉口城市发展与空间形态研究 [M]. 北京：中国建筑工业出版社.

刘莉亚，2004. 元代手工业研究 [D]. 保定：河北大学.

刘禄山，2006. 从邵氏置业契约看抗战时期景德镇瓷业的衰落 [J]. 近代中国与文物，2：55-64.

刘吕红，阚敏，2009. 形成、发展与转型——清代社会变迁中的资源型城市 [M]. 成都：

西南财经大学出版社.

刘贤诚, 方维新, 1994. 垄断瓷器命脉的柴窑 [M]// 中国人民政治协商会议景德镇市委员会文史资料研究委员会. 景德镇文史资料（第十辑）: 11-22.

刘贤诚, 1994. 专烧灰可器的槎窑 [M]// 中国人民政治协商会议景德镇市委员会文史资料研究委员会. 景德镇文史资料（第十辑）: 23-26.

刘新园, 李一平, 江小民, 2007. 江西景德镇明清御窑遗址发掘简报 [J]. 文物, 5: 4-47.

刘新园, 1996. 景德镇珠山出土明初与永乐官窑瓷器之研究 [M]// 鸿禧艺术文教基金会. 鸿禧文物创刊号: 4-15.

罗仁霖, 冯志华, 1995a. 窑柴行的首富赖老大 [M]// 中国人民政治协商会议景德镇市委员会文史资料研究委员会. 景德镇文史资料（第十一辑）: 139 144.

罗仁霖, 冯志华, 1995b. 窑柴行 [M]// 中国人民政治协商会议景德镇市委员会文史资料研究委员会. 景德镇文史资料（第十一辑）: 127-131.

罗仁霖, 冯志华, 1995c. 保柴公所 [M]// 中国人民政治协商会议景德镇市委员会文史资料研究委员会. 景德镇文史资料（第十一辑）: 132-138.

彭泽益, 1962. 中国近现代手工业史资料（第三卷）[M]. 北京: 中华书局.

秦大树, 2001. 宋元明考古 [M]. 北京: 文物出版社.

权奎山, 2013. 景德镇明清御窑遗址的考古发现和研究 [J]. 故宫博物院院刊, 3: 6-19.

阚维民, 2008. 世界遗产视野中的中国传统工业遗产 [J]. 经济地理, 28（6）: 1040-1044.

斯波义信, 2013. 中国都市史 [M]. 布和, 译. 北京: 北京大学出版社.

孙熙成, 孙友松, 1993. 跃居福字位的大有恒钱庄 [M]// 中国人民政治协商会议景德镇市委员会文史资料研究委员会. 景德镇文史资料（第九辑）: 100-102.

孙艳峰, 2017. 关于景德镇市 2016 年市级总预算执行情况和 2017 年市级总预算草案的报告 [N]. 景德镇日报, 01-19.

谭克镛, 程霍然, 1987. 三尊大佛、四大金刚、十八罗汉的由来 [M]// 中国人民政治协商会议景德镇市委员会文史资料研究委员会. 景德镇文史资料（第四辑）: 100-103.

陶瓷工业物资供应有限公司公司志编撰委员会, 2011. 江西省陶瓷工业物资供应有限公司公司志（1951—2011）[M]. 景德镇: 江西省瓷业公司.

陶金, 2012. 喀什文化区传统聚落空间分布与形态研究 [D]. 北京: 清华大学.

田燕, 林志宏, 黄焕, 2008. 工业遗产研究走向何方——从世界遗产中心收录之近代工业遗产谈起 [J]. 国际城市规划, 23（2）: 50-54.

汪家荀, 陈海澄, 1993. 打络子 [M]// 中国人民政治协商会议景德镇市委员会文史资料研究委员会. 景德镇文史资料（第九辑）: 97-99.

汪维培，1987. 景德镇的会馆 [M]// 中国人民政治协商会议景德镇市委员会文史资料研究委员会. 景德镇文史资料（第四辑）：189-196.

王光尧，2004a. 中国古代官窑制度 [M]. 北京：紫禁城出版社.

王光尧，2004b. 清代御窑厂的建立与终结——清代御窑厂研究之一 [J]. 故宫博物院院刊，2：35-47.

王国梁，1995. 码头搬运工 [M]// 中国人民政治协商会议景德镇市委员会文史资料研究委员会. 景德镇文史资料（第十一辑）：166-170.

王少祥，程光辉，1993. 三闾庙的王济祥米行 [M]// 中国人民政治协商会议景德镇市委员会文史资料研究委员会. 景德镇文史资料（第九辑）：154-155.

王婷婷，2009. 回归与嬗变——景德镇单栅门红店一条街的田野考察 [J]. 内蒙古大学艺术学院学报，6：119-126.

王馨，2008. 历史中的景德镇瓷业（连载之一）从汉至元：技术的累积与规模的形成——景德镇瓷业的初创与发展 [J]. 紫禁城，1：170-179.

王学辉，1993. 陶瓷颜料业 [M]// 中国人民政治协商会议景德镇市委员会文史资料研究委员会. 景德镇文史资料（第九辑）：90-96.

王云翔，1992. 瓷城里弄 [M]// 中国人民政治协商会议景德镇市委员会文史资料研究委员会. 景德镇文史资料（第八辑）：216-218.

吴海云，1984. 景德镇城区的兴起及其演进 [M]// 中国人民政治协商会议景德镇市委员会文史资料研究委员会. 景德镇文史资料（第一辑）：153-157.

吴伟，杨继梅，2008. 英格兰和苏格兰景观特色评价导则介述 [J]. 国际城市规划，23（5）：97-101.

夏巧亭，1992a. 景德镇的丧事旧俗 [M]// 中国人民政治协商会议景德镇市委员会文史资料研究委员会. 景德镇文史资料（第八辑）：180-188.

夏巧亭，1992b. 黄家洲与洲店 [M]// 中国人民政治协商会议景德镇市委员会文史资料研究委员会. 景德镇文史资料（第八辑）：213-215.

熊寥，熊微，2006. 中国陶瓷古籍集成 [M]. 上海：上海文化出版社.

严惠，舒鹤，1993. 群民间金融业钱庄 [M]// 中国人民政治协商会议景德镇市委员会文史资料研究委员会. 景德镇文史资料（第九辑）：16-22.

严惠，1987. 解放前的景德镇银行及其同业公会 [M]// 中国人民政治协商会议景德镇市委员会文史资料研究委员会. 景德镇文史资料（第四辑）：104-117.

杨丰羽，2012. 景德镇民间信仰文化景观研究——以明清景德镇神庙建筑、瓷业祭祀、民俗活动为视角 [D]. 景德镇：景德镇陶瓷学院.

杨瑞开，1987. 浮梁新邑公园记 [M]// 中国人民政治协商会议景德镇市委员会文史资料研究委员会. 景德镇文史资料（第四辑）: 176-179.

杨石成, 陈海澄, 1995. 漫话琢器业 [M]// 中国人民政治协商会议景德镇市委员会文史资料研究委员会. 景德镇文史资料（第十一辑）: 21-31.

杨石成, 1992. 栅门、过街楼和守冬防 [M]// 中国人民政治协商会议景德镇市委员会文史资料研究委员会. 景德镇文史资料（第八辑）: 220-222.

杨仲春, 1995. 抚州会馆 [M]// 中国人民政治协商会议景德镇市委员会文史资料研究委员会. 景德镇文史资料（第十一辑）: 320-328.

姚润黎, 1986. 民国早期景德镇的政治概况 [M]// 中国人民政治协商会议景德镇市委员会文史资料研究委员会. 景德镇文史资料（第三辑）: 1-12.

叶道春, 2010. 老镇: 景德镇百条里弄 [M]. 南昌: 江西科学技术出版社.

余静寰, 1995. 景德镇商会继任总理吴简廷 [M]// 中国人民政治协商会议景德镇市委员会文史资料研究委员会. 景德镇文史资料（第十一辑）: 285-290.

喻木华, 2011. 论官廷庆典瓷对晚清后期瓷业复兴的影响 [J]. 中国陶瓷, 2: 71-73.

喻珊, 2013. 试论宋元时代吉州窑瓷器的流布 [M]// 北京艺术博物馆. 中国吉州窑, 北京: 中国华侨出版社.

袁西成, 2006. 我对陈炉窑的初步认识 [M]// 袁西成. 陈炉窑, 北京: 中国画报出版社.

詹嘉, 2009. 景德镇陶瓷之路和遗产廊道的保护与利用 [J]. 陶瓷学报, 4: 570-575.

詹嘉, 2010. 景德镇瓷业神祇的景观演变 [C]. 2010 中国艺术人类学学术会议论文集: 471-478.

张杰, 2012. 中国古代空间文化溯源 [M]. 北京: 清华大学出版社.

张杰, 2015. 论中国历史城市遗产网络的保护 [J]. 上海城市规划, 5: 23-29.

张杰, 贺鼎, 刘岩, 2014. 景德镇陶瓷工业遗产的保护与城市复兴——以宇宙瓷厂区的保护与更新为例 [J]. 世界建筑, 8: 100-103.

张陆明, 2000. 景德镇市城乡建设志 [M]. 南昌: 江西科学技术出版社.

张琪, 2015. 泸州酒文化遗产体系及其保护框架研究 [D]. 北京: 清华大学.

张文江, 2013. 吉州窑考古研究回顾 [M]// 北京艺术博物馆. 中国吉州窑, 北京: 中国华侨出版社.

赵冈, 2005. 中国城市发展史论文集 [M]. 台北: 联经出版事业股份有限公司.

浙江省文物考古研究所, 2005. 龙泉东区窑址发掘报告 [M]. 北京: 文物出版社.

中国硅酸盐学会, 1982. 中国陶瓷史 [M]. 北京: 文物出版社.

中国人民政治协商会议景德镇市委员会文史资料研究委员会, 1984. 景德镇文史资料（第一辑）[M]. 内部印发.

中国人民政治协商会议景德镇市委员会文史资料研究委员会, 1986. 景德镇文史资料

（第三辑）[M]. 内部印发.

中国人民政治协商会议景德镇市委员会文史资料研究委员会, 1982. 景德镇文史资料（第八辑）[M]. 内部印发.

中国人民政治协商会议景德镇市委员会文史资料研究委员会, 1995. 景德镇文史资料（第十一辑）[M]. 内部印发.

中国人民政治协商会议景德镇市委员会文史资料研究委员会, 1996. 景德镇文史资料（第十二辑）[M]. 内部印发.

周銮书, 2004. 景德镇史话 [M]. 南昌：江西人民出版社.

周思中, 汪冲云, 黄薇, 2011. 清中期后官窑彩绘瓷中的御窑厂图像研究 [J]. 中国陶瓷, 7：70-76.

朱利安, 2016. 论"时间"：生活哲学的要素 [M]. 张君懿, 译. 北京：北京大学出版社.

朱绍熹, 俞昌鼎, 1984. 解放前景德镇钱庄和银行的内幕 [M]// 中国人民政治协商会议景德镇市委员会文史资料研究委员会. 景德镇文史资料（第一辑）：103.

禚振西, 薛东星, 2006. 陈炉地区瓷窑遗址考古调查的发现与收获 [M]// 袁西成. 陈炉窑, 北京：中国画报出版社.

网络文献

景德镇市地方志网站. 景德镇宗教教派源流 [EB/OL]. (2012-03-24)[2017-01-24]. http://www.jdzdfz.com/News_View.asp?NewsID=1103.

中华陶瓷网. 为了"皇家窑场"的重见天日 景德镇市御窑厂遗址保护工作侧记 [EB/OL]. (2013-06-20)[2017-01-24]. http://www.ctaoci.com/html/2013-06-20/139182.html.

ICOMOS. International Cultural Tourism Charter-Managing Tourism at Places of Heritage Significance [EB/OL]. (2011-11-08)[2017-01-24]. http://www.international.icomos.org/charters/tourism_e.pdf.

ICOMOS. ICOMOS Ename Charter. Background [EB/OL]. (2011-11-11)[2017-01-24]. http://enamecharter.org/initiative_1.html.

United Nations Educational, Scientific, and Cultural Organization. La Chaux-de-Fonds / Le Locle, Watchmaking Town Planning [EB/OL]. [2017-01-24]. http://whc.unesco.org/en/list/1302/.

United Nations Educational, Scientific, and Cultural Organization. Wieliczka and Bochnia Royal Salt Mines[EB/OL]. [2017-01-24]. http://whc.unesco.org/en/list/32.

United Nations Educational, Scientific, and Cultural Organization. Liverpool – Maritime Mercantile City[EB/OL]. [2017-01-24]. http://whc.unesco.org/en/list/1150.

United Nations Educational, Scientific, and Cultural Organization. Iwami Ginzan Silver Mine and its Cultural Landscape[EB/OL]. [2017-01-24]. http://whc.unesco.org/en/list/1246.

United Nations Educational, Scientific, and Cultural Organization. Mines of Rammelsberg, Historic Town of Goslar and Upper Harz Water Management System[EB/OL]. [2017-01-24]. http://whc.unesco.org/en/list/623.